'É

TRAVAIL

LA VÉRITÉ

SUR

LA PROPRIÉTÉ ET LE TRAVAIL

DU MÊME AUTEUR

EN PRÉPARATION :

LA BOURGEOISIE CONTEMPORAINE. — Son état moral. — Son état social.

Châteauroux. — Typ. et Stéréotyp. A. Majesté.

LES PROBLÈMES DU PAUPÉRISME

LA VÉRITÉ

SUR

LA PROPRIÉTÉ ET LE TRAVAIL

PAR

LOUIS MOROSTI

Là où le travail porte le joug, les hommes sont esclaves.

L. MOROSTI.

« Quæ in terris gignantur, ad usum hominum » omnia creatur, homines autem hominum causa » sunt generati ut ipsi inter se alii aliis podesse possent. (Toutes les productions de la » terre sont faites pour les hommes, et les » hommes eux-mêmes ont été créés pour l'utilité de leurs semblables, afin qu'ils puissent » s'aider les uns les autres). » Cicéron. — *De officiis*.

DEUXIÈME ÉDITION

PARIS
AUGUSTE GHIO, ÉDITEUR
PALAIS-ROYAL, 1, 3, 5 ET 7, GALERIE D'ORLÉANS

1887

Ce livre n'a pas besoin de préface.

Il s'imposait : c'est pourquoi je l'ai écrit.

Je souhaite que les hommes le comprennent et en fassent leur profit........................

Dans un de ses livres sur les contradictions économiques, Proudhon a écrit : « Dieu c'est le mal. » Non, ce n'est pas Dieu le mal. Le mal, c'est l'homme ; l'homme qui, s'il ne naît pas mauvais, apporte en naissant tout ce qu'il faut pour l'être ; l'homme qui trouve plus de satisfaction et de jouissances dans le mal que dans le bien ; l'homme qui n'est que mensonge, égoïsme et orgueil ; l'homme qui n'a sur la bête que cette supériorité : qu'il raisonne le mal avant de le faire..................

C'est parce que je place tout le mal dans l'homme que j'ai écrit ce livre. Mais comme je ne suis pas un nouveau Christ apportant au monde la bonne parole et la bonne nouvelle, tout en désespérant d'être entendu, je le lègue aux hommes, comme un avertissement pour l'avenir.................. ...

A cette pensée de Plaute : *homo homini lupus*, je voudrais voir chaque homme opposer ce vers de Térence : *homo sum, et humani nihil a me alienum puto.*

C'est tout le mal que je veux au monde ! !

LES
PROBLÈMES DU PAUPÉRISME

LA VÉRITÉ SUR LA PROPRIÉTÉ ET LE TRAVAIL

Là où le Travail porte le joug, les hommes sont esclaves.

L. Morosti.

« Quæ in terris gignantur, ad usum hominum » omnia creatur, homines autem hominum causa » sunt generati, ut ipsi inter se alii aliis, pro- » desse possent : Toutes les productions de la » terre sont faites pour les hommes, et les » hommes eux-mêmes ont été créés pour l'uti- » lité de leurs semblables, afin qu'ils puissent » s'aider les uns les autres. » Cicéron. — *De officiis.*

LA PROPRIÉTÉ

CHAPITRE PREMIER

Que les hommes n'ont trouvé, pour définir la propriété, que des définitions fausses dont l'application, uniquement réglée sur les mauvais instincts de l'homme, est une atteinte à la dignité humaine.

La fin du dix-neuvième siècle semble vouloir ouvrir l'ère des réformes. Le colosse, sentant sa mort prochaine, ne veut pas mourir sans avoir fait quelque chose d'utile, sans laisser un nom à la postérité. Mais qui osera prédire que ce nom béni par les uns, ne sera pas maudit par les autres?

« Ce siècle sera le siècle des ouvriers », a dit un ministre anglais, économiste à ses heures de loisir.

Voyons un peu.

Si tant est qu'il doive y avoir un commencement à toutes choses, j'ouvrirai ma sphère d'action par une reconnaissance en règle sur ce terrain difficile, montueux, escarpé, brûlant, que les philosophes et les économistes de l'Ecole ont souvent exploré en vain, incapables qu'ils étaient de s'y reconnaître, et dont Proudhon a fait une carte aussi curieuse que paradoxale, en le faisant naître du vol : La propriété.

Qu'est-ce que la propriété ?

Le droit romain définit ainsi la propriété :

« Dominium est jus utendi et abutendi ; re sua quatenus juris ratio patitur : La propriété est le droit d'user et d'abuser de la chose autant que le comporte la raison du droit. »

Dans la déclaration des droits de l'homme, la propriété « est le droit de jouir et de disposer à son gré de ses biens, de ses revenus, du fruit de son travail et de son industrie. »

D'après le code Napoléon, aujourd'hui Code civil, la propriété « est le droit de jouir et de disposer des choses de la manière la plus absolue, pourvu qu'on n'en fasse pas un usage prohibé par les lois et les règlements. »

Ces trois définitions sont les définitions officielles ; celles qui servirent à consacrer la propriété en la plaçant, de par les droits de la force, et de l'ordre, bien entendu, sous la sauvegarde de la loi.

Il ne manque pas d'autres définitions de la propriété, toutes plus bizarres, toutes plus surprenantes les unes que les autres, en fait d'optimisme, et que certains économistes, à l'abri des luttes vulgaires et décourageantes de la vie, enfantèrent dans un jour de jouissance satisfaite, l'espérance en tête, et la joie au cœur.

Je n'en relèverai que quelques-unes nécessaires à ma démonstration, laissant les autres au musée des antiquités et des vieilles monnaies. C'est tout ce qu'elles méritent.

« La propriété est une nécessité de notre nature. » Destutt de Tracy.

« La propriété est le stimulant par excellence du Travail. » Thiers.

« La propriété est un droit de création sociale. » E. Laboulaye.

Grands mots absolument indispensables à la défense d'une aussi grande institution, mais qui sonnent faux. Belles phrases qui rassurent la conscience des propriétaires, mais qui s'affirment en opposition flagrante des faits économiques de chaque jour, et renferment en elles la plus grossière des contradictions.

Mais qu'importent des définitions fausses, si la cohue humaine justifie et légitime, par plus de vingt siècles d'application, ce qui paraît à quelques-uns monstrueusement injuste !

Cicéron n'a-t-il pas écrit : « que le consentement de » tous les gens doit être regardé comme la loi de la » nature, et qu'il faut tenir pour des vérités certaines » les croyances universelles de l'humanité. »

Or, en face du consentement universel applaudissant aux théories de l'Ecole, et jetant des fleurs sur les démonstrations par l'absurde des maîtres, il faut ou emboîter le pas, et suivre la masse ignorante et stupide, ou compter ses forces et s'insurger.

Et comme chacun, ici-bas, a le choix, je compte mes forces et je m'insurge. Je m'insurge, parce que plus je cherche à me reconnaître au milieu de ce fouillis d'idées émises par Tracy, Dutems, Cousin, Thiers, Laboulaye et autres, sur la propriété, plus je doute, et plus il me semble que ces grands esprits de la philosophie, de l'économie politique et de l'histoire, avaient quelque intérêt à ne pas dire ce qu'ils pensaient, et à mettre leur science au service d'une cause gagnée d'avance, puisqu'ils y entraient comme juges et parties.

On les a crus parce qu'ils possédaient la science, et que la science doit être la raison de tout.

Cependant, ont-ils jamais prouvé, ces grands maîtres de la science classique et officielle, que les origines de la propriété étaient absolument pures, absolument saintes?

Ont-ils jamais cherché à savoir si, dans le passé, la propriété avait toujours été irréprochable, soit dans ses nombreux moyens d'acquisition, soit dans ses modes variés de transmission?

Je ne sache pas qu'aucun de ces Messieurs se soit jamais essayé sur ce sujet. Il y a des sujets absolument réfractaires, et contre lesquels viennent se heurter les plus grandes intelligences. Pourtant, Thiers, dans un ouvrage qui fut tiré à plusieurs milliers d'exemplaires, et imposé aux ouvriers de certaines fabriques, pour la modique somme de vingt sous, essaya de sanctifier les origines de la propriété, et de démontrer « que si la » fraude et la violence sont quelquefois l'origine de la » propriété, la transmission pendant quelques années, » sous des lois régulières, lui rend le caractère respec- » table et sacré de la propriété fondée sur le travail. »

La prescription a été inventée pour qu'on s'en serve, n'est-ce pas? Thiers en accommode ses théories; c'est une preuve qu'il n'est pas difficile.

Alors, que les voleurs et les assassins en essaient puisque la chose est si facile, et si, par son silence, la société accepte.................................

Les définitions de la propriété ayant été officiellement reconnues, et universellement acceptées, il s'agit d'en dégager tout ce qu'il y a de faux, et de les montrer dans leur illogisme le plus parfait.

Les premières qui se présentent à mon examen sont les trois définitions à l'aide desquelles le droit romain, la Convention, Napoléon Bonaparte et la législation actuelle ont réglementé la propriété. Ces trois définitions, tout en paraissant différentes au premier abord, et quant à la forme, sont absolument identiques quant au fond. Dans toutes les trois, la propriété est un droit, avec cette différence cependant que si la première, celle du droit romain, autorise l'abus, *utendi et abutendi*, les deux autres, celles de la Convention et du Code Napoléon, ne tolèrent, ne supportent que la jouissance absolue. Différences de mots et simple histoire de changer quelque chose. Jalousie de métiers, de races ou de régimes. Le progrès a de si curieuses transformations, et son transformisme est si bizarre.........

Ainsi, et c'est la loi qui parle, l'homme peut abuser de la chose autant que le comporte la raison du droit; il peut jouir à son gré, ou de la façon la plus absolue, d'un bien acquis légalement ou frauduleusement, les deux cas se balancent dans la société, il n'en restera pas moins dans la légalité de la propriété. Il suffit qu'il possède, pour que le droit de propriété lui soit confirmé, dans toute son étendue, par les lois et les conventions humaines. Et cela par la seule raison que ceux qui ont dicté ces lois, et établi ces conventions : législateurs, politiciens, philosophes, moralistes, théologiens, économistes, poussés tous par le même instinct, celui du Moi, n'ont pas voulu donner au monde le droit de possession, sans y ajouter celui de propriété.

Tout ou rien ! C'est naturel, c'est social.

« La fin est la règle de tout le reste : *Finis est regula* » *cæterorum.* »

On serait tenté de rire en présence d'une logique aussi stupide, mise au grand jour par les maîtres même de la logique, si on ne se sentait, en même temps, attristé par les funestes conséquences qu'ont eues, dans le passé, et que peuvent avoir encore, dans l'avenir, ces théories à la Bilboquet, devenues des lois et des faits en passant dans le domaine de la pratique.

Comment ! parce que l'homme, être imparfait et souvent illogique, quand il n'est pas stupide, déclare, dans sa sagesse, que la propriété est un droit naturel, un droit de création sociale, il faut que l'humanité, tout entière, convaincue d'ignorance, accepte, sans mot dire, cette contradiction de la justice sans en discuter les effets et les conséquences.

En vertu de quelle infaillibilité reconnue, l'homme s'est-il donc arrogé le droit d'imposer ses décisions comme des lois indéfectibles ?

Aurait-il trouvé le criterium de vérité en toutes choses ?

Est-il donc si grand, cet homme fait à l'image de Dieu, qu'il ne doive jamais se tromper ? Vulgaire, tais-toi ! Ton rôle est de croire et de ne rien dire. Laisse à la philosophie et aux philosophes le soin de régler ta vie, et de limiter tes droits, tes devoirs et tes besoins. « Croire est la condition essentielle pour apprendre ; il » n'appartient qu'aux doctes de peser les raisons de ce » qu'on croit : *discentem oportet credere, doctum expen-* » *dere.* » Autrement dit : silence aux ignorants, silence aux pauvres.

Voltaire l'a dit : « on n'a jamais prétendu éclairer » les cordonniers et les servantes. »

Et moi qui ne suis pas docte en philosophie, je vais violer la consigne, n'en déplaise aux mânes de saint Augustin, et démontrer que l'on peut savoir quelque chose, tout en ne croyant rien de ce que les maîtres ont enseigné.

Tous les hommes sont sujets à erreur : les uns trompent parce qu'ils ne savent pas, les autres parce qu'ils mentent. « *Omnis homo mendax.* » Il est dans la nature de l'homme de mentir et de tromper son semblable.

Donc, lors même que dans ses raisonnements, — l'homme est l'animal raisonneur par excellence, — il paraîtrait se conformer à toutes les règles de la logique et de la méthode, que m'importe sa philosophie, que m'importe sa science, si de déductions en déductions, il finit par tomber dans l'absurde !

Chose étrange, depuis des milliers d'années, l'humanité est la spectatrice silencieuse de cette contradiction bizarre, que les hommes partant de principes faux, prétendent arriver à des conclusions justes.

Et quand tous les intéressés crieraient en chœur que la propriété est un droit, qu'est-ce que cela prouve ? Oui, la propriété est un droit ; mais un droit que les plus habiles, les plus menteurs se sont approprié, dans l'origine, en le volant à la collectivité ; un droit dont les grands et les forts se sont emparés à l'exclusion des petits et des faibles ; un droit qui trouve sa raison économique dans la cupidité, et sa légitimation dans la force, le vol et l'assassinat.

Qu'est-ce donc que le droit ?

Y a-t-il plusieurs manières d'envisager le droit en économie sociale ?

Le droit doit-il se traduire par des effets exclusifs, partiels et personnels, ou par des effets généraux et collectifs ? J'en appelle au bon sens et à la bonne foi de chacun.

Si le droit favorise les uns à l'exclusion des autres ; s'il est seulement le privilège de quelques-uns, et si ses hauteurs ne sont pas accessibles à tous, ce n'est plus un droit ; c'est une usurpation.

Est-ce que la propriété, telle qu'elle s'est fondée et transmise, ne nous apparaît pas comme la plus fausse interprétation du droit ? Voyez dans l'histoire comment se sont fondés les empires, les royaumes, les républiques, les peuples.

Qui donc ignore, aujourd'hui, que sur la totalité des hommes qui peuplent la terre, il y en a une bonne moitié qui ne connaît la propriété que par les accaparements de l'autre moitié ?

« La propriété, c'est le vol », a dit Proudhon. Usurpation et vol se touchent. Lorsque j'entends dire à tous les pangloss qui forment, dans la société actuelle, une majorité égoïste et puissante, que la propriété est un privilège, récompense accordée à toute une vie de travail, je réponds : c'est vrai, mais à la condition que ce privilège sera toujours celui des forts, des favorisés, des habiles, ou bien encore celui des voleurs.

Je le prouverai plus d'une fois, du reste, dans le cours de cet ouvrage, car je n'ai aucune personnalité à ménager, aucun intérêt personnel à défendre.

« Contre l'ennemi la revendication est éternelle... Or l'ennemi, c'est le mal, c'est l'égoïsme, c'est l'instinct cupide de l'homme. Qui donc osera me reprocher de le combattre partout où je le rencontrerai ?..........

» La propriété est le droit d'user et d'abuser : *utendi* » *et abutendi*. »

En vertu de quel principe de justice les hommes ont-ils donné, à leurs semblables, un droit, presque absolu, autorisant non seulement le laissez-faire, mais encore le laissez-abuser, pour ne pas dire le laissez-voler?

Mais, soyons juste. Le propriétaire de la chose ne jouit du droit d'user et d'abuser qu'autant que le comporte la *Raison du droit*, c'est-à-dire qu'autant que la raison du droit l'y autorise.

Qu'est-ce donc que la raison du droit?

Qui l'a jamais définie d'une façon juste et absolue?

Le mot « abuser » ne veut-il pas dire user mal?

Alors, que signifie cet abus de la chose, c'est-à-dire le mal, mitigé par la raison du droit, criterium philosophique qui reste encore à trouver, puisqu'il a échappé jusqu'alors aux plus grandes intelligences?

Où trouvera-t-on jamais quelque chose de plus monstrueux que ce droit, coupable en tant qu'il abuse, atténué, rectifié, corrigé par le droit lui-même, chargé de le ramener à la raison, ou par la raison chargée de le ramener dans le droit? Quelle macédoine!

Le droit n'a qu'une manière d'être, et il me semble qu'en matière de législation, ce droit d'abuser placé sous la sauvegarde de la raison du droit, est la plus fantaisiste, pour ne pas dire la plus i[illegible]e, des contradictions. C'est ce que comprit le Code Napoléon, lorsqu'il plaça le droit d'user et d'abuser sous l'autorité des lois et des règlements. Doutez donc après cela de la bêtise ou de la mauvaise foi des législateurs!

La Convention nationale se montra plus large lorsqu'elle fit de la propriété, « le droit de jouir et de disposer, à son gré, de ses biens, de ses revenus, du fruit de son travail et de son industrie. » Elle ne voulut pas imposer des limites à l'homme parce qu'elle croyait que cet homme, affranchi par elle, devait être au-dessus de toutes les vulgarités de l'égoïsme. On avait encore, en ce temps-là, quelques illusions: celles du cœur.

Cette Convention nationale ne vit jamais qu'une chose: la liberté. Elle n'eut jamais qu'un but: affranchir l'homme. Considérant le droit de liberté comme le droit le plus sacré, le droit auquel personne ne peut toucher sans commettre le crime de lèse-humanité, elle crut qu'il était de toute justice d'assurer et de faire respecter le droit de propriété, comme une des plus belles manifestations de cette liberté au nom de laquelle elle fit de si grandes choses.

La bourgeoisie d'aujourd'hui trouve cela logique,

elle qui dans cette révolution de 1789-1793 sut s'adjuger la part du lion. Est-ce que, dans une succession, on entend jamais se plaindre ceux qui héritent de la plus grosse part? Moi d'abord, toi ensuite, s'il en reste : voilà toute la morale humaine. C'est de bonne guerre ; c'est de la bonne politique de prendre, lorsqu'on le peut, la part des autres. On peut faire ses affaires et rester honnête homme, n'est-ce pas? Une vieille maxime, qui a fait son chemin dans le monde, nous dit qu'il faut penser en philosophe, et vivre en homme politique : *Sentiendum philosophice, vivendum politice*. C'est à l'homme de mettre sa vie en harmonie avec cette maxime, et de se tirer d'affaire le plus adroitement possible.

La bourgeoisie, qui dépouilla la monarchie et la féodalité de par la force d'abord, de par le droit ensuite, — le droit se fourre toujours partout — aurait donc grand tort de se plaindre, bien que depuis cette époque révolutionnaire, elle ait mis pas mal d'eau dans son vin. On se calme toujours en raison de la rapidité avec laquelle on fait ses affaires. Lorsqu'on a quelque chose à conserver, il est rare qu'on ne soit pas du parti du plus grand nombre, c'est-à-dire du parti de la force. La force impose et donne de la confiance. C'est pourquoi chacun se range autour d'elle. L'eau ne va-t-elle pas toujours à la rivière?..........................

Quoique les années aient passé sur la définition de la Convention nationale, le droit du propriétaire de la chose est resté le même, pourvu qu'il ne fasse pas de cette chose un usage prohibé par les lois et les règlements. Code stupide qui parle de droit, et place ce droit sous l'autorité des lois et des règlements.

O logique humaine !

Ces lois, ces règlements, qui les a faits?

L'homme qui, dans un jour de bonne ou de mauvaise humeur, — on ne sait jamais la vérité avec cet animal bizarre, — est allé les chercher jusque dans les plus profondes circonvolutions de son cerveau.

Mais qui me répondra de la justice de ces lois et de ces règlements? La sagesse des hommes, sans doute.

Qu'on en juge par le passé et le présent. Ah ! j'entends déjà mes contradicteurs, ceux qui ne manqueront pas de me faire dire que je nie la propriété d'une façon absolue, me crier que le droit de propriété a toujours existé, et dans tous les temps, et dans tous les lieux, et dans toutes les sociétés ; que chez tous les peuples, la propriété a toujours eu pour base la propriété personnelle et libre.

C'est pourquoi nous trouvons :

En face de la Société ancienne : **L'Esclavage.**

En face de la Société féodale : **La Glèbe.**

En face de la Société actuelle : **Le Prolétariat.**

Voilà comment nous apparaît dans l'histoire le droit de propriété. Tout en haut, rien en bas. Depuis que la propriété existe, ce droit de création sociale, ce droit, nécessité de notre nature, s'est toujours manifesté par deux oppositions constantes : l'abondance d'une part, la misère de l'autre.

Pourquoi ? Parce qu'il a été dit, il y a longtemps, qu'il y aurait toujours des pauvres : « *Non deerunt pauperes, in terrâ habitationis.* »

Si le droit de propriété est une nécessité de notre nature, comme le droit de liberté, encore une fois, pourquoi des exceptions ?

L'homme d'aujourd'hui achète-t-il sa liberté ?

Non, puisque les lois la lui donnent sous prétexte que cette liberté est l'image de la vie.

Et le droit de propriété alors ?

Celui-là, c'est Thiers qui le dit, est l'image du travail.

Image de la vie d'un côté : c'est la liberté dont jouissent tous les hommes dans tous les pays civilisés.

Image du travail de l'autre : c'est la propriété dont jouissent, dans tous les pays libres, tous ceux qui travaillent.

Que l'on dise, après cela, que le monde n'est pas un vaste théâtre, où se jouent, au milieu des drames les plus tristes, les comédies les plus ridicules !

Je ne m'arrêterai pas plus longtemps sur toutes ces définitions qui prouvent, une fois de plus, que la philosophie de la propriété a été uniquement basée sur l'instinct de la possession, l'amour du gain, et l'égoïsme du Moi. Je reviendrai dans un chapitre spécial sur cette grande moquerie : « la propriété stimulant par excel- » lence du travail. »

Mais avant de terminer, je tiens à protester de toutes mes forces contre l'introduction de l'instinct dans la légitimation de la propriété.

Il ne faut pas oublier, Messieurs les philosophes, que la nature humaine est faible, et que dans l'homme il y a les bons et les mauvais instincts. Les optimistes prétendent que l'homme naît bon ; les pessimistes pensent au contraire qu'il naît mauvais et reste..... mauvais. Les sages ne se prononcent pas, et restent dans un juste milieu. Ils pensent, avec raison, que l'homme naît perfectible. Mais ne reste-t-il pas à cet homme quelque chose de ce qu'il était dans l'origine? « un âne de la plus méchante nature : *demitto auriculas, ut uniquæ mentis asellus.* »

Or en développant chez lui l'instinct de la propriété, ne craignez-vous point de l'obliger à sortir quelquefois du bien pour tomber dans le mal ?

Aveugles que vous êtes, regardez donc le monde ! Cet instinct de la propriété bon chez vous, ne peut-il pas être mauvais chez moi ?

Alors, qui en réglera les sages limites?

Les lois ! je vous ai déjà dit qu'elles ne m'inspiraient aucune confiance.

J'ai formulé plusieurs fois ma pensée en disant que lorsqu'il y avait droit pour quelqu'un, il devait y avoir droit pour tous. J'ajoute, comme corollaire de ma proposition, que lorsqu'il y a nécessité chez l'un, il doit y avoir nécessité chez l'autre. En d'autres termes, si la propriété est un droit, elle doit être un droit pour tous, aussi bien dans les faits de la pratique que dans les rêves et dans les nuages de la théorie. Et pour les mêmes raisons, si elle est une nécessité de notre nature, cette nécessité, se faisant sentir au même titre, chez tous les individus, doit trouver chez tous son application. C'est peut-être ce qui a fait dire à Condorcet que « l'égalité de fait doit être le dernier but de l'art so-

» cial. » Et j'ajoute que toute société qui ne marche pas vers ce but est homicide............................

Le fondateur de l'école sensualiste, Locke, a laissé tomber de sa plume cet avertissement : « Que les hom-» mes corrompus qui nagent dans le luxe et le superflu » tremblent qu'un jour les malheureux, qui souffrent » de besoin, n'apprennent à connaître véritablement » les droits de l'homme. »

Bien avant lui, le Christ avait menacé ces hommes de la vengeance de Dieu : « Je vous dis, en vérité, qu'il » est plus aisé qu'un chameau passe par le trou d'une » aiguille, qu'il ne l'est qu'un riche entre dans le » royaume des cieux. » Locke, moins généreux, mais plus logique, les menaça de la vengeance des hommes.

Moi aussi je souhaite que « ceux qui souffrent de be-» soin » apprennent à connaître leurs droits ; mais, en même temps, je fais des vœux ardents pour qu'au jour de leur résurrection sociale, ils pardonnent en raison de ce qu'ils auront souffert. Ils seront vraiment grands, car, entre le pardon et la vengeance, l'homme doit toujours choisir le premier : il y va de sa dignité.

Maintenant si le droit de propriété est une nécessité de notre nature, un droit de création sociale ; s'il doit être la base de toute société bien constituée et bien organisée, s'il doit être le but de l'homme, qu'il me soit permis de dire que, d'une manière générale, les hommes l'ont mal appliqué, et que, dans l'origine, là où ils ont vu un droit, il y eut *usurpation et vol.*

C'est pourquoi ils n'ont trouvé, dans la suite, pour définir la propriété que des définitions fausses, dont l'application, uniquement réglée sur les mauvais instincts de l'homme, est une atteinte à la dignité humaine. Ce qui prouve qu'il n'y a pas d'absurdité, quelque grande qu'elle soit, qui n'ait eu un philosophe pour maître : « *Nihil est tam absurdum quod non dicatur ab aliquo phi-» losophorum.* »

CHAPITRE II

DE L'OCCUPATION COMME FONDEMENT DE LA PROPRIÉTÉ

I

Que le droit du premier occupant placé sous les auspices de la divinité est inacceptable comme fondement de la propriété : 1° Parce que cette origine de la propriété n'a jamais été démontrée ; 2° Parce qu'elle est injuste, monstrueuse, et, par ce fait même, une contradiction de la divinité.

Parmi les philosophes et les économistes qui considèrent le droit d'occupation, le droit du premier occupant, comme étant l'origine première de la propriété, il en est qui font de ce droit d'occupation un droit naturel, mais barbare ou profane ; tandis que d'autres, plus pieux, plus saints, en font un droit naturel, mais d'essence divine.

C'est l'essence divine de ce droit du premier occupant que nous allons étudier ensemble dans ce chapitre.

La propriété trouvant ses origines dans la divinité, il est évident que les hommes devaient en accepter les lois, justes ou injustes, absolument comme ils ont accepté les probabilités qui règlent les rapports que la terre et les cieux peuvent avoir entre eux.

L'homme, admettant Dieu, ne doit-il pas en subir les volontés?

Est-ce que le problème de la propriété ne devient pas insoluble pour les hommes, si les données qui leur sont fournies sont d'un ordre purement céleste?

Contre qui réclamez-vous, misérables dépossédés, si après avoir accepté Dieu comme le Souverain-Maître des destinées humaines, il vous est dit que le Dieu que vous adorez est l'auteur du Mal dont vous vous plaignez?

Que ferez-vous contre cette puissance redoutable qui, dans un jour de colère — les dieux se fâchent quelquefois — s'est vengée en réglementant la propriété selon ses caprices et son bon plaisir?

Est-ce que les décrets de Jehovah ne portent pas leur sanction en eux-mêmes? « *Judicia domini recta justificata in semetipsa.* »

Si le coupable est au Ciel, comme on vous le crie tous les jours, pourquoi le chercher sur terre? Ah! je comprends que les philosophes-économistes, dont la philosophie exhale au loin une forte odeur de sacristie, se soient empressés d'accepter la théorie divine de la propriété, comme étant la plus vraie, la plus logique et la plus susceptible d'être acceptée par la masse. Ils n'ont point cherché à savoir si le système cosmogonique de la genèse était vraisemblable, et en rapport avec les lois de la nature; si la fable d'Adam et d'Eve n'était pas une coupable mystification, et si les conséquences de toutes ces fantasmagories ne devaient pas être terribles pour l'humanité. Acceptant la création du monde en six jours, le péché d'Adam et la malédiction divine comme des faits probants, ils accommodèrent leur philosophie à cette théologie absurde, parce que le mélange de ces deux études contradictoires leur permettait de régler la propriété sur la théorie de l'inégalité, sans qu'il tombât sur leur conscience la moindre responsabilité.

N'est-ce point, du reste, l'image de la nature humaine, toujours faible, toujours lâche?

Que d'hommes, en effet, aiment à cacher leur responsabilité derrière une responsabilité plus grande? Or, où peut-on mieux s'abriter que sous l'égide d'un Dieu responsable, mais invisible et inattaquable? Cette puissance, conçue et immanifestée, doit dégager la conscience humaine.

En face de Dieu coupable, l'homme est nécessairement absous.

C'est ce que comprirent les défenseurs de la propriété, aussi bien dans le monde profane que dans le monde religieux. Autour d'un principe faux, faisant leur jeu, la Société et l'Eglise devaient danser des rondes. Mais comme la Société ne pouvait décemment émettre le principe, l'Eglise s'en chargea.

Dieu maudissant l'homme après sa chute, et lui donnant comme châtiment la terre à cultiver; Dieu distributeur de la propriété : tel fut le fondement sur lequel l'Eglise basa sa théorie de la propriété.

« La terre sera maudite pour toi ; tu mangeras d'elle » dans la fatigue, chaque jour de ta vie ; elle te poussera des épines et des chardons, et tu mangrase » l'herbe des champs ; tu te nourriras de ton pain à la » sueur de ton visage, jusqu'à ce que tu retournes en » terre d'où tu es sorti, car tu es poussière et tu retourneras en poussière. »

Hommes, avez-vous entendu?

Cette parole est celle de Dieu imposant à l'humanité la propriété et le travail.

Ce Dieu puissant donne la terre à l'homme pour qu'il la fouille, la remue et en récolte les fruits. Il lui ordonne de croître, de multiplier; mais en imposant toutefois à sa race les nécessités d'un travail pénible et éternel.

D'un seul coup, il institue la propriété et la place sous le joug du travail.

Tu posséderas, crie-t-il à l'homme; mais tu travailleras. Et cette malédiction d'un Dieu courroucé fit son chemin à travers le monde, portée par une quantité de sectaires : jongleurs cherchant partout une scène et des dupes.

Si nous jetons un coup d'œil sur la Genèse, sur les

livres saints, et sur les ouvrages de philosophie religieuse, nous voyons que tout y est arrangé pour les besoins de la cause. La propriété y est considérée comme une des conséquences fatales de la chute du premier homme, avec le travail pour corollaire.

Et cependant, quelque séduisante que paraisse cette théorie, je n'hésite pas à la condamner hautement, pour cette raison toute simple, qu'après avoir été indignement prostituée, elle devint, dans la pratique, la contradiction la plus injuste du principe.

Réunir la propriété et le travail dans un même principe, quel coup de génie !

Il est toujours facile de poser un principe juste, si l'on se réserve le droit de n'en jamais faire l'application, ou d'en faire l'application contraire.

Lorsque l'Eglise posa le principe qui donnait une origine divine au droit d'occupation, savait-elle que les deux rouages inséparables qui en étaient toute la force, deviendraient, dans l'avenir, deux oppositions sociales accentuées dans des proportions inverses, et opérant dans des sphères contraires ?

Savait-elle que l'une de ces oppositions : la propriété, deviendrait, de par la malédiction de Dieu, la récompense du fort ; tandis que l'autre : le travail, resterait éternellement la punition, le châtiment du faible ? Je le crois !...

Or, en supposant que la cosmogonie de la Genèse fût exacte, et que Dieu, créateur du ciel et et de la terre, des animaux et de l'homme, fût le véritable distributeur de la propriété, il me semble que les hommes ont le droit de se demander si le principe qui présida à cette donation fut un principe de justice, et s'il se transmit plus tard sans être ni faussé, ni altéré. Lorsque, d'après vos théories et vos dogmes, philosophes chrétiens, théologiens, moralistes, Dieu donna la terre à l'homme, il n'y mit, entendez-vous, que cette condition : le travail. Il ne vendit pas la terre à l'homme, il la lui donna.

Comment se fait-il alors que cette terre, donnée généreusement, donnée à tous les hommes capables de la faire produire, soit devenue l'objet d'une spéculation indigne et honteuse?

Comment se fait-il que cette terre, qui n'accepta l'homme qu'autant que cet homme saurait la cultiver, soit devenue pour certaines classes favorisées la source d'une opulente richesse, tandis qu'elle se montrait, en même temps, pour d'autres, d'une implacable et sordide avarice?

Comment se fait-il que cette loi de la propriété, uniquement basée sur le travail, se soit transmise complètement remaniée, et que parmi les moyens d'acquérir la terre, ou son succédané, le capital, le travail soit le moins sûr, ou, pour dire le mot, celui qui offre le moins de garanties?

Comment se fait-il que tous les fils d'Adam n'aient pas eu leur part dans ce fameux partage du bien commun, puisque tous supportent leur part de la malédiction de Dieu?

Est-ce qu'il y aurait eu parmi les hommes des dépouillés?

Alors, que diriez-vous, propriétaires du sol, catholiques bien pensants, si, la Genèse en main, je venais vous réclamer, au nom de Dieu, ma part de cette terre qu'il a donnée à Tous? N'ai-je pas le droit, en travaillant, de posséder comme vous? Dieu ne l'a-t-il pas dit?

Homme, au même titre que vous, quelque noble que soit votre sang; habitant de la terre comme vous, quelles que soient votre taille et votre force, mes droits sont les mêmes que les vôtres, car je ne fais pas exception parmi les hommes.

Montrez-moi donc vos titres que je les contrôle.

Vous invoquez le Ciel en faveur de vos droits exclusifs à la propriété; vous revendiquez ces droits comme un cadeau fait à l'homme par la Providence, et, contradiction étrange, vous admettez que, dans votre société, il y ait des dépouillés, des déshérités.

Ah! vous donnez à l'homme une bien triste idée de ce Dieu que vous faites passer partout, et sous différents noms, comme le Souverain-Maître de l'univers.

Est-il acceptable que Dieu, donnant la terre à l'homme, à la condition qu'il en fasse sortir sa nourriture de chaque jour, ait supposé un seul instant, dans « sa grandeur infinie », que, dans l'avenir, les hommes se déchireraient entre eux pour se la voler?

Est-il acceptable qu'un Dieu « infiniment juste, infiniment bon » ait prévu que des guerres sans fin seraient attachées à la conquête de la propriété?

Est-il acceptable que Dieu, plaçant l'humanité tout entière sous le joug d'une *double prédestination terrestre*, ait créé deux catégories d'hommes: *Les prédestinés de la propriété et de la richesse, les prédestinés de la misère.* Si cela est, au Diable votre Dieu injuste et méchant! Malédiction sur lui que je voue de tout mon cœur à l'exécration générale, et que je déclare ennemi de l'homme!

Si cela n'est pas, tout votre échafaudage céleste tombe en pièces, et ne reste plus qu'un mensonge.

Les temps sont passés où saint Augustin avait raison contre Pélage avec sa théorie du dogme de la chute, sa théorie de la double prédestination, et son correctif stupide: La grâce.

Je demande à ceux qui croient, s'ils pensent qu'un Dieu, que ce Dieu soit celui de Moïse, celui du Christ, ou celui de Mahomet, puisse consentir à prêter son nom pour la légitimation d'une injustice?

Est-ce qu'une divinité peut s'affirmer par une contradiction?

Or, la propriété, telle qu'elle a été conçue et accaparée dans l'origine, me paraît être une des contradictions les plus grossières, une des injustices les plus monstrueuses.

Alors sur qui doivent peser les responsabilités?

J'écarte Dieu, dont je nie l'influence dans les rapports sociaux que les hommes ont entre eux, et j'invite les sociétés à fouiller dans leur histoire...

Je les autorise même à s'abriter derrière l'histoire religieuse, et derrière la philosophie de ces économistes, qui, à l'exemple de Destutt de Tracy, pensent qu'il serait folie de se révolter contre le paupérisme qui est la principale formule de notre état social...

L'histoire religieuse vous dira que l'homme, ayant péché, doit souffrir éternellement; mais cette même histoire vous laissera la latitude des exceptions.

L'Eglise jettera même de l'eau bénite sur les moyens que vous emploierez pour vous soustraire à la malédiction de Dieu, ces moyens fussent-ils la guerre, le vol, l'assassinat.

Ne protestez pas hommes tropsaints pour être vrais, si vous ne voulez pas que je fouille dans l'histoire de l'Eglise...

Avec le Ciel il y a des accommodements faciles; c'est pourquoi l'Eglise, tout en se rapprochant de ceux qui possèdent, console ceux qui souffrent et meurent de misère par des paroles d'espérance semblables à celles-ci :

« Bienheureux ceux qui auront souffert, car ils se» ront récompensés, car ils verront Dieu. » O comédie humaine!

Si encore la philosophie religieuse apportait à l'appui de ses théories quelques arguments souffrant au moins l'analyse.

Mais tout ce qui est science physique et naturelle, tout ce qui découle du simple bon sens détruit mathématiquement ses hypothèses et ses inventions. Les grands vulgarisateurs qui, à l'exemple de Flammarion, ont mis les sciences les plus abstraites à la portée des intelligences les plus faibles, ont été assez démonstratifs pour que chacun ait pu prendre sa part de vérité dans les choses de ce monde.

Ne sait-on pas aujourd'hui que la cosmogonie de la Genèse est fausse et mensongère, et que dans sa création de la terre, l'Eglise est en retard de plusieurs milliers d'années?

Vous-mêmes, bonnes gens, ne riez-vous pas lorsqu'on vous parle de vos premiers parents : Adam et Eve?

La fable du serpent tentateur vous fait hausser les épaules de pitié, et, en présence de toutes ces charlataneries, vous vous demandez malicieusement si le péché du premier homme n'a pas été un acte purement naturel. Vous doutez de la révélation, vous doutez du dogme de la chute, et, cependant, inconsciemment, par indifférence ou par scepticisme, vous acceptez les funestes conséquences que l'Église et les sociétés ont tirées de ces énormités religieuses.

Il est vrai que les théories divines du catholicisme ont fait du travail une punition de Dieu, et de la propriété un moyen de s'y soustraire.

Cela devait suffire à rassurer l'avenir.

Il fallait une base solide sur laquelle pussent reposer en paix les inégalités de la propriété. N'osant appuyer cette base fondamentale sur les épaules humaines, trop faibles pour porter un pareil poids, l'Église et l'humanité l'ont jetée sur celles de Dieu.

Solide gaillard puisqu'il ne plie pas. Tout cela, à dire vrai, est purement hypothétique ; mais qu'importe l'hypothèse puisque les résultats que le monde en attendait ont dépassé ses espérances !

Si l'on vous demande des faits, théologiens, vous montrez onctueusement les siècles passés ; si l'on vous demande des preuves, vous répondez béatement qu'elles sont en Dieu. Pour vous, qui cherchez toujours à dégager votre conscience, et à sauver votre âme, tout relève de Dieu qui, sous sa responsabilité, a créé le monde.

Alors, obéissez-lui donc à ce Dieu tout-puissant, sur lequel vous rejetez la faute des inégalités sociales et de la misère !

Puisque le sacrement de baptême lave la tache originelle, sans en détruire pour cela les conséquences matérielles, exigez donc que la malédiction de Dieu retombe *également* sur tous les hommes.

Dieu, en maudissant l'humanité, a-t-il fait des catégories ?

Est-ce lui l'inventeur de la théorie de la double prédestination appliquée aux choses de la terre?

Pourquoi celui-ci dans les favorisés, celui-là dans les maudits?

Allons! vous avez voulu une divinité trop rationnelle ; c'est ce qui vous condamne, car en établissant la propriété, Dieu eut soin de décréter le travail. Exécutez-vous donc !.................

....

Il se dégage de tout cela que la théorie divine de la propriété, appuyée sur des hypothèses absurdes, ne peut-être invoquée par les hommes comme une justification des inégalités actuelles. En économie sociale, il faut des preuves et des faits. Or, la saine raison s'oppose formellement à ce que nous acceptions comme tels les dogmes et les « Vérités » de l'Église. L'origine de la propriété, telle qu'elle est expliquée par les livres saints, a besoin d'être démontrée plus scientifiquement, car ce n'est pas dans les vérités probables ou non probables de l'orthodoxie chrétienne que l'on peut trouver des preuves suffisantes. Par conséquent, cette origine, toute sainte qu'elle est, n'étant pas prouvée, ne doit plus entrer en ligne de compte sur le champ de bataille des idées. Sa place est au musée des vieilles défroques.

Quant à ceux qui, chrétiens par tempérament, par conviction, par goût, par genre, ou par simplicité — heureux les simples, car ils verront Dieu — ne tiennent pas compte des preuves en matière religieuse, je les invite simplement à méditer ma deuxième proposition. Ici encore, il ressort clairement de ce que j'ai dit précédemment que l'origine de la propriété basée sur la Genèse est une contradiction même de la divinité.

En effet, n'est-il pas contraire à la logique de concevoir un Dieu souverainement bon, frappant avec rage sur l'humanité et se vengeant cruellement d'une faute ridicule par une malédiction éternelle ?

Quel est donc ce Dieu qui maudit, qui se venge et ne pardonne point?

Expliquez-le donc !

Dans ma faible intelligence, je renonce à le concevoir et à le comprendre; je laisse ce soin à d'autres plus forts que moi, sans doute parce qu'ils sont plus pieux...

Vous-mêmes, législateurs, ne vous êtes-vous pas mis en contradiction avec la parole et la morale de Dieu, lorsque vous avez décrété, dans un jour de justice, que les fautes des parents ne doivent plus retomber sur les enfants, même à la première génération ?

Pour une fois, plus dignes et plus justes que ce roi du Ciel qui se venge, ce jour-là vous l'avez détrôné.

Maintenant, dans le cas où l'hypothèse du premier homme et celle de la chute seraient vraies, le Dieu qui a maudit l'humanité tout entière pour se venger de la première faute de nos premiers parents ne peut être qu'un Dieu monstre, ennemi et jaloux de l'homme.

Les dieux qui se vengent sont des contradictions, comme leurs décrets sont des monstruosités.

D'ailleurs, qu'avons-nous à faire avec les fautes de gens que nous n'avons jamais connus, qui n'ont peut-être jamais existé, et dont les générations présentes se moquent comme de Colin Tampon ? Laissons donc les morts dormir en paix du sommeil éternel.

Le Dieu qui nous obligerait à regarder, malgré nous, en arrière, serait au-dessous de l'homme, et, par ce fait, n'aurait point raison d'être.

Avec sa double vue, avec sa puissance infinie, ce Dieu qui lit mieux dans l'avenir des hommes, que les hommes eux-mêmes ne lisent dans leur passé, n'a pas été sans prévoir que des conséquences terribles devaient être infailliblement attachées à l'établissement de la propriété, et que, dans des temps plus ou moins reculés, les hommes se détruiraient pour la conquérir.

S'il a prévu tout cela, il doit être satisfait, et tressaillir de joie jusqu'au fond de sa conscience de roi, car sa vengeance est complète, puisque les hommes qu'il a créés sont presque des monstres.

S'il ne l'a pas prévu, que parlez-vous d'un Dieu qui ne lit pas dans l'avenir des hommes, et qui ne sait pas ce qu'il fait?

Voilà, hommes d'Église. théologiens, comment vos hypothèses tombent sous les coups mêmes de vos propres arguments. Vous êtes battus par vos propres armes, sur le terrain même que vous avez choisi. Aujourd'hui, Dieu que vous avez ridiculisé, prostitué, vous abandonne, et n'accepte plus les responsabilités trop lourdes que vous lui avez imposées.

Ne l'invoquez plus ; il vous renie et vous condamne, par la voix de la science et de la raison, à la peine du ridicule.

Maintenant, quelques mots à vous, prolétaires que je défends ici. Ne croyez plus à la genèse qui ment, et à l'Eglise qui vous trompe. Si vous êtes déclassés aujourd'hui, la faute n'en est pas à Dieu, mais aux hommes. Ici-bas, rien n'est mystérieux.

Appliquez aux choses de la terre cette parole de l'Évangile, et vous saurez toute la vérité : « *Le royaume » des Cieux se gagne par la force ; les violents seuls le » ravissent.* »

N'écoutez plus ceux qui cherchent à vous détacher de la terre pour vous montrer le Ciel, et qui vous disent : « *Ceux qui sèment dans les larmes, moissonneront » dans la joie : Qui seminant in lacrymis, in exultatione » metent.* » Ceux-là sont vos ennemis comme tous ceux qui escomptent à leurs profits cette malheureuse parole de Voltaire s'adressant au prince royal de Prusse : « *Ceux qui crient contre ce qu'on appelle le luxe ne sont » guère que des pauvres de mauvaise humeur.* »

Maintenant, si vos droits ont disparu, je ne sais dans quelle tourmente, cherchez, avec moi, qui vous les a volés. Alors, vous pourrez dire des ravisseurs, lorsque vous les connaîtrez : « *Je les haïssais d'une haine entière, » et ils sont devenus mes ennemis : Perfecto odio oderam » illos et inimici facti sunt mihi.* »

CHAPITRE III

DE L'OCCUPATION COMME FONDEMENT DE LA PROPRIÉTÉ

II

Que le droit du premier occupant dépouillé de son caractère divin est également inacceptable comme fondement de la propriété, parce qu'il fut exclusif et que, s'étant imposé par la force, il eut toujours la guerre pour conséquence, ce qui doit nous le faire considérer, non comme un droit, mais comme une usurpation.

Si nous étudions maintenant le droit du premier occupant dépouillé de son essence divine, et vu seulement par son côté profane, nous nous trouvons également en face d'une nouvelle contradiction dont le résultat social est une négation de la justice.

Que Destutt de Tracy, Victor Cousin, Charles Comte et autres, aient défendu ce droit illogique avec un véritable entêtement philosophique, cela se comprend, en raison de la place qu'ils occupaient dans la société. On a tout à gagner à régler ses idées sur celles du milieu dans lequel on vit, et à marcher avec son siècle, surtout s'il ne va pas trop vite. Ce qui revient à dire que, lorsqu'on se trouve avec les loups, il faut hurler, hurler bien fort, à moins cependant qu'on ne soit assez sot pour se laisser dévorer.

Jamais Tracy, Cousin, Charles Comte ne se sont mis

plus en rapport avec les idées de leur siècle, que dans les quelques pages qu'ils ont écrites sur la propriété. Alors, pouvait-on nier qu'ils n'étaient point dans la vérité?

Il est si facile, d'ailleurs, de légitimer ce qui existe, surtout lorsque la sanction du fait même semble résulter de la pratique de plusieurs siècles, que même avec des théories monstrueuses, on arrive toujours à rallier, autour de son drapeau, une imposante majorité.

Quoique la vérité soit séparée de nous par une période de plusieurs siècles, et que rien ne soit resté des origines premières de l'homme et de la propriété, ce n'est pas celui qui parle au nom de la justice qui est écouté ; mais celui qui donne au passé l'absolution de toutes ses fautes, de tous ses crimes, sous prétexte que la propriété est instinctive chez l'homme, et que, nécessaire à son existence, elle ne peut être empêchée. Aujourd'hui, il suffit d'être conservateur, conservateur de la propriété, pour que la société tout entière vous soutienne et vous protège.

Conservez, et vos théories ne seront jamais discutées. Détruisez, la scène change ; vous êtes conspué, honni partout comme un homme dangereux. Ce pauvre peuple est si timide de son naturel, si facile à convaincre, que lui-même vous jettera la première pierre, comme à un ennemi de ses intérêts. Ce public ignorant et stupide ne croit qu'à ceux qui le flattent ou le rassurent. Il applaudit au mensonge, à l'injustice quand il croit y trouver son compte ou sa tranquillité. La justice l'effraie parce qu'il la trouve trop révolutionnaire.

Que Destutt de Tracy, Cousin, Thiers et tous les défenseurs de la propriété connaissaient bien leur public lorsqu'ils firent, dans leurs écrits, l'apologie de cette institution, jusque dans ses inégalités, et dans ses crimes ! Ils savaient bien, d'ailleurs, que les pauvres, ne sachant pas lire, ou n'ayant pas de quoi acheter leurs livres, ne protesteraient pas. Et les eussent-ils lus, ces fameux livres, qu'ils ne les eussent pas compris, tant ils sont peu à la portée de leur intelligence. Livres aussi bourgeois que leurs auteurs, il ne pouvaient être lus et compris que par la bourgeoisie. Ce qui n'empêche pas les bourgeois et les prolétaires d'en accepter ensemble le contenu ; les premiers par intérêt, les seconds par insouciance, par ignorance et par faiblesse.

Aussi, le succès que ces livres obtinrent fut immense, et, malgré cela, je ne crois pas que les origines de la propriété, qu'ils défendirent avec tant d'acharnement, soient à jamais consacrées. Comme l'infaillibilité n'est pas le propre de l'homme, il me semble que, en cette affaire, les dépouillés ont le droit de se demander si tous ces philosophes raisonnaient juste, et s'ils ne cachaient pas derrière leur philosophie, ou quelque crainte mal fondée, ou quelque intérêt coupable. Si la bourgeoisie peut encore s'inspirer des théories toujours *neuves* de ses grands chefs et grands prêtres, ce dont je ne doute pas, il faut que, de son côté, le peuple cherche dans ses rangs des hommes capables de le renseigner et de l'instruire. Mon seul but ici est de renverser l'idole, et de démontrer que tout ce que la bourgeoisie défend et veut conserver, est injuste et par suite impie.

Oh ! je sais bien que, lorsqu'un téméraire jette tout à coup, et sans crier gare, une note discordante au milieu d'un accord parfait, chacun le regarde, le toise, et tous, poussés par la même rage, le chassent de la Ronde. C'est peut-être ce qui m'arrivera lorsqu'on m'aura lu, et les ombres de Tracy et de Cousin en ressentiront, au fond de leur sombre demeure, une joie ineffable.

La cause que je défends ici étant celle des petits et des faibles, j'aurai certainement contre moi les grands et les forts. Et au milieu d'une civilisation qui approche du vingtième siècle, la force aura peut-être encore une fois raison du droit.

Ce triomphe de la force sera une nouvelle absolution du passé. D'ailleurs, comment excuserait-on la guerre au dix-neuvième siècle, si on n'en défendait pas l'origine et le but : la propriété ; les moyens : la brutalité et la force ? Il faut une raison à tout ce qui existe, et comme la propriété semble s'imposer au siècle comme une des conditions essentielles de l'existence humaine, rien n'est plus facile que d'en faire accepter les origines, fussent-elles monstrueuses. Lorsque, dans la pratique, l'effet est accepté par une majorité *puissante*, les causes qui l'ont produit ne souffrent aucune discussion, car, par le fait même de l'acceptation des résultats par une foule intéressée ou ignorante, elles paraissent inattaquables.

N'est-ce pas folie de vouloir remonter aux causes quand l'effet qui résulte de ces causes semble satisfaire tout le monde? Qu'importe l'origine de ces causes, si, dans les faits qu'elles ont produits, chacun trouve la réalisation de son rêve?

Vit-on pour soi ou pour les autres??...

Eh bien, soyons fou, et n'épargnons rien...

Les apologistes du droit du premier occupant savent-ils de combien de maux, de combien de fléaux, ce droit barbare inonda le monde? Avant d'écrire, ont-ils jamais compté avec les conséquences funestes de cet illogisme brutal, en vertu duquel les hommes s'emparèrent pour eux, et pour leurs descendants, de tout ce qu'ils purent prendre? Ont-ils jamais étudié les causes de ces énormités sociales que le riche inventa pour tuer le pauvre: l'inégalité civile et économique, le paupérisme?

Ah! ils n'y ont jamais songé, car toutes ces questions sont trop vieilles pour qu'ils essaient, eux, pygmées, de les remettre à neuf. Ils croient que la propriété est une nécessité de notre nature, cela leur suffit pour engager, dans leur croyance impie, tout un monde de voleurs ou d'imbéciles, d'intéressés ou d'ignorants, de forts ou de faibles. La théorie arrangeante du Tien et du Mien les a tant charmés, qu'ils en ont fait la raison économique de toutes choses. Ce que j'occupe et qui m'appartient ne regarde en rien ce que tu occupes et qui t'appartient.

J'ai occupé, donc je possède, et mon droit de propriété est éternel. Il a suffi que moi, mortel infime parmi l'immensité des humains, je misse avant toi le pied sur telle ou telle portion de terre pour que cette portion me fût à jamais donnée. Là où ma tente fut plantée, ma case bâtie, la terre devint ma propriété, quelle que fût l'étendue circonscrite par ma cupidité.

Et tout cela, sans lois réglant l'occupation, sans chiffres déterminant les quantités à occuper. Ce n'est que lorsque toute la terre fut prise que des conventions arbitraires vinrent en légitimer l'acquisition ou la prise, et en décréter la transmissibilité.

Aujourd'hui, on achète la terre, ou on la gagne, ou on la joue, et chacun se croit dans son droit lorsqu'il possède. Qu'importe ce qui s'est passé dans le temps jadis? Autres temps, autres mœurs.

Nous ne sommes point là pour rechercher si le passé fut œuvre de justice ou de tyrannie.

Il est certain, cependant, que ce partage de la terre, sorte de course au clocher, où nombre de malheureux se rompirent le cou, ne se fit pas sans contestations, sans menaces, sans brutalités. Il faudrait pour cela supposer que le cas de deux ou plusieurs hommes se présentant, en même temps, sur le même terrain pour l'occuper, ne se fût jamais présenté, ce qui serait sortir de la logique et du bon sens; ou admettre alors que, dans le cas de contestations, les rivaux eussent été assez sages, assez justes pour s'entendre, ce qui serait encore plus extraordinaire, à moins cependant que les hommes d'autrefois fussent supérieurs en sagesse à ceux d'aujourd'hui.

D'un autre côté, il est impossible d'admettre que dans cette occupation de la terre, il n'y ait pas eu des dépouillés, car l'histoire ne parle d'aucun temps où la terre, partagée entre tous les hommes, donnait à tous les moyens de pourvoir à leur existence. Plus nous remontons dans l'histoire, plus la terre nous apparaît compacte, et moins nous la trouvons morcelée. La grande propriété idéalise la sociologie du passé, comme la force en idéalise la politique.

D'ailleurs, il est des faits dont tout le monde peut se rendre compte, surtout lorsqu'ils sont inscrits dans l'histoire. Toutes les histoires témoignent de ceci : que dans les premiers temps de l'homme la terre était entre les mains d'un petit nombre, tandis que le plus grand nombre, dépouillé de ses droits, la remuait, la travaillait en esclaves conquis, achetés, subjugués, ou en serviteurs salariés. Ce n'est qu'avec la civilisation que la terre se divise, que le nombre des propriétaires augmente, tandis que celui des esclaves diminue. Progression décroissante d'un côté, croissante de l'autre, sans pour cela que l'égalité se soit imposée entre les deux, puisque l'état social du monde actuel n'est que le reflet atténué de l'état social du monde ancien.

Pouquoi invoquer, en faveur de la propriété et de ses origines, une époque que l'histoire a toujours considérée comme une époque de barbarie? Et, puisqu'il n'y a pas d'exemples dans l'histoire où le droit d'occupation ait été le droit de tous les hommes présents, pourquoi donc le donner comme fondement inattaquable de la propriété? Il n'est pas admissible que la terre partagée entre tous les hommes,à une époque inconnue de l'histoire, soit devenue tout à coup,à des époques connues, la propriété et le bénéfice de quelques-uns. Travail des uns, paresse des autres, diront ceux qui jouissent. Imbéciles et lâches!!!

La terre, quoi qu'en dise les optimistes de notre époque, a toujours été la propriété d'un certain nombre, et non celle de tous. Même à l'origine de l'homme, elle eut ses propriétaires, ses esclaves et ses serviteurs. J'en appelle au temps pastoral, à l'âge d'or, etc., etc. En tous temps et en tous lieux, la terre fut toujours aux plus forts et aux plus habiles.

Si l'on représente par 10 la terre au moment de l'occupation, et par 20 le nombre de ses habitants, il est facile de comprendre que si les dix plus forts s'emparent chacun d'un dixième de cette terre, il ne restera plus rien aux autres. Et si parmi les dix possesseurs de la terre, cinq réussissent encore à s'emparer, par la force ou par la ruse, de la part des cinq autres, il est évident que ces derniers seront lésés, comme ils avaient déjà lésé leurs frères. Or, comme dans le partage de la terre, il n'y a pas eu distribution, mais prise, accaparement et vol, et que chacun a pris ce qu'il lui plaisait de prendre comme quantité et qualité, à la condition toutefois qu'il arrivât le premier, et qu'il fût capable de faire respecter son droit d'occupation, il est clair, pour tout esprit qui juge sans parti pris, que la terre a dû être, dès l'origine de l'homme, la propriété du plus petit nombre, nombre possédant, dans sa faible équation, la force et l'autorité.

Si l'on juge les hommes du passé par ce que sont les hommes du présent, et c'est justice, il est impossible d'admettre que les premiers habitants de la terre aient été assez sages pour ne prendre de la terre, que la quantité nécessaire, indispensable à leur existence. « Qui a bu boira », dit le proverbe, et je suis convaincu que, dans l'occupation de la terre, personne n'a hésité à prendre 10 quand il ne devait prendre que 5. N'est-ce pas l'histoire de tous ceux qui possèdent plus qu'ils ne consomment, et qui, par toutes sortes de moyens, cherchent encore à augmenter leur superflu? Si l'homme d'aujourd'hui était assez sage pour se contenter du nécessaire, — hélas! quand le verra-t-on? — je croirais peut-être que les origines de la propriété ont été pures, et que c'est simplement par un enchaînement de circonstances fatales que cette propriété, tant convoitée, inscrivit à son passif une quantité innombrable de faits sanglants. Mais comme les phases qu'a subies la propriété depuis son établissement ont plutôt augmenté le nombre des propriétaires, qu'elles ne l'ont diminué, et que le plus grand des possesseurs de la terre, aussi bien que le plus petit, trouve toujours qu'il ne possède pas assez, je suppose avec raison, — que dans le partage de la terre, la partie qui gagna fut une minorité de forts, tandis que celle qui perdit fut une majorité de faibles. Pouvait-il en être autrement, si, comme la logique nous porte à le croire, les hommes s'emparèrent de la terre avant d'en avoir réglé le partage par des conventions acceptées de tous? L'homme, laissé libre de s'approprier toute la terre qu'il pouvait occuper, s'est-il inquiété, un seul instant, des besoins de son voisin pour ne prendre que sa part? A-t-il fait taire son appétit pour laisser le temps à son semblable de satisfaire le sien? Non! Il a pris tout ce que son égoïsme lui a dit de prendre, et quand il se fut rendu maître de l'étendue de terrain que sa force pouvait défendre, il jeta aux autres cet insolent défi : « Venez me chasser ! »

C'est ainsi que la terre devint, dès son origine, la propriété du plus petit nombre. Or, une institution sociale peut-elle trouver sa raison économique dans une cause dont l'effet s'est produit sur une minorité ? Les fondements sociaux ne sont logiques et acceptables qu'autant que, sortis de la justice, ils en sont encore et toujours le but suprême. En fut-il ainsi du droit d'occupation ? Est-ce que dans l'occupation primitive de la terre, il n'y eut pas exclusion, exclusion des petits et des faibles ? Pour cette première raison déjà, il est impossible que le droit d'occupation soit donné comme fondement à la propriété, et que la société actuelle s'abrite derrière une pareille monstruosité pour en continuer d'autres.

Et qu'on ne vienne pas me dire qu'il a existé des temps inconnus de l'histoire, plus beaux, plus calmes encore que l'âge d'argent et l'âge d'or, et qui nous cachent peut-être la vérité sur l'établissement de la propriété par l'occupation. Hommes imbéciles qui ne pouvez pas lire dans ce qui est écrit, et même dans ce que vous voyez, qu'allez-vous chercher dans les périodes nébuleuses d'un passé qui restera toujours pour vous une énigme inexpliquable ? Faites un retour sur le passé ; suivez la progression décroissante de sa civilisation, et lorsque vous arriverez aux limites de l'histoire, vous pourrez continuer par la pensée votre analyse des époques inconnues, en laissant votre progression suivre sa marche décroissante. Là est la logique, car la civilisation ne rétrograde pas . . . .

. . . .

. . . .

Si, d'un autre côté, nous cherchons à légitimer le droit d'occupation par les faits même de l'histoire, nous tombons encore dans la plus grossière des contradictions historiques. Quelles qu'aient été autrefois les chaînes portées par l'histoire, il se dégage toujours de son sein des vérités que nul ne peut nier, quel que soit le parti auquel il appartient. Les faits sont toujours les mêmes, quel que soit l'historien qui les raconte; il ne s'agit que d'en déduire la philosophie. Or, quelle fut la portée philosophique et économique de toutes les guerres anciennes, de toutes les irruptions de l'est vers l'ouest, du nord vers le midi? Est-ce dans un but de civilisation que les peuples du nord et de l'est, qui ne pouvaient vivre des produits de leurs terres incultes, ont fait soudainement irruption dans l'ouest et le midi? Le général prussien, comte de Moltke, philosophe à ses instants de loisir, nous répondrait oui, lui qui prétend que la guerre est une des formes de la civilisation. Triple brute!!!

Dans cette succession de plusieurs peuples sur le même terrain; dans ces envahissements successifs dont nous parle l'histoire, les uns peuvent voir l'image de la civilisation accomplissant son œuvre de nivellement; moi, je ne vois que l'image de la force accomplissant son œuvre de barbarie, et d'accaparement.

Tenez, permettez-moi une hypothèse. Supposez un instant que, par une force quelconque, vous arriviez à déposséder tous les propriétaires, et à placer tous les hommes dans des conditions absolument semblables à celles qui ont présidé, dans l'origine, à l'occupation de la terre, et par suite à l'établissement de la propriété. Si vous autorisez en même temps ces hommes à s'emparer d'une portion quelconque de cette terre, en vertu du droit du premier occupant, qu'arrivera-t-il?

Il arrivera que ce droit du premier occupant se manifestera partout où se trouvera la force. Le fort marchera sur le faible et l'écrasera. Les droits des petits seront violés par les grands. Des luttes sanglantes, fratricides se produiront. Les hommes se déchireront entre eux comme des bêtes féroces. De frères qu'ils étaient, ils deviendront ennemis et la haine qui les poussera les uns contre les autres, ne trouvera de motifs que dans leur jalousie, leur égoïsme et leur cupidité. Pour un moment, l'humanité sera représentée par des brutes. Partout le sang coulera à flots, et les paroles de quelques sages parlant au nom de la justice seront étouffées par les hurlements sauvages des nouveaux conquérants de la propriété. Partout ce sera la lutte pour l'existence ; mais lutte qui rapprochera l'homme de la bête. Les plus habiles, les plus valides, les plus forts, les plus cruels l'emporteront sur les timides, les éclopés et les bossus. Et lorsque toute la terre sera de nouveau occupée, vous compterez ceux qui manqueront à l'appel.

Voilà ce qui se produirait si mon hypothèse de la terre inoccupée, et devenant tout à coup occupable, pouvait être réalisée. Et ce qui se produirait aujourd'hui, en plein dix-neuvième siècle, a dû forcément se produire autrefois à l'origine de la propriété, époque d'or ou d'argent, je n'en sais rien, mais dont la civilisation n'avait pas encore atténué la barbarie.

Que nous enseigne l'histoire des peuples? Que la propriété est à peine établie que sa conséquence fatale, la *guerre*, fait tout à coup son apparition sur terre. Comme l'histoire ne peut prouver que la guerre a présidé à l'établissement de la propriété, puisque rien n'est resté de ces temps inconnus, elle démontre clairement, à tous ceux qui savent se pénétrer de la philosophie des faits, qu'elle en a été du moins le premier résultat. Elle ne peut dire que ce qu'elle sait, et cela devrait suffire à nous servir d'enseignement.

En effet, qui oserait nier aujourd'hui que la guerre a toujours cherché ses origines, ses causes et son but dans la propriété ? Si le partage de la terre s'est fait à l'amiable, pourquoi les hommes se sont-ils battus, déchirés dans l'avenir, pour se voler réciproquement la part qu'ils avaient prise? Expliquez-moi cela, philosophes !

Si, dès l'origine, il n'y avait pas eu des dépouillés et des accapareurs, des volés et des voleurs, peut-être n'aurions-nous pas aujourd'hui, comme *forces sociales*, l'accaparement et le vol. Notez bien que je ne parle pas ici du vol qui fait vivre les rôdeurs de barrières et les voleurs de grands chemins. J'exclus ce genre de spéculation pour ne m'attacher qu'à l'accaparement du sol et de ses produits, et au vol commercial. Il me semble que je m'explique assez franchement pour qu'on me comprenne. Il n'y aura donc pas quiproquo.

Je le répète encore, partout où s'est manifesté le droit d'occupation, la force a fait soudainement irruption. Or, quand la force se mêle de quelque chose, il est bien rare qu'elle n'engendre pas des haines, et quand la haine est là, la guerre n'est pas loin. Si le partage de la terre s'est fait sans secousses, sans luttes intestines, pourquoi, plus tard, ces guerres épouvantables entretenues par des hommes marchant à la conquête de la propriété? Tout ici-bas s'enchaîne, et je crois que l'on peut soutenir avec raison que le droit du premier occupant, après s'être manifesté par la force, c'est-à-dire par la guerre, eut encore la guerre pour conséquence.

Aujourd'hui même, que de constestations, que de disputes sortent chaque jour de ce mode de transmission de la propriété : l'héritage ! On ne se bat pas, mais on plaide. Or, si l'on plaide aujourd'hui, on a dû se battre autrefois. D'ailleurs, ma proposition se démontre d'elle-même par le simple exposé d'un résumé succint. Cette proposition comprend trois termes : Le but, le moyen d'arriver au but, les conséquences qui en résultent.

Le but, c'est la propriété que le droit du premier occupant *légitime* ou *sanctifie* suivant qu'il est essentiellement profane, ou revêtu d'un caractère divin. Le moyen, c'est la force; les conséquences nous montrent la guerre.

Nous autres, hommes civilisés, lorsque nous partons à la conquête, ou plutôt à la découverte de pays inconnus, c'est armés jusqu'aux dents que nous débarquons sur le sol convoité, parce que nous craignons de le trouver habité, ou de nous rencontrer avec un voisin qui, comme nous, désire en faire la conquête. Et ce sont ces conquêtes, que l'on appelle des conquêtes civilisatrices. La guerre, faite au nom de la propriété, est une guerre sainte. Comme l'a dit le comte prussien, elle civilise, et par ce fait seul elle a sa raison d'être. A tout cela je vous opposerai ceci : La propriété étant encore la cause et le but de la guerre, il faut que le droit d'occupation qui l'a fondée ait péché autrefois par son mode d'application, ou alors que la propriété soit une institution monstrueuse. Je vous défends de sortir de ce dilemme dont les deux arguments mènent fatalement à cette conclusion : que la propriété ne peut avoir pour fondement le droit d'occupation, parce que là où les hommes virent un droit, la saine raison démontre qu'il y eut usurpation.

Ah ! quel beau coup vous avez fait là, Messieurs les prétendus défenseurs du bien d'autrui, en déclarant, dans votre sagesse intéressée, que la propriété est une nécessité de notre nature, et qu'elle trouve sa sanction première dans le droit d'occupation Si, au moins, après avoir fondé la propriété, vous aviez eu la force, le génie de la réglementer. Mais non, des definitions contradictoires vous suffisaient, car vous saviez bien qu'en basant la propriété sur le droit d'occupation, et en la définissant une nécessité de notre nature, vous apportiez aux hommes une quantité de raisons pour se voler, se piller, se faire la guerre. Vous saviez bien que vos axiomes définissaient à merveille l'*égoïsme instinctif* de l'homme, et lui donnaient, en l'absolvant, toutes les facilités, tous les droits de se répandre. Vous saviez tout cela, et cependant, malgré l'enseignement que vous avez trouvé dans l'histoire du passé, vous n'avez rien fait pour préserver l'avenir de ces calamités sociales. Et cela est si vrai que la propriété est encore aujourd'hui une monstrueuse usurpation. Partout où s'affirme la propriété injuste et illégale, la guerre règne sous toutes ses formes.

Dans le gouvernement : la guerre.
Dans la justice : la guerre.
Dans la diplomatie : la guerre.
Dans le clergé : la guerre.
Dans le commerce : la guerre.
Dans l'industrie : la guerre.
Dans les institutions : la guerre.

C'est la guerre partout, parce que l'homme, nourri de vos théories, croit que la propriété est et doit être le but de l'homme. C'est la guerre partout avec la ruse d'un côté, le vol de l'autre, parce que vous avez donné à l'homme le droit de croire qu'il pouvait tromper son semblable. On ne dit plus aujourd'hui : « Aimons-nous les uns les autres », « aidons-nous les uns les autres » ; on se renvoie réciproquement cette maxime du catholicisme : « Aide-toi, le ciel t'aidera », et chacun s'aide à sa façon. On s'espionne, on s'exploite, on se vole. C'est à qui arrivera le plus vite à la propriété. Chacun pour soi et Dieu pour tous; ici-bas le point capital est de savoir tirer son épingle du jeu. Voilà toute la morale de la propriété.

Enfin, pour en finir avec ce chapitre, je terminerai par cette dernière conclusion sur laquelle je ne reviendrai pas : La propriété ayant eu dès son origine des possesseurs et des esclaves, des maîtres et des serviteurs, le droit d'occupation qui l'a fondée a dû être exclusif. En conséquence, si ce droit d'occupation n'a pas été l'apanage de tous, il n'a pu se manifester que par la force. Ce n'est donc plus un fondement, mais une Usurpation.

Usurpation et vol sont deux termes qui se valent.

Ce qui n'empêche que, depuis que le monde est monde, on ne cesse d'inviter l'homme à ne pas faire à son semblable ce qu'il ne voudrait pas qui lui fût fait. *Alteri ne faceris quod tibi fieri non vis !*

C'est ce qu'on peut appeler : prêcher dans le désert.

CHAPITRE IV

DE L'OCCUPATION COMME FONDEMENT DE LA PROPRIÉTÉ.

III

Que le droit d'occupation peut donner la possession, mais est impuissant à donner la propriété.

Lorsque Cicéron comparait la terre à un théâtre où la place que chacun occupe est une place possédée, mais non appropriée, il touchait presque à la solution du problème de la propriété.

En effet, lorsque vous vous rendez à l'Opéra ou au Français, et que vous y achetez une place au parterre, par exemple, cette place, pourtant achetée et payée par vous, de bonnes pièces sonnantes, ne vous appartient que pendant la durée du spectacle ; c'est-à-dire quelques heures.

La pièce finie, il n'est plus question, ni de vous, ni de votre place.

Tant que vous êtes au théâtre, votre place vous appartient en vertu du droit d'occupation, et parce que vous l'avez payée. Personne n'a le droit de vous la prendre, même par la force, et, si vous sortez quelques instants, vous avez le soin de la marquer avec votre mouchoir, afin d'indiquer qu'elle est occupée.

Ainsi, voilà une place occupée, et qui cependant ne vous confirme, de par l'occupation, que le droit de possession, et non le droit de propriété. Pourquoi? Je sais bien que vous allez me répondre que les théâtres appartiennent à des sociétés, ou à des villes, ou à l'État, et que celui qui y achète une place n'achète pas la banquette sur laquelle il s'assied, la barre sur laquelle il s'appuie, etc. ; mais simplement le droit de voir jouer la pièce pour laquelle il a bien voulu se déranger. Et la terre, à qui appartient-elle? A quelques-uns ou à tous! Allons, messieurs, ne jouons pas sur les mots. Lorsque vous avez payé votre place au guichet, tout en possédant le droit de voir jouer la pièce dont le nom s'étale en grosses lettres sur l'affiche, si vous n'allez pas occuper une place, non seulement on ne vous attendra pas pour lever le rideau, mais encore chacun se placera, sans se soucier de vos droits, et, si vous tardez trop, vous risquez d'occuper une dernière place, ou de n'en pas occuper du tout.

Je fais exception pour les places numérotées, payées d'avance, et souvent vides. Maintenant on se paye ce luxe au théâtre...

En somme, lorsque vous avez payé votre place au théâtre, il vous faut l'occuper pour la posséder. Cette occupation, bien entendu, vous donne la possession, et non la propriété. Aujourd'hui c'est vous ; demain un autre, et ainsi les autres jours.

D'un autre côté, il est évident que, ne pouvant occuper au théâtre deux ou plusieurs places à la fois, vous ne possédez réellement que celle que vous occupez en personne. Et sous aucun prétexte, même celui de protéger votre chapeau, vous n'avez le droit de m'empêcher d'occuper, à mon tour, la place voisine de la vôtre. A chacun sa place au théâtre, pourvu que cette place soit payée et occupée.

Est-ce que la terre, que Cicéron compare, avec tant de raison, à un vaste théâtre, ne devrait pas être le théâtre universel, sur lequel chaque homme, possesseur d'une place, pourrait jouer, sans honte, le grand acte de la vie? Puisque les hommes ont fait de la vie humaine une perpétuelle comédie, qu'ils permettent donc à chacun d'y jouer son rôle sans déchoir! Est-il logique que la comédie joyeuse soit le privilège d'une classe, quand le drame reste éternellement le lot de l'autre? Pourquoi les rires et les joies en haut; les souffrances et les larmes en bas? Je ne m'explique pas bien ces différences dans l'existence des hommes, tous égaux devant la nature, ou « tous frères devant Dieu ».

Lorsque je quitte le théâtre, soit pour une cause, soit pour une autre, je perds ma place. « Qui va à la chasse perd sa place », dit le proverbe. Je me demande s'il serait possible que sur terre la place de chaque homme disparût avec lui. Cherchez l'énigme, philosophes et économistes. Surtout ne vous perdez pas dans les nombreuses difficultés du problème.

Lorsque les hommes se partagèrent la terre, et l'occupèrent en vertu du droit du premier occupant, achetèrent-ils la portion qui leur échut soit par la force, soit par la ruse, soit par suite de conventions plus ou moins arbitraires? Non, puisqu'ils la prirent.

Alors, l'économiste est en droit de poser cette question : « Pourquoi cette portion de terre occupée, et par » suite possédée, est-elle devenue, dans la suite, une » propriété inaliénable, à moins de vente, et transmis» sible par toutes sortes de voies : donation, héritage, » etc., etc. » Même dans l'accomplissement du fait, n'y a-t-il pas contradiction de la justice? Que la propriété soit un droit naturel, comme le disent les uns, ou un droit acquis, comme le prétendent les autres, est-ce que les conventions, règlements, lois et statuts qui réglèrent dans la suite ses modes d'existence, d'acquisition et de transmissibilité ne furent pas l'ouvrage exclusif des hommes? Et comme tels ne doivent-ils pas être sujets à caution? Alors, je demande pourquoi la terre, après avoir été occupée et possédée, est devenue plus tard propriété transmissible. Il y a là une loi contre nature et antisociale qui me paraît une monstruosité.

Quelle est donc la puissance, la force qui a pu donner aux hommes le droit de transmettre à leurs descendants une chose qu'ils avaient prise? Divine ou profane, cette force je la nie, parce qu'elle n'a jamais été, parce qu'elle ne peut pas être.

Si l'homme a besoin de la terre pour vivre, ne faut-il pas que tous les êtres qui portent le titre d'homme, et qui en ont la qualité, puissent demander à cette terre les produits nécessaires à leur existence? Or si, en vertu du droit d'occupation, quelques millions d'hommes se sont emparés de la terre, en se réservant le droit de la transmettre aux leurs, il est permis de demander ce que sont devenus ceux qui n'ont pu attraper quelque chose dans le partage de la terre. Ils n'ont pu que se vendre, où mourir de faim !! La *Genèse* nous enseigne pourtant que Dieu donna la terre à l'homme, — et ici l'homme est pris dans un sens général, — en lui disant : « Elle te poussera des épines et des chardons... Tu man- » geras l'herbe des champs... Tu te nourriras de ton » pain à la sueur de ton visage... » Ces paroles, qui rallient la foi d'une majorité imposante, sont claires, nettes et ne donnent lieu, ce me semble, à aucune équivoque. Dieu, en donnant la terre à l'homme, lui en donna la possession, et non la propriété.

Je vais le prouver.

Le droit de propriété est le droit en vertu duquel l'homme qui possède une chose, peut disposer de cette chose à son gré pendant toute sa vie, et même au moment de sa mort. Le droit de propriété donne à la propriété une extension qui, partant de la possession effective, peut aller jusqu'à la transmissibilité. En d'autres termes, la propriété ne se conçoit qu'autant qu'elle est réelle, inaliénable, transmissible. Or, si la propriété est transmissible, et si tout votre bien passe après votre mort à vos enfants, il peut arriver que le capital-terre, ou le capital-argent que vous leur avez laissé, leur permette de se soustraire à la loi du travail imposé par Dieu. Dans ce cas alors, vous allez contre les décrets de la Providence, et le Dieu qui tolère de telles choses est complice ou impuissant. Si, en principe, vous acceptez les lois de la divinité comme immuables, pourquoi n'en faites-vous pas vous-mêmes l'application ?

Le jour où vous avez déclaré la propriété transmissible par toutes sortes de moyens, et notamment par voie d'héritage, vous avez violé la loi du travail. Et que cette loi vienne de Dieu, de la nature, ou des besoins de l'homme, sachez qu'elle est une des manifestations de la justice, et que tous ceux qui s'y soustraient se rendent coupables du crime de lèse-humanité. L'homme doit pourvoir lui-meme à son existence ; sa dignité l'exige, et c'est pour cela que le travail lui a été donné. Il lui a été donné comme corollaire de son droit de vivre, ce qui amène à cette proposition, que l'homme ne peut vivre qu'en travaillant. L'homme qui consomme et ne produit pas, enlève d'autant plus à la production générale, que sa consommation n'est pas balancée par une production tout au moins égale, sinon supérieure. C'est le cas de tous ceux que la propriété a exonérés de la loi du travail. Et ils sont nombreux sur terre, ces propriétaires de la terre et détenteurs du capital, qui donnent tout à la consommation, et rien à la production. Ce sont ceux-là qui, tout en consommant beaucoup, et en ne produisant rien, trouvent encore le moyen d'augmenter leur fortune en raison du nombre des années qu'ils ont à vivre. Le secret de cet accroissement successif est tout entier renfermé dans un système où la rente et la spéculation jouent le principal rôle. Aujourd'hui, tel qui travaille ne possède pas, tel qui ne travaille pas possède. Il est bien entendu qu'ici nous devons tenir compte des classes. . . . .

Comment expliquerez-vous alors cette anomalie économique dont la consommation du petit doit fatalement se ressentir ? Rien de plus simple. En s'appropriant la terre, et en assimilant le droit de propriété au droit de liberté, les hommes ont voulu jouir des biens qu'ils s'étaient appropriés, absolument comme ils jouissent de la liberté. La chose paraissait logique, aussi fut-elle ratifiée par une immense majorité. Mais aussi qu'arriva-t il ? Si, dans le principe, les premiers possesseurs de la terre furent obligés de chercher dans le travail leurs moyens d'existence. il n'en fut pas de même dans la suite. Dès que le droit d'occupation eut donné la propriété à l'homme, celui-ci, en maître absolu de ce qu'il possédait, voulut en disposer à sa façon, à son gré, d'abord pour lui, puis pour ses enfants. Quoi de plus naturel, n'est-ce pas, qu'un père songe à l'avenir de ses enfants ? Dieu avait dit à l'homme ; tu travailleras et tu posséderas, et l'homme répondit en disant aux siens : Vous hériterez et vous posséderez. Voilà déjà la loi du travail fortement atteinte.

Et comme les hommes, dans tout ce qu'ils font, se mettent toujours en opposition avec les décrets de la Providence, il se produisit ce fait que, dans chaque famille, plus les héritiers furent nombreux, moins la part de chacun fut grande. Et tel propriétaire qui n'eut qu'un fils, put dès lors le soustraire, par sa mort, à la loi du travail, tandis que dans les grandes familles — celles que Dieu bénit, dit-on, — la succession ne fut souvent pour chacun qu'une misérable obole.

C'est alors que l'on vit se répandre cette pratique contre nature, monstrueuse, que je ne disséquerai point ici, et qui, dans les familles riches, permit de rejeter la fortune acquise sur la tête d'un ou deux rejetons au plus. C'est du reste ce qui existe encore aujourd'hui, où les grandes familles, à quelques exceptions près, ne se rencontrent que dans le peuple. Là où l'on ne craint pas de diviser la succession, et où, depuis des générations innombrables, le travail est la loi, on respecte cette belle loi de la nature qui veut que l'homme travaille, vive et se reproduise. Dans la bourgeoisie, au contraire, on la souille ostensiblement par la mise en pratique d'une théorie malthusienne mal comprise. Si cette pratique est excusable, elle doit l'être chez les pauvres, et non chez les riches. Je ne sache pas que Malthus ait voulu dire autre chose.

Le but aujourd'hui est d'amasser, d'amasser toujours, afin d'enrichir un rejeton, souvent étique et scrofuleux, l'unique produit que le couple bourgeois a bien voulu donner à la société.

Façon plus ou moins légale de le mettre à l'abri de la misère, et de le soustraire à la malédiction divine. Correctif qui s'affirme par une atteinte grave à la loi du travail.

Et tout cela parce que l'homme s'est emparé de la terre en vertu du droit d'occupation, et qu'une fois propriétaire, sans respect pour la loi du travail, sans respect pour sa dignité, il a voulu que la propriété lui permît de vivre sans travailler.

Quelles que soient les raisons qu'il invoque; qu'il les cherche même, ces raisons, dans la Bible, dans l'histoire chrétienne, dans l'histoire profane ou dans la nature, il attaque Dieu, s'il croit en lui, et profane la justice, si cette loi est pour lui le criterium de vérité!

Si Dieu a imposé le travail aux hommes, le droit d'occupation qui a donné à l'homme la propriété, avec son corollaire la transmissibilité, est, comme je l'ai déjà prouvé du reste, une contradiction de la divinité. En imposant le travail au père, Dieu en a-t-il exempté le fils? Toute la question est là pour ceux qui croient aux vérités de l'Église. Cette proposition, s'ils étaient sincères, suffirait à les convaincre, puisqu'ils placent en Dieu toutes les destinées de l'Humanité.

Quant à ceux qui écartent Dieu des affaires du monde, ils devraient savoir que la loi du travail est une loi de justice, une loi d'Égalité que nul n'a le droit de violer sous quelque prétexte que ce soit. En principe, toute atteinte portée à cette loi est une contradiction sociale.

Je ne suis pas encore assez naïf pour prétendre que l'homme a été mis sur la terre pour ne pas l'occuper. Mais entre l'occupation qui donne la possession et celle qui donne la propriété, il y a toute la différence qui sépare, en principe, le droit de l'usurpation, la justice de l'injustice. Et cela est si vrai, qu'à l'origine même de l'homme, il y eut des peuples nomades chez lesquels le droit d'occupation ne donnait en réalité que la possession. Le possesseur de la terre l'ensemençait plusieurs années de suite, en récoltait les produits pour sa famille, pour ses gens et ses troupeaux. Lorsque cette terre, épuisée par des récoltes successives, ne lui rapportait plus assez pour nourrir son monde et ses bêtes, toute la tribu, sur son ordre, levait le camp et allait planter ses tentes sur une terre plus féconde, et libre de tout possesseur. Il ne laissait à la terre qu'il quittait, ni souvenirs ni regrets ; il l'abandonnait joyeusement pour plusieurs années, quelquefois pour toujours.

Mais, disons-le tout de suite, ces mœurs, ces coutumes ne furent jamais générales. Comme elles étaient le résultat des besoins, du caractère et du tempérament de chacun, elles n'existèrent jamais à l'état de loi. Dès l'origine même de l'occupation de la terre, on vit des familles, des tribus se fixer définitivement sur des terres fécondes, et s'en attribuer la propriété, tandis que d'autres continuèrent leur existence nomade, ne demandant à l'occupation que le droit de possession, et non le droit de propriété. C'est du reste ce que fait encore l'Arabe dans certaines parties de l'Afrique. A ce propos, voici ce que dit Thiers, le défenseur du droit de propriété : « La propriété immobilière n'existe pas » encore chez lui. Quelquefois seulement, on le voit » pendant deux ou trois mois de l'année se fixer sur » des terres qui ne sont à personne, y donner un la- » bour, y jeter du grain, le recueillir, puis s'en aller en » d'autres lieux. Mais pendant le temps qu'il a employé » à labourer, à ensemencer cette terre, à la moissonner, » le nomade entend en être le propriétaire, et il se pré- » cipiterait avec ses armes sur celui qui lui en dispute- » rait les fruits. ». Si c'est avec de pareilles raisons que Thiers légitime le droit d'occupation, en tant que droit de propriété, n'en déplaise à sa mémoire, son argumentation est bien pauvre. Dans cet exemple de la vie de l'Arabe, où il fait ressortir ostensiblement le droit de propriété, il n'y a réellement que le droit de possession. La propriété est éternelle, tandis que la possession est temporaire. Thiers le savait bien, lui qui prétendait ne rien ignorer.

Le droit d'occupation donnant à l'Arabe la possession de la terre, son travail lui donnait le droit de vivre. Le grain qu'il récoltait, légitimement arraché à la terre, lui appartenait en propre. La terre n'était point sa propriété ; mais elle était sa possession. Ses fruits, ses produits étaient sa propriété parce qu'il les avait gagnés par son travail. Quant au premier instrument de ce travail, la terre, il n'entrait pas encore dans ses mœurs et coutumes de se l'approprier. Libre, indépendant, il ne voulait être ni le serviteur de la terre, ni le serviteur de son semblable. La glèbe, la propriété foncière ne le tentaient point parce qu'il ne voulait être attaché, ni aux personnes, ni aux choses. Aujourd'hui ici, demain ailleurs. Telle était sa vie, avant que les Européens eussent mis le pied sur la terre africaine. Quand il avait récolté, sur une terre, les fruits de son travail, il émigrait vers une terre plus féconde. La terre appartenait à tous, et personne n'en avait la propriété. Aujourd'hui la civilisation européenne a pénétré dans ces pays barbares. Tout y est changé maintenant; l'instinct de la propriété s'y est développé, et les peuples nomades y sont maintenant l'exception.

Voilà comment Thiers est allé chercher des exemples, jusqu'au fond de l'Afrique, pour légitimer, ou expliquer le droit de propriété par le droit d'occupation. Ces exemples me servent à renverser sa thèse, et à démontrer que les théories de ce penseur sont bâties sur du sable, et qu'il suffit d'un souffle pour les éparpiller au loin.

En principe, la terre n'appartient à personne. Si par suite de certaines conventions, elle peut appartenir à tous, je ne vois pas pourquoi elle appartiendrait seulement à un certain nombre.

Il n'y a qu'une espèce d'hommes ; tous les naturalistes sont d'accord sur ce point. Sauf quelques diversités de races, tous les produits de l'espèce sont identiques, au moral comme au physique. Ils ont tous les mêmes besoins, les mêmes nécessités, et par suite les mêmes droits. La terre, leur mère commune, doit être la nourrice de tous. Chacun a droit à cette vaste mamelle qui ne peut nourrir tous ses nourrissons qu'autant que les uns ne boiront pas le lait des autres. Et pour cela il faut qu'elle passe entre les mains de tous, de par le droit de possession, et non de par celui de propriété.

Autant la possession placée sous les auspices de la

justice peut être légitime, nécessaire, indispensable, pour employer les termes de l'économie politique; autant la propriété est injuste, tyrannique, monstrueuse, du moins c'est ce qui paraît ressortir du droit d'occupation, car si l'on tient compte du principe qui prétend qu'une chose ne vous appartient réellement, et en propre, qu'autant qu'on l'a payée en nature, ou en espèces, il est clair, sauf pour les aveugles d'esprit, que si le droit d'occupation peut donner la possession, il est impuissant à donner la propriété.

D'un autre côté, comme les instruments du travail de l'homme ne peuvent être accaparés par les uns au préjudice des autres, et que la terre est le premier de tous les instruments de travail, je conclus ainsi : La terre, ses fruits, ses produits, ses richesses sont à tous ceux qui travaillent. Et cela ne peut avoir lieu qu'autant que l'homme, dont le premier droit est le travail, trouvera au sein de la société les premiers instruments de son travail. La chose n'est pas facile, direz-vous, car il faut révolutionner tout un ordre de choses, et remplacer la propriété par la possession temporaire et non exclusive, ce qui pour le moment est impossible.

Allons donc ! le jour où vous aurez décrété que la terre doit appartenir à tous, quel inconvénient y aura-t-il à remplacer le droit de propriété par le droit de possession.

Ce n'est pas parce que quelques philosophes, très savants, sans doute, mais certainement fort égoïstes, ont défendu le « droit d'occupation » en plaçant les hommes dans un « état constant d'hostilité », comme l'a fait Hobbes qui niait la liberté, et prêchait le despotisme ; dans un « état d'étrangeté », comme l'a fait Destutt de Tracy qui voulait que la propriété fût une nécessité de notre nature ; dans un « état de sainteté », comme l'a fait Cousin qui voulait sanctifier le droit d'occupation en le rectifiant par le travail, que ce droit injuste, barbare, mal appliqué dans l'origine, doive rester éternellement un des sûrs garants du droit de propriété.

Saint Thomas a dit : « C'est Dieu même qui a donné

à l'homme l'appétit naturel de la science : *Naturalem scientiæ appetitum mentibus hominum deus inserit.* » Aurait-il donné, en même temps, à ce même homme, l'appétit naturel de la propriété ? Nous pourrions le demander à Destutt de Tracy.

Dans un autre ordre d'idées, Origène a dit : « Tout homme appète la science, comme l'estomac appète les aliments et la boisson : *Sicut stomachum cibum et potum.* » Je parierais ma tête que, pour les mêmes raisons, il appète la propriété comme son estomac appète les aliments et la boisson.

Eh bien, que la propriété soit une nécessité de notre nature, ou un appétit naturel, je ne sache pas que le droit d'occupation puisse lui servir de fondement légitime, et couvrir la responsabilité de ceux qui possèdent.

CHAPITRE V

DU TRAVAIL COMME FONDEMENT DE LA PROPRIÉTÉ

I

Que le travail donne droit à la possession de la terre, mais est impuissant à en donner la propriété, ce qui revient à dire que l'appropriation de la terre est une atteinte à la loi du travail.

D'une manière générale, si le travail donnait droit à la propriété de la terre, tous les travailleurs, sans exception, auraient droit à la propriété d'une partie de cette terre.

Est-ce bien ce qui existe aujourd'hui? L'école actuelle oserait-elle défendre, devant les travailleurs réunis, la loi du travail, et son corollaire *classique,* le droit de propriété?

Qu'est-ce que la terre? C'est le premier outil, c'est le premier instrument du travail de l'homme. C'est une première mise que la nature a donnée à l'homme pour lui faciliter le travail. C'est grâce à elle qu'il vit, grandit et se reproduit ; c'est elle qui le nourrit, le vêt, l'abrite, lui procure des peines et des soucis, des joies et des plaisirs ; mais à la condition qu'il la remuera, la travaillera et en arrachera les richesses à la sueur de son front. C'est, en d'autres termes, l'instrument et l'objet de son travail.

Or, j'ai démontré précédemment que la terre avait été donnée à l'homme et non vendue. Et cela devait être, pour cette raison toute simple que l'homme, ayant été jeté sur terre nu comme un ver, ne pouvait payer ce premier outil de son travail. Donc, en prenant possession de la part qui lui revenait de droit, l'homme devenait débiteur, et restait impuissant à payer sa dette. Impuissant, même en dépit de son travail de chaque jour. Impuissant, parce que cette première mise de fonds, fournie par Dieu ou par la nature, représente un capital non amortissable, propriété de personne, et possession de tous. Impuissant, parce que ce travail est lui-même payé par la possession des produits qu'il fait naître.

D'après nos mœurs et nos lois, toute dette doit être acquittée, et tout prêt remboursé. Or, de quelle façon le propriétaire de la terre a-t-il remboursé, aussi bien dans l'époque ancienne, que dans l'époque actuelle, le prêt qui lui ouvrit les portes du travail? Sa dette contractée, qui l'a payée?

Son travail, direz-vous; je vous répète encore que ce travail, payé lui-même par la production, est impuissant, quel qu'il soit, à amortir le capital avancé : l'instrument du travail.

Et pourquoi toujours ces exclusions?

« Homme, tu arracheras ton pain à la sueur de ton visage », cela veut-il dire que tu t'empareras de la terre pour toi seul, à l'exclusion de ton semblable? Cela veut-il dire que tu accapareras pendant que moi je n'aurai pas la plus petite parcelle du bien commun que tu auras volé? Ce droit d'arracher ton pain à la terre, que tu tiens de Dieu, de la nature ou des nécessités, ne m'appartient-il pas comme à toi? Je n'ai point de titres à te montrer; mais montre-moi les tiens? Ne sommes-nous pas égaux, et ne nais-tu pas, comme moi, nu et sans force? Qui t'a fait plus riche, plus instruit, plus civilisé que moi?

Mon droit est en tout semblable au tien, puisque tous les deux, de par notre naissance, nous avons des droits à la vie. Si tu prétends que ton travail te donne droit à a terre que tu occupes, il n'y a plus de raisons pour que tu n'agrandisses pas chaque jour ton bien foncier à mes dépens, et à ceux de tes semblables. Ton travail te donne droit à la terre, et le mien? Le mien ne me donne droit à rien, et je vais te dire pourquoi. Parce que je n'occupe point, et que tu occupes; parce que je n'ai rien et que tu possèdes; parce que mon travail n'a pas été précédé de l'occupation, et que le travail, sans une occupation préalable, est, d'après nos lois et nos mœurs, impuissant à donner la propriété. C'est Cousin qui parle, et pour quoi dire: une absurdité économique s'accommodant très bien, il est vrai, à son éclectisme; mais contraire aux lois de l'égalité et de la justice.

J'ai déjà démontré que le droit d'occupation est impuissant à donner la propriété du sol. Si je démontre maintenant, ce qui est presque fait, qu'il en est de même du travail, toute l'argumentation de Cousin tombe d'elle-même, et la terre, par suite, va nous apparaître, libre de toutes chaînes, et de tous propriétaires.

La terre, d'après tous les économistes, est le premier outil du travail de l'homme. A ce propos, J.-B Say s'exprime ainsi: « Un cultivateur est un fabricant de blé » qui, parmi les outils qui lui servent à modifier la ma- » tière dont il fait son blé, emploie un grand outil que » nous avons nommé un champ. Quand il n'est pas le » propriétaire du champ, qu'il n'en est que le fermier, » c'est un outil dont il paye le service productif au pro- » priétaire. Le fermier se fait rembourser à l'acheteur, » celui-ci à un autre. »

. . . .

En somme, le fermier qui loue un champ rembourse le propriétaire, et se fait ensuite rembourser par l'acheteur, etc., etc.

Le fermier rembourse l'outil-terre qu'il tient du propriétaire. C'est bien, c'est juste selon vous, n'est-ce pas, Messieurs les détenteurs de la propriété? Mais ce propriétaire qui sait si bien se faire rembourser, de qui tient-il cet outil qu'il loue, parce qu'il est trop paresseux pour s'en servir? A qui l'a-t-il jamais remboursé??

Si le travail donne droit à la propriété de la terre, il me semble que le fermier a plus de raisons pour posséder que le propriétaire réel qui ne travaille pas. Ah ! mais j'oubliais que ce fermier n'avait pas eu l'occasion d'exercer son droit d'occupation, droit préalable et indispensable.

Quand le fermier rembourse le fermage de son grand outil au propriétaire, il s'acquitte, paraît-il, d'une dette qu'il a contractée en prenant possession de terres qui ne lui appartiennent pas. Tout le fermage revient à ceci : que pour entrer en possession et jouir de son droit au travail, le fermier est obligé de payer une redevance Il faut qu'il paye son premier outil, la terre, comme le mécanicien, le forgeron, le maréchal payent les leurs. S'il n'a pas de quoi payer les outils de son travail, il se voit obligé de se louer, de se vendre, ou alors de mendier, ou de mourir de faim. Le travail se vend chez nous, et ne se donne pas. Rien pour rien sur cette terre ; donnant, donnant, tant pis pour ceux qui n'ont rien à donner ; ils ne recevront rien.

Mais, messieurs les défenseurs de la propriété, vous n'avez donc pas compris qu'en refusant de décréter le droit de l'homme au travail, vous avez sapé la propriété par sa base. Si, en tous temps et en tous lieux, l'homme est obligé d'acheter les premiers outils de son travail, pourquoi ceux qui se sont emparés de la terre en vertu du droit du premier occupant, n'ont-ils pas, eux aussi, acheté les leurs, ou payé une redevance? Qu'est-ce donc que le propriétaire, sinon le fermier de la collectivité? Si celui qui loue est le fermier de celui qui possède ; celui qui a pris doit être le fermier de ceux auxquels il a pris. Avec votre principe, stupide dans son application, que le travail donne droit à la propriété, vous prétendez avoir résolu toute la question sociale. Allons donc ! je vois partout des travailleurs qui ne gagnent pas de quoi vivre. Qu'est-ce que cela signifie ?

Si en travaillant la terre l'homme acquiert des droits à cette terre, encore une fois, pourquoi tant d'exclus? Pensez-vous que la propriété, telle qu'elle s'est fondée dans l'origine, telle qu'elle existe actuellement, soit le résultat du Travail ?

Nous étudierons cette question dans le chapitre suivant
....

Lorsque l'homme apparut sur terre, aucune puissance occulte ne jouissait du pouvoir de disposer de cette terre, au profit du nouveau venu. La nécessité seule fit comprendre à l'homme que là était renfermé tout ce dont son existence avait besoin. Et comme il ne pouvait attendre, il prit une portion de cette terre, et se mit à l'œuvre..............................

Comprenez-moi bien : je dis, il prit une portion de cette terre,.... donc il devait. A qui devait il? à ses semblables, à ses voisins, à la collectivité.

Et, comme tous les hommes ne peuvent pas se livrer au travail de la terre, il est évident que ceux qui en ont la possession doivent à ceux qui la leur ont abandonnée. Cette dette, qui restera toujours impayée, devrait trouver sa réciprocité dans celle que les travailleurs de l'industrie, du commerce, etc., contracteraient, si la collectivité leur fournissait les premiers instruments de leur travail. Cela existe déjà, mais personne n'en convient, parce que tout le monde blâme le système économique dit de la réciprocité.

Quoi de plus simple que le possesseur de la terre doive à la collectivité la possession du sol qu'il travaille, et que l'industriel et le commerçant doivent aussi à cette même collectivité les premiers outils de leur travail : Capital, etc. Cette dette réciproque, et éternelle forcerait à l'Egalité et à la Solidarité. C'est le principe de la solidarité de consister tout entier dans une dette générale, réciproque, et qui par ce fait s'oppose à toute usurpation. Le jour où vous donnez aux uns à l'exclusion des autres, vous rompez tous les liens de la Solidarité. Or, la propriété de la terre, propriété acquise par une occupation que le travail semble avoir ratifiée sans pourtant l'avoir légitimée, propriété transmissible non cette fois par le travail, mais par le don, l'héritage, etc., etc., n'est-elle pas la plus évidente de toutes les violations de l'Egalité et de la Solidarité?

Si le travail donne droit à la propriété du sol, le jour où cette propriété se transmet par don ou par héritage, le travail perd ses droits et n'est plus une sanction de la propriété.

Le fonds qui a été acquis par l'occupation, le don, l'héritage, la prescription, ne peut être payé par le travail. Il faudrait pour cela que ce travail ne fût pas suivi de production, ce qui est contraire à la loi même du travail.

Vous savez aussi bien que moi que le travail des propriétaires du sol — lorsqu'ils travaillent et ne louent pas — se traduit non seulement par une équivalence de produits compensant la peine dépensée, mais par des bénéfices qui l'emportent de beaucoup sur les sueurs et les fatigues du travailleur-propriétaire. Il est bien entendu que je fais abstraction des périodes de crises que nos économistes savent expliquer par toutes sortes d'absurdités, sans pouvoir pour cela en trouver le remède.......................................

Si l'homme qui travaille est largement payé de son travail, le propriétaire — toujours celui qui travaille, — en est l'exemple le plus frappant.

Il est si facile de produire et de réaliser lorsqu'on a tout ce qu'il faut pour cela. Or, est-il logique, et je ne le répéterai jamais trop, car je veux que tous les travailleurs le sachent, est-il logique, dis-je, que le propriétaire du sol paye son premier outil, sa redevance, sa dette par un travail qui lui rapporte souvent plus qu'il ne peine ?

Que diriez-vous du menuisier, par exemple, qui achetant du bois à crédit paierait son créancier par ces paroles : « J'ai travaillé le bois que je t'ai acheté ; mon travail m'a donné des droits sur lui, donc il est ma propriété ? » Vous diriez simplement que ce menuisier est un fripon. Dites-en autant de ceux qui ont occupé le sol, et qui prétendent que leur travail en a fait leur propriété, et vous serez dans la vérité.

J.-B. Say n'a probablement pas vu qu'il était en contradiction avec le principe même de la propriété, lorsqu'il disait que « le cultivateur est un fabricant de blé » qui parmi les outils qui lui servent à modifier la ma- » tière dont il fait son blé, emploie un grand outil que

» nous avons nommé un champ. » Si la terre est un outil absolument identique, quant au point de vue économique, aux autres outils du cultivateur, et je le crois très bien, comment se fait-il que ce grand outil, qui dans l'esprit de Say est supérieur à tous les autres, ne tombe pas aussi sous le coup de la loi économique qui règle dans notre monde actuel, l'acquisition des outils en général ?

Le cultivateur paye sa charrue, sa herse, ses machines à battre, il est juste qu'il paye aussi le sol qu'il cultive. Mais c'est ce qui se fait tous les jours, vont me répondre mes contradicteurs.

Halte-là, Messieurs, et surtout ne vous envolez pas.

A l'origine du monde, le sol a été occupé, et jamais payé, personne aujourd'hui ne niera le fait.

Cela suffit à démontrer que, dans le principe, la propriété fut le résultat de l'occupation, et non celui du travail. Mais n'invoquons pas si souvent le passé, car les admirateurs de Thiers nous répondraient invariablement que si la propriété n'a pas eu d'abord pour origine le Travail, elle ne tarda pas à l'acquérir par un certain temps de transmission. Restons dans le domaine du présent, et quoique je n'aime pas à faire la controverse des absurdités économiques de Thiers, je crois que je vais tout simplement, et sans phrases, démontrer, encore une fois, que son principe est faux, et que, quant à la propriété individuelle, c'est tout le contraire qui se produit.

Dans une famille qui comprend 10 générations par exemple, — ce nombre est purement fantaisiste — la première génération peut avoir acquis la propriété par son travail, mais les 9 autres la devront certainement à la succession.

Sur 10 il y aura 9 en faveur de l'héritage.
— — 1 en faveur du travail.

Un est arrivé à la propriété par son travail ;
Neuf n'ont eu que la peine de naître et de prendre.

D'ailleurs, sont-ils donc si nombreux les exemples d'acquisition du sol par le travail ?

Maintenant que la terre est en partie occupée, abstraction faite du droit d'occupation, quels sont les moyens dont l'homme dispose pour acquérir la propriété du sol? Trois moyens se présentent à notre examen.

1° L'héritage direct, et la donation ou legs, ce qui est à peu près la même chose, quant au point de vue auquel je me place en ce moment.

2° L'achat au moyen d'un capital provenant d'un héritage.

3° L'achat au moyen d'un capital gagné par le travail.

Presque toutes les grandes propriétés, absolument comme les grandes fortunes, ont eu leur source dans l'héritage ou la donation; Exemple: les propriétés féodales, les propriétés mobilières de notre époque, les propriétés des congrégations.

Seules les petites ont eu pour origine le travail, et non d'une manière générale, mais exceptionnellement, c'est-à-dire en retombant sous l'empire de ma loi : Travail = 1. Don, héritage = 9. Total 10.

Autant les propriétés s'accumulent avec facilité par la transmissibilité, autant, individuellement, elles se forment difficilement par le travail. Ce qui ne veut pas dire, bien entendu, que la propriété et le capital ne sont pas du travail accumulé, ce dont nous parlerons plus tard.

Oui, la propriété individuelle se forme difficilement par le travail. Notre économie sociale actuelle nous en fournit la preuve chaque jour.

Si mon père me laisse, en mourant, ses propriétés, toute ma peine se réduit à ceci : les prendre. S'il me laisse un capital considérable, je n'ai que la peine d'acheter des propriétés pour devenir propriétaire foncier, tout en restant capitaliste. S'il me laisse seulement un petit capital, il faut que je travaille pour faire fructifier ce capital, l'augmenter, et devenir dans 10, 15 ou 20 ans, propriétaire à mon tour. Encore je risque de sombrer en route, grâce aux spéculations et accaparements des gros détenteurs du capital. Mais s'il ne me laisse que des bras forts et vigoureux, ce qui est certainement quelque chose, je risque fort de mourir sans avoir connu la propriété, et après avoir beaucoup travaillé. Tout le système économique de la propriété est là.

Sont appelés à posséder la terre :

1° Ceux qui naissent propriétaires de cette terre, et ils sont nombreux.

2° Ceux qui, propriétaires d'un certain capital, peuvent en assurer le placement sous forme de propriétés foncières.

3° Ceux, et par exception, qui, propriétaires des outils de leur travail, peuvent arriver à la propriété après plusieurs années, soit d'un labeur pénible, soit de spéculations plus ou moins risquées, plus ou moins honnêtes. Les autres, qui n'ont rien, sont appelés à travailler la terre, sans jamais la posséder, en qualité de serviteurs, de domestiques, de valets. Il y a bien encore ceux qui font travailler les autres. Ceux-là appartiennent à la catégorie des gens qui détiennent le capital, et n'ont qu'à acheter pour devenir propriétaires. Telle est la loi du Travail sur la propriété du sol.

Que l'on trouve étrange maintenant que je vienne dire hautement, et en face des propriétaires, que non seulement le travail ne mene pas tout droit à la propriété du sol, mais qu'il est encore impuissant à confirmer à l'homme le droit de propriété qu'il a volé à la collectivité. Lorsque je formule ma pensée en disant que l'appropriation de la terre est une atteinte à la loi du Travail, je mets au défi tous les économistes de me contredire.

La terre ne peut être appropriée, parce qu'elle n'est pas l'œuvre de l'homme. L'homme, quelque grand, quelque fort qu'il soit, n'a droit qu'à ses œuvres.

Il ne peut réclamer que ce qu'il a créé, et encore faut-il que ses réclamations n'entravent en rien celles de ses semblables. Son droit sur la terre est nul en tant que propriété, car aucune loi n'a réglementé l'occupation et le partage de cette terre. Le travail peut donner, dans de certaines réserves, des droits sur la chose qui résulte de ce travail, mais il est impuissant à donner des droits sur une chose déjà acquise, déjà possédée.

Quand l'homme a commencé à travailler, il avait déjà pris possession de la terre. Il ne l'avait ni achetée, ni louée, ni affermée, il l'avait prise. Son premier travail lui rapporta de quoi se nourrir, se vêtir, s'abriter, etc., etc. — Ce fut là son paiement. La production ayant récompensé l'homme, le travail et l'homme furent quittes; mais cet homme resta encore débiteur de son premier outil : le Sol. C'est encore son cas aujourd'hui, et je prétends que sa dette sera éternelle S'il réussit jamais à l'acquitter, je lui rends son droit à la propriété de la terre.... ....

Ah ! jusqu'où donc ira se jucher l'orgueil de l'homme? Mortel stupide, il faut qu'il soit bien orgueilleux, bien fat, ou bien insatiable pour prétendre que le travail, qui est pour lui non seulement un devoir, mais une nécessité, soit assez puissant pour lui donner des droits à la propriété du sol. Le travail qui pourvoit à tous ses besoins n'est pas encore assez grand, assez élevé, assez digne de lui. Les quelques gouttes de sueur qui perlent de temps en temps sur son visage, et qui sont d'une bonne hygiène, ne sont pas encore assez payées lorsqu'il ne lui manque rien. Paiement trop petit pour un homme si grand. Il faut plus que cela à son appetit de bête jamais rassasiée. Fi donc du nécessaire quand il peut se donner du superflu !... ....

Est-ce que la propriété n'est pas la récompense du travail, le port de salut où tout travailleur honnête, laborieux et économe doit aborder? Thiers ne l'a-t-il pas dit?? Et de cette propriété indispensable, celle de la terre n'est-elle pas la plus logique, la plus légitime, la plus sainte...? Pour que l'homme travaille la terre, ne faut-il pas que cette terre lui appartienne? Non, ce n'est pas absolument nécessaire, et vous le savez bien puisque ceux qui en sont les propriétaires sont précisément ceux qui ne la travaillent pas. Et, lors même qu'ils la travailleraient, leurs droits à la propriété n'en seraient pas moins illégitimes. Je l'ai déjà dit, le travail, quel qu'il soit, ne peut lever l'hypothèque de l'occupation de la terre par l'homme. Ce grand outil, dont la garde relève de la collectivité, n'appartient à personne, mais à tous. De même que le travail de l'ouvrier des fabriques ne donne à cet ouvrier aucun droit de propriété sur les métiers, machines, instruments, appareils et outils dont il se sert, de même le travail des champs ne donne aucun droit de propriété sur le sol.

« De même aussi, l'homme n'a pas plus le droit d'hériter de la terre, qu'il n'a le droit de la prendre. Propriété de tous, il ne lui appartient ni de l'acheter, ni de la vendre. Pour ce faire, il faudrait que toutes les parties intéressées fussent consultées, et donnassent leur consentement, ce qui ne peut pas être, ce qui ne doit pas être.

J'ajoute qui ne doit pas être, parce que je prétends encore qu'aucun homme n'a le droit d'aliéner sa part...

C'est pourquoi je viens dire ici que le cultivateur, le possesseur de la terre, est le fermier de la collectivité, et jouit par ce fait du droit de possession, et non du droit de propriété. La collectivité donne la terre au cultivateur sans exiger de lui ni redevance, ni paiement annuel. Elle lui donne, à la condition qu'il travaillera, parce que tout homme a droit au travail, et que c'est à la société à lui en fournir les outils et les moyens.

Est-il nécessaire que l'homme s'approprie la terre, pour que la culture de celle-ci soit à tout jamais garantie? Il me semble que la possession doit suffire à en assurer le travail, et à en prévenir les chômages.

Là encore, tout ce qui est en dehors de la possession est une atteinte à la loi du Travail ; et je parle ici surtout pour la propriété du sol : propriété trouvant son origine dans l'occupation, rendue légitime dans la suite par le travail, et devenue transmissible par voie d'héritage Que nous sommes loin de l'idée de solidarité qu'avait entrevue la Genèse ....

Lorsqu'on étudie l'ordre de choses actuel, on se demande si la société a bien su distinguer entre l'homme utile, indispensable, qui donne à cette société « son travail de chaque jour », et l'homme oisif qui ne donne à cette même société que « son oisiveté et sa consommation de chaque jour ».

Que l'homme ait été, dans l'origine, un pourceau du troupeau d'Epicure : *Me bene curata pelle vises Epicuri de grege porcum*, ou un âne de la plus méchante nature : *Demitto auriculas, ut iniquæ mentis asellus* ; il n'en est pas moins vrai qu'aujourd'hui, au point de vue économique bien entendu, deux catégories d'hommes se partagent le monde. La première de ces catégories comprend les travailleurs, ceux que j'appelle encore les indispensables ; la seconde comprend les improductifs, les inutiles, ceux qu'un de mes amis appelle encore des Végétaux.

La société a choisi entre le travailleur et l'improductif. Chaque jour, elle prend au premier pour donner au second, et cela doit être puisque personne ne se plaint. *Veritas id quod est*, la vérité est ce qui est, a dit saint Augustin. En face d'une pareille définition, que les hommes cherchent à savoir, dans ce qui existe, ce qui est vrai ou faux, juste ou injuste. Mais au moins qu'ils ne cherchent pas la vérité dans le fond de leur caisse ou de leur coffre-fort.

« Heureux ceux qui ont faim, car ils seront rassasiés », a dit le Christ. Ne serait-il pas plus logique de remplacer les espérances par des faits résultant de principes économiques bien établis ? En toutes choses, le fait acquis vaut mieux que l'espérance, cela touche de plus près la certitude.

Pour quant à ce qui concerne la terre, il me semble qu'on pourrait établir les premières bases d'une nouvelle organisation économique sur ce principe fondamental : Qui travaille doit posséder. Et, en cela, la justice ordonne la possession et défend l'appropriation. Elle ordonne la possession ; mais la possession sans transmissibilité, ce qui revient à dire qu'elle condamne la propriété terrienne. Cette loi de la possession marche de pair avec la loi du travail. Si l'on transforme la première, on porte atteinte à la seconde.

C'est pourquoi le droit de l'homme au travail impose à la collectivité le devoir de partager le travail entre tous les hommes, et de leur fournir les moyens de l'exercer en tous temps et en tous lieux.

« Aidez-vous les uns les autres. » La réciprocité pourrait se servir de cette maxime comme d'une loi. Une des conditions de vie de toute société, est que ses membres s'aident réciproquement au lieu de se détruire. — Les animaux peuvent vivre des animaux, l'homme ne peut vivre de l'homme. — Ça se voit cependant quelquefois.

La plus belle vie est tout entière dans l'homme qui vit de son travail. Donc, pour que tous les hommes, sans exception, puissent vivre de cette vie laborieuse, et en goûter les jouissances infinies, il faut que tous trouvent dans la société les outils de leur travail. Et cela n'est possible qu'autant que les plus forts n'accapareront pas les outils du travail, voire même le sol.

Si, dans la lutte pour l'existence, vous êtes mieux armé et plus fort que moi, autant votre victoire est sûre, autant ma défaite est certaine. Et forcément nous retombons dans l'inégalité. Pourquoi donc prêcher l'égalité avec tant de bruit et de décorum, si vous en méconnaissez le premier principe : le droit de l'homme au travail. Vous avez donc bien peur que ce droit de l'homme vous dépouille?

Cachez-vous alors, et qu'il ne soit plus question de vous.

L'homme, ayant droit au travail, doit en trouver les outils, et comme le premier de ces outils est la terre, la terre que nul homme n'a créée, mais dont la fertilisation est presque d'œuvre humaine, nous demandons que la possession en soit réglée d'une façon plus conforme aux lois de l'égalité et de la justice.

Et si les règlements nouveaux atteignent la propriété, tant pis pour les propriétaires. Il est de toute justice de rendre à chacun ce qui lui appartient, si toutefois cette définition de la justice par Ulpien peut s'accorder avec le cœur de l'homme : *Justicia est constans et perpetua volontas jus suum cuique tribuendi.*

CHAPITRE VI

DU TRAVAIL COMME FONDEMENT DE LA PROPRIÉTÉ

II

Que la propriété, fille du travail, est un fait d'exception qui s'oppose à ce que les sociétés en fassent une loi d'économie sociale.

Avant de donner le travail comme fondement à la propriété, il fallait démontrer que, abstraction faite de l'occupation primitive, cette propriété était le résultat exclusif du travail. La chose était difficile, quant à la propriété individuelle. C'est pourquoi la question fut habilement tournée et abordée par son côté général, ce qui, tout en ne prouvant rien, permit d'établir une hypothèse contre laquelle ne prévalurent même pas les faits nombreux de la pratique. C'est alors que l'on vit sortir d'un cerveau, en proie sans doute à un violent éréthisme, cette énormité économique : « Si la fraude et » la violence sont quelquefois l'origine de la propriété, » la transmission pendant quelques années, sous des » lois régulières, lui rend le caractère respectable et » sacré de la propriété fondée sur le travail ». Bien avant l'apparition de cette contradiction grossière, le principe avait déjà été posé. Aussi chacun applaudit lorsque, du mélange philosophique et économique de différentes époques, sortit ce paradoxe : « La propriété est fille du travail[1] ».

Si l'on s'en tient à la superficie des choses, rien ne semble plus naturel que de considérer le travail comme un des fondements véritables de la propriété. Mettre en effet la propriété sous la sauvegarde du travail, n'est-ce pas en quelque sorte la sanctifier et la rendre indestructible? Et cependant quel est donc l'économiste qui, sans rire, osera défendre, en face des travailleurs réunis, le principe qui, en dépit des résultats économiques *obtenus*, fait naître la propriété du travail? Répondez, messieurs Frédéric Passy et Leroy-Beaulieu, de l'école officielle, ennemis du socialisme!! . . . .

Est-il besoin d'être si fin observateur pour découvrir que presque toutes les lois de l'économie politique classique sont en contradiction flagrante avec les faits de la pratique, et que le principe sur lequel roule la sociologie du travail et de la propriété est un mensonge? Il suffit de jeter un regard sur le passé, et de vivre de la vie de son époque, pour que les illusions optimistes que font naître en nous les belles théories des défenseurs du droit de propriété, s'évanouissent sans espoir de retour. Ou alors il faut être intéressé et plus mauvais que son siècle. . . . .

Si la propriété est fille du travail, pourquoi, dans le passé, les esclaves, les serfs, les roturiers, les vilains, n'en ont-ils été que les serviteurs? Pourquoi, aujourd'hui encore, les prolétaires, les déclassés, les vrais travailleurs n'arrivent-ils jamais à la propriété, même par un travail opiniâtre, pénible, et qui trop souvent les tue?

Vice d'organisation, direz-vous, dont la responsabilité doit retomber sur les hommes et non sur la propriété. Encore une fois, n'ergotons pas sur les mots. Cette manière de discuter est bonne en théologie, où l'on part d'hypothèses pour conclure par de nouvelles hypothèses, mais mauvaise en sociologie, où l'on ne doit discuter et raisonner que sur des faits observables.

Il me semble, à moi naïf, que si le travail fait naître

la propriété, tous ceux qui travaillent doivent posséder. Or, n'est-ce pas le contraire qui existe? Combien comptez-vous de propriétaires parmi ces déclassés de la société, bêtes de somme du travail, parias de la propriété? Attelés dès l'aube jusqu'après le coucher du soleil pour gagner un salaire de 1 franc 75 centimes à 3 francs par jour : tel est leur rôle sur cette terre qui découvre chaque jour aux hommes des richesses nouvelles. Et ces richesses qu'ils arrachent eux-mêmes à cette terre mystérieuse, leur passent dans les mains sans y laisser la moindre trace. Si parfois elles restent un instant dans ces mains dures et calleuses, c'est pour y laisser tomber une aumône sous forme de salaire. — O honte!! Ils travaillent pourtant, ces ouvriers que l'on dédaigne, parce qu'ils portent une blouse et une casquette. Ils travaillent d'arrache-pied, sans répit, toute une vie d'homme, et souvent, trop souvent même, leur vieillesse s'achève dans la misère. Demandez donc à ces mineurs qui consument leur vie dans une obscurité presque permanente, à des profondeurs souterraines immenses, si leur travail, sorte de mort lente, leur a jamais donné des droits à la propriété. Ceux qui ne sont pas morts à quarante ans s'en vont traîner, par la vie, une misère épouvantable, n'osant vivre de la charité publique; mais toujours prêts, et je les en félicite, à prendre part aux insurrections de la faim! Demandez donc à ces ouvriers, que l'air empesté des fabriques étiole, use avant l'âge, si le salaire qu'ils touchent à la fin de chaque semaine peut leur permettre de se retirer un jour, et de vivre bourgeoisement au sein de la propriété! Demandez donc à tous ces travailleurs, esclaves du salariat, victimes de l'exploitation capitaliste, ce qu'ils pensent des droits de l'homme à la propriété?

Cherchez-la donc parmi les salariés, cette propriété, récompense, fruit du travail; cette propriété, nécessité de notre nature; cette propriété, droit de création sociale? Ce n'est pas dans les rangs serrés de la classe travailleuse, de la classe prolétaire, que vous rencontrerez des propriétaires joyeux et satisfaits, au ventre rebondi, aux yeux éteints, aux joues tombantes et flasques, à face enluminée; ce que vous trouverez dans cette classe inférieure, ce sont des esclaves du travail, à figure inquiète, souffreteuse ou sinistre, aux yeux brillant d'un feu sombre; au ventre rétracté et serré par la courroie traditionnelle. Vous y trouverez des ouvriers gagnant honnêtement, mais péniblement leur vie de chaque jour; quelquefois même des meurt-de-faim, mais pas un propriétaire. Vous y trouverez des hommes vivant au jour le jour, sans pouvoir mettre un sou de côté pour les mauvais jours que ne leur épargnent pas la maladie, le manque de travail et les chômages. Vous y trouverez des hommes qui vivront tant qu'ils pourront travailler; mais qui mourront de faim le jour où, épuisés, cassés, vieux avant l'âge, ils ne seront plus pour leurs patrons d'aucune utilité. Et les chenapans, me direz-vous? Imbéciles! Est-ce qu'il n'y a pas partout, dans toutes les classes, dans tous les milieux, en haut comme en bas, des paresseux, des vauriens, des crapules, des lâches, des voleurs?

En somme, ce que vous rencontrerez dans la classe des prolétaires. ce sont des hommes qui travaillent, qui souffrent et ne jouissent pas. Et cependant ces déclassés de la société « gagnent leur pain à la sueur de leur visage ».

Ah! la *Genèse* n'a pas menti à tous ces maudits quand, faisant parler un Dieu courroucé et jaloux, elle a dit à l'homme: « La terre te poussera des épines et » des chardons, et tu mangeras l'herbe des champs. »

Pour que les grands jouissent et prospèrent, ne faut-il pas que les petits souffrent et végètent? Que deviendrait la malédiction de Dieu, si tous les hommes trouvaient sur terre des joies ineffables et une heureuse félicité? Tous les hommes, sans exception, ont été maudits par Dieu; aux habiles et aux forts de secouer le joug de cette malédiction. Voilà le mot de l'énigme... Plus d'égalité, plus de fraternité; de la jalousie, de l'égoïsme, de la concurrence . . . .

. . . .

Contradiction étrange, depuis que la propriété existe, le propriétaire de la terre et du capital a toujours été celui qui faisait travailler pendant que lui-même restait oisif. Ainsi nous l'enseignent l'esclavage ancien, la glèbe, le prolétariat. Aujourd'hui encore celui qui possède est presque toujours celui qui ne travaille pas. S'il travaille, ses travaux consistent en spéculations à la Bourse, en opérations de banque, en prêts à usure, en exploitations industrielles ou commerciales, qui ne sont souvent que des exploitations de l'homme par l'homme. Il double, triple ses capitaux par quelques coups de bourse hardis et téméraires, ou par l'exploitation d'une centaine d'ouvriers mercenaires qui produisent pour son compte. Les uns appellent cela travailler ; moi j'appelle cela exploiter.

L'industriel qui occupe cent, deux cents, trois cents ouvriers, et qui paie régulièrement la journée de ses ouvriers, se croit-il quitte envers ces travailleurs qui l'enrichissent en quelques années ? Les compagnies qui accumulent capitaux sur capitaux, pendant que les ouvriers qui en sont toute la prospérité vivent à peine d'un salaire dérisoire, mais toujours exactement payé, pensent-elles avoir réglé consciencieusement leurs comptes avec le travail ? Probablement, puisque protégés par les coutumes et par les lois, tous ces patrons, industriels, compagnies et capitalistes, n'en continuent pas moins leurs exploitations coupables. Pour mon compte, je pense le contraire, et je me réserve de développer mon idée plus tard.

Dans le monde classique, on me dira bien que les patrons ne peuvent cependant pas se ruiner pour leurs ouvriers, et qu'ils les paient assez en leur procurant du travail, en leur fournissant les instruments de ce travail, et en leur donnant encore un salaire.

Bien, messieurs les patrons ; je comprends fort bien que vous sentiez le besoin de vous défendre ; mais, permettez-moi de vous le dire, votre défense manque de logique, car les raisons que vous invoquez ne sont que des prétextes d'écoliers.

Si l'ouvrier a besoin du capitaliste, de l'industriel, du patron, la réciproque n'a-t-elle pas lieu?

Vous prétendez que l'ouvrier ne peut rien sans le pa

tron. Dites-moi donc, s'il vous plaît, ce que peut le patron sans l'ouvrier??

Que les patrons ferment leurs ateliers, les ouvriers mourront de faim, c'est vrai. Mais, par contre, que les ouvriers se croisent les bras, les patrons entasseront pertes sur pertes, et leur capital risquera fort de s'entamer. Il y a donc, des deux côtés, besoins réciproques; je ne dis pas solidarité, remarquez-le bien, car on ne me comprendrait pas. Partons donc de ce point que, si l'ouvrier a besoin du patron, le patron a besoin de l'ouvrier.

Le patron prête son argent, ses ateliers, ses outils; l'ouvrier donne son temps et son travail. Des deux côtés, il y a mise de fonds. Je n'entrerai pas dans des détails ennuyeux sur la proportionnalité de la répartition des bénéfices. Je laisse ce soin à d'autres plus mathématiciens que moi. Ici, je discute simplement sur le principe, car, ce principe admis, les difficultés tombent d'elles-mêmes, et la question est vidée, le problème résolu.

Si la mise de fonds, soit en espèces, soit en travail, implique, comme on le dit en théorie, une certaine part dans les bénéfices réalisés, il est évident que le travail doit y trouver son compte absolument comme le capital y trouve le sien. Or, où avez-vous jamais vu de ces sortes d'associations par l'argent et le travail, où capitalistes et patrons partagent avec les travailleurs les bénéfices qu'ils ont gagnés ensemble?

Et cependant ne nous laissons pas séduire trop vite par le système dit des associations, car je crois que si ces associations entre travailleurs et patrons, entre le travail et le capital, sont un progrès, elles ne sont pas la réalisation de l'idéal social vers lequel toute société doit tendre. En parlant de ces associations qui n'existent pas, ou qui, si elles existent, forment une minorité insignifiante, j'ai simplement voulu poser un jalon destiné à me servir de guide dans ma démonstration: que la propriété individuelle ne naît pas du travail.

Je me suis souvent posé cette question : sur quels faits de la pratique les économistes se sont-ils basés pour émettre ce principe, que la propriété est fille du travail? Ce n'est pas le passé, je suppose, qui a pu leur fournir des données, à moins qu'ils les aient prises dans les différents genres de servitude qui, dans le vieux temps, monopolisaient le travail, sans autres profits pour les travailleurs que des coups de fouet, ou des coups de bâton. Quant au présent, je ne pense pas qu'il puisse fournir des données plus certaines que celles du passé, et offrir de meilleures garanties. Cherchons néanmoins quelques exemples dans ce que ces époques différentes nous ont donné de mieux.

Dans sa déclaration des droits de l'homme, la Révolution n'a pas échappé à l'influence de ces idées économiques qui, après avoir fait la force de la société féodale et monarchique, allait faire la puissance de la bourgeoisie. Son esprit social, trop peu développé pour comprendre et sentir les vrais besoins de la classe travailleuse, n'osa pas, même à cette époque d'entraînement, de patriotisme et de sacrifices héroïques, affronter les difficultés de la question sociale.

Grande et généreuse, elle voulut donner à l'homme une liberté sans égale. C'est pourquoi elle respecta les anciens errements, et déclara, à la face de la France révolutionnaire, que la propriété devenait, de par sa déclaration, et sous la protection des lois, le droit de jouir du fruit de son travail et de son industrie. Et les pauvres! Et les prolétaires! Et les déclassés!

L'Empire fut moins généreux. Par son article 544 du Code Napoléon, il exclut le travail pour donner aux propriétaires, quelle que soit sans doute l'origine de leur propriété, le droit de jouir *des choses* de la manière la plus absolue.

L'État n'est ni philosophe, ni économiste. Que lui importent les origines de la propriété? Il se contente de constater le fait, de l'enregistrer, et d'en protéger l'effet par des lois plus ou moins sages, ou plus ou moins arbitraires.

Le Code Napoléon se chargea de faire respecter la propriété ; les économistes se chargèrent, eux plus savants, de la faire sortir du travail.

« Toute propriété, dit Thiers, a pour origine véritable » le travail, et, si elle n'a pas d'abord cette origine, elle » ne tarde pas à l'acquérir après un certain temps de » transmission régulière. » Thiers était un malin. A moins de désavouer ce qu'il avait dit précédemment, « qu'à l'origine de toute société, la Violence a plus de part que la Justice », il se voyait obligé de faire une restriction et d'en atténuer aussitôt l'effet par un correctif plus ou moins efficace. Et ce correctif, qui rejette au second plan l'usurpation à l'origine de la propriété, la fraude, la violence, les moyens cachés, le vol, etc., il va le chercher dans l'espace, dans le temps, dans les années, dans la prescription, toutes choses insaisissables qui n'en restituent pas moins à la propriété son véritable fondement : le Travail. Et le monde a cru! Raison de plus pour que je proteste. Le travail étant la condition essentielle de l'existence de l'homme, et la propriété étant le résultat économique du travail, il est urgent de savoir à qui ce travail profite.

Je ne prendrai qu'un exemple dans le passé. Thiers, parlant du défrichement de la terre, dit ceci : « C'est » surtout pendant les siècles qui ont suivi — (le régime » barbare), — et sous le régime féodal que le défriche- » ment a commencé, et s'est continué sans interrup- » tion, ce qu'indique le nom de roture, venant de *Rup-* » *tura*, donné à toute propriété qui avait le défriche- » ment pour origine. Toute terre roturière venait par » conséquent du travail le plus respectable. »

Ah! feu monsieur Thiers, si c'est sur de pareils faits que vous vous appuyez pour donner à la propriété la consécration du Travail, je plains de tout mon cœur les travailleurs qui vous ont accepté autrefois comme législateur. Oui, les terres roturières ont été le résultat du travail, mais d'un travail d'esclaves, de bêtes de somme, de bêtes brutes, d'hommes enfin courbés sous le joug d'une servitude dégradante, et travaillant sous le fouet du maître. Oui, ce travail était « respectable »; mais fut-il jamais respecté?

Quels sont donc ceux qui devinrent propriétaires, de ceux qui défrichèrent ou de ceux qui firent défricher?

Quels droits le serf avait sur cette terre qu'il remuait, qu'il fouillait, et que, par son travail de chaque jour, il rendait productive? Je ne vois pas dans l'histoire d'exemple plus frappant et venant mieux que celui-là à l'appui de ma thèse. Comment se fait-il que sa valeur économique ait échappé à un historien de la force de Thiers?

Toutes ces friches dont parle Thiers, et que la force, la faveur avaient distribuées aux grands, ne devinrent terres productives que grâce au travail des roturiers, travail que réglait la servitude de la glèbe. A ce moment-là, comme aujourd'hui du reste, la terre, premier instrument du travail, n'était pas en la possession des travailleurs, de même que les produits qu'ils arrachaient à cette terre ne devenaient jamais leur propriété. Il y a là évidemment une contradiction du principe sur lequel s'appuient les défenseurs du droit de propriété.

L'histoire le dit, c'est à peine si ces travailleurs avaient droit à un salaire. C'était le seigneur qui était l'unique propriétaire de la terre, et cependant il ne satisfaisait pas à la loi impérieuse du travail C'était encore lui le propriétaire des produits de cette terre. produits auxquels il n'avait aucun droit puisqu'ils étaient le résultat économique du travail des autres. Le roturier était le défricheur salarié, ou non salarié. Allons, messieurs les économistes, puisque c'est vous qui avez émis ce principe : la propriété est fille du travail, soyez donc, s'il vous plaît, assez logiques, assez conséquents pour n'en point sortir. Si le travail a pour récompense la propriété, il donne droit soit à la possession, soit à la propriété, comme vous voudrez. Ce principe, que vous trouvez juste aujourd'hui, devait l'être aussi au moyen âge Cette base actuelle de la propriété devait être aussi la base de la propriété sous le régime féodal. Cependant, si vous avez encore quelques notions d'histoire, vous ne devez pas ignorer qu'à cette époque le possesseur de la terre et le propriétaire de ses produits n'était pas le travailleur, mais l'oisif. Cherchez l'énigme, monsieur Taine? Je sais aussi bien que vous que la terre, telle qu'elle est aujourd'hui, ses richesses, ses produits sont le résultat du travail. Je n'ignore pas non plus que notre industrie, notre commerce ont aussi le travail pour base fondamentale. Mais, ce que je sais mieux que vous, c'est que ce travail, source de tant de richesses, ne profite pas aux travailleurs. Tout sur terre naît du travail, puisque le travail est la loi de l'existence humaine ; mais il s'agit, encore une fois, de savoir à qui ce travail profite.

Au moyen âge, il profitait aux seigneurs féodaux, propriétaires de la terre, mais oisifs s'il en fut jamais. Les travailleurs mouraient de faim, et c'était dans leurs rangs que frappaient les disettes du temps. Voilà donc le principe, la propriété fille du travail, détruit par l'histoire et par les faits du passé. Cela résulte des données fournies par ce passé si souvent invoqué pour les besoins d'une mauvaise cause.

Voyons si le présent sera plus favorable au principe.

D'une manière générale, quelle est actuellement la physionomie du travail ? Deux camps opposés, presque ennemis, se trouvent en présence : d'un côté le patron, le capitaliste ; de l'autre l'ouvrier, le travailleur. Ici l'argent qui rapporte, là le travail avec la misère pour récompense. Plus le capitaliste amasse et regorge du superflu, plus le prolétaire manque du nécessaire. Est-ce là, messieurs les économistes, la juste application de la loi du travail, loi que vous avez déclarée indéfectible, absolument comme si les résultats de la pratique étaient conformes au principe? Est-ce que votre loi du travail comprendrait plusieurs articles destructifs du principe ?

Quiconque travaille peut posséder, avez-vous dit ; je cherche des exemples. Il est vrai que vous n'avez pas dit doit posséder, et que, dans le possible de la chose, vous avez sous-entendu, s'il est honnête, laborieux et économe, ce qui fait que votre principe est tout ce qu'il y a de plus relatif, sinon tout ce qu'il y a de plus conventionnel.

L'homme qui entre dans la vie avec un petit capital

qu'il doit toujours à la transmissibilité peut, en effet, par son travail, et s'il est « honnête et économe » arriver à la tête d'une situation sociale que, dans l'argot de la bourgeoisie, on appelle respectable. Ce petit capital, qui est le premier outil de son travail, augmente, produit, rapporte, de sorte que cet homme, d'ouvrier qu'il était, peut devenir patron, voire même capitaliste. Tout cela est beau en théorie et d'une manière générale, et magnifique en pratique pour tous ceux qui trouvent en naissant les outils du travail à venir. Mais, est-ce bien ce qui se passe dans les conditions ordinaires de la vie des travailleurs?

Combien est grand le nombre de ceux qui commencent leur vie de travailleurs sans autres ressources que le modeste salaire qu'ils ont gagné dans leur première journée de travail? Ce salaire qui varie entre 1 fr. 75, 2, 3 et 4 francs par jour est leur commencement, comme il est aussi leur fin

En conscience, où peut-il les mener??? Répondez, Messieurs les jouisseurs, qui avec 8 et 10 francs par jour trouvez encore le temps de vous plaindre!

Ce salaire, même augmenté par quelques heures de travail de plus, prises sur un repos absolument nécessaire, peut-il les mener à cette situation sociale que vous donnez à l'homme comme étant le résultat du travail? Non, car le salariat est impuissant à donner la propriété. Ce n'est pas avec 3 et 4 francs par jour que l'homme, si honnête et si économe qu'il soit, peut, s'il est père de deux ou trois enfants, se frayer la route de la propriété. Je connais une famille honnête qui se compose du père, de la mère et de sept enfants bien portants, qui ne demandent qu'à vivre. Le père gagne 6 francs par jour; la mère en gagne 2 lorsqu'elle a le temps de travailler. Cet homme et cette femme, qui sont des travailleurs, seraient heureux s'ils n'avaient que deux enfants; ils luttent contre les privations et la misère parce qu'ils en ont sept. Ils n'ont sans doute jamais lu Malthus. Ce qui le prouve, c'est qu'un jour on demandait à cette femme, qui attendait son huitième, pourquoi elle avait tant d'enfants; elle répondit, dans son langage de bonne femme : « Que voulez-vous, » mon homme ne va pas au café, il n'a pas de distrac- » tions, je ne puis pourtant pas tout lui refuser. »

Brave femme, va!

Je ne viens pas ici prêcher la révolte, et crier sus aux capitalistes. Je n'ai point pour tâche de lancer les hommes les uns contre les autres en leur prêchant la haine. S'ils ne s'aiment pas assez pour ne point s'entre-dévorer, ce n'est pas moi qui exciterai leurs jalousies. Je viens dire seulement que, dans notre organisation actuelle, le travail ne reçoit pas du capital ce qu'il devrait en recevoir.

Si le capitaliste livre au travail, et risque dans la production tout ce qu'il possède, le fait-il dans un but social, ou pour le mieux de ses intérêts?

S'il le faisait par désintéressement, on ne verrait plus ces grèves regrettables, suscitées, le plus souvent, par les patrons qui cherchent, par toutes sortes de moyens, à généraliser la baisse. Est-ce que dans la répartition le capital ne s'attribue pas la plus grosse part? *Ce qui fait que la propriété, tout en étant le résultat économique du travail, se trouve être quelquefois le produit du vol.* Quelle étrange contradiction!

Tous ceux qui travaillent peuvent posséder. Mensonge! Vous savez bien, Messieurs les économistes, que ce principe ne trouve dans la pratique que des contradictions, et que le mercenaire, le salarié, ne se trouve dans aucune des conditions qui permettent à l'homme d'acquérir la propriété. J'ai déjà parlé des mineurs, des ouvriers des fabriques et des usines; que dirai-je de plus, si ce n'est qu'aujourd'hui, le travail ne produit la propriété qu'autant qu'un certain capital facilite en même temps la spéculation. C'est dire encore une fois que quiconque travaille peut posséder s'il est en possession des outils de son travail; tandis que quiconque travaille reste toujours travailleur et prolétaire, s'il n'a que son salaire de chaque jour pour le soutenir dans sa lutte contre les classes, et les difficultés de son époque. Les grandes villes nous en fournissent des milliers d'exemples. C'est dans ces grands centres, qui forment les noyaux de la richesse du pays, que le travailleur naît prolétaire et meurt misérable. Pourquoi? Parce que le travail récompensé par un salaire est impuissant à donner la propriété. Je le prouverai dans le chapitre qui va suivre.

Que l'on me prouve que l'ouvrier peut trouver dans la salariat actuel les moyens d'arriver à la propriété, et je dépose les armes. En attendant, à votre principe : « Quiconque travaille peut posséder s'il est... » j'oppose celui-ci. « Quiconque travaille doit posséder. » A cette condition seule, la propriété sera fille du travail.

Eh! Messieurs les optimistes, vous osez encore vous étonner des grèves nombreuses qui arrêtent le commerce, entravent la production, quand dans votre société actuelle le travailleur n'a ni place ni rang. Quelles garanties avez-vous jamais offertes aux prolétaires? Avez-vous jamais essayé, même en théorie, d'améliorer leur présent, et d'assurer leur avenir? Toute la question sociale est pour vous dans l'augmentation des salaires, et dans les caisses de retraites. Ici une rente dérisoire qui sent l'aumône; là, quelques centimes de plus arrachés à la peur. Quelle honte!!!

Quand une grève se dresse en face de vous, menaçante et terrible, que faites-vous, Messieurs les patrons et les industriels? On pourrait croire qu'en hommes sages et prudents, vous allez profiter de cet avertissement, et vous mettre sérieusement à l'étude de la question sociale. Mais non! Vous biaisez, vous temporisez, vous tournez toutes les questions qui vous sont posées, vous trompez vos ouvriers en leur jetant quelques riens qui les apaisent, vous donnez quatre et retirez cinq. Vous donnez, non pas par esprit de justice, mais parce que vous avez peur pour vos capitaux, peur pour votre personne. Quelques sous de plus à donner par jour, ce n'est rien pour vous qui capitalisez par francs; vous rattrapez tout cela du reste sur les amendes.

Il me semble pourtant que les grèves ont des causes sérieuses qui méritent d'être étudiées. Dans l'étude que j'ai faite de ces sortes d'insurrections ouvrières contre les patrons, je n'ai jamais vu les ouvriers demander plus qu'il ne leur était dû. Comme ils savent d'ailleurs que les grèves sont toujours condamnées d'avance, dans l'esprit de la loi, dans l'esprit de l'Etat, et même dans celui du public, ils ont la prudence et la sagesse de ne les commencer que poussés à bout par la misère, et de toujours mettre le bon droit de leur côté. Je fais abstraction complète de certains meneurs, hommes jaloux et frondeurs, en raison de leur médiocrité. En somme, que demandent, le plus souvent, les ouvriers qui se mettent en grève? Une augmentation de salaire, une diminution dans les heures de travail; c'est-à-dire un travail raisonnable, ne dépassant pas leurs forces, et suffisamment rétribué pour qu'ils puissent mettre au moins quelque chose de côté pour les éventualités.

Et s'ils vous demandaient la suppression du salaire! Et s'ils réclamaient la part de leurs droits sur ce qu'ils produisent! Ils n'osent pas encore parce qu'ils ne savent pas bien si ces droits leur appartiennent. Pauvres hommes, comment le sauraient-ils puisqu'on a oublié de le leur dire?

Moins exigeants que vous, Messieurs les capitalistes, les travailleurs se contentent encore des quelques réformes insignifiantes que vous apportez de temps en temps à leur situation précaire Ils subissent, non sans protester, il est vrai, le joug dégradant du salariat, et n'ont pas encore honte de vous tendre la main à la fin de chaque semaine, pour recevoir leur salaire.

Peut-être cette honte viendra-t-elle un jour, car le salaire que vous leur donnez, comme prix de leur travail, est une aumône qui les avilit et que, dans des temps plus ou moins proches, ils ne voudront plus recevoir.

La saine raison interdit aux travailleurs la mendicité, quelle qu'elle soit ....

Les besogneux, c'est-à-dire tous ceux qui souffrent de besoin, comme l'a dit Locke, comptent sur une révolution prochaine. Or les tourmentes révolutionnaires ont leurs caprices et, dans ces moments de bouleversement général, on ne sait pas toujours lequel doit survivre à la tempête, du fort ou du faible.

Prenez donc garde, Messieurs les officiels, et les puissants du jour, car, si les pauvres et les déshérités sont les maîtres de la révolution, ils vous imposeront des conditions peut-être un peu dures, et vous diront : « Nous ne voulons plus de la propriété, droit de la » force, droit d'aubaine et consécration de l'oisi» veté. Nous voulons une propriété qui soit tout en» tière dans le droit de possession, et dans le droit au » travail. Si jusqu'à aujourd'hui la propriété fille du » travail fut un fait d'exception, nous voulons qu'elle » soit maintenant la loi, c'est-à-dire le droit de tous » les hommes qui cherchent leur droit de vivre dans le » travail.

» Nous ne voulons pas que, dans la société, le tra» vail des petits ne soit pas pour eux une garantie » contre la misère, quand dans cette même société l'oi» siveté des grands est elle-même assurée par une ri» chesse et une opulence scandaleuses.

» Si vous ne pouvez forcer tous les hommes au tra» vail, nous exigeons que le droit de vivre, et le droit » de posséder appartiennent d'abord aux travailleurs. » Les oisifs viendront après.

» Nous demandons enfin que les rôles soient chan» gés, et nous ne voulons plus que l'inutile regorge » du superflu, quand le travailleur meurt de faim. Le » principe de justice sur lequel nous appuyons la légi» timité de nos revendications est notre sauvegarde » quant à ce qui concerne les comptes que nous au» rons un jour à rendre à la postérité. Quelles que » soient les conséquences immédiates de nos exigen» ces, nous ne reviendrons sur aucune, car elles sont » justes, et par conséquent légitimes.

» Nous établirons la justice quand même, dussions» nous l'établir sur des ruines, et refaire ensuite le » monde. Et, puisque vous ne voulez point nous aider, » nous nous passerons de vous, vous laissant libres, à » la condition que vous ne gêniez point notre révolu» tion. »...

Et quand ils vous auront dit cela, ils se mettront à l'ouvrage, et la besogne ira vite, car leurs mains ont l'habitude du travail. Alors vous n'en serez pas à vos premiers regrets, et, lorsque vous vous plaindrez, le peuple transformateur aura le droit de vous dire : « Je suis celui qui suis. *Ego sum qui sum.* » Ce qui signifie encore : Je suis la justice.

CHAPITRE VII

DU TRAVAIL COMME FONDEMENT DE LA PROPRIÉTÉ

III

Que dans l'ordre de choses actuel, le travail récompensé par un salaire est impuissant à donner la propriété, ce qui revient à dire que le salariat, loin de rapprocher le travailleur de la propriété, l'en éloigne.

D'une manière générale, tous ceux que les hasards de la naissance ont courbés sous le joug dégradant du salariat appartiennent à cette catégorie d'hommes que je désigne dans mon livre sous le nom de déclassés. Déclassés de la société, parias du travail, bêtes de somme de la propriété, instruments du capital, ils ne connaissent qu'une chose : la servitude ; ne reçoivent qu'un paiement : leur salaire. Ils incarnent le travail manuel ; ils sont les éléments vitaux de notre grande industrie, de notre commerce, de notre agriculture, de tout ce qui a besoin pour naître des bras et de la force physique de l'homme, et cependant leur vie se passe tout entière dans une lutte continuelle contre la misère, sinon contre la faim.

Là où il y a de la famille, le pain manque souvent, parce que le père et la mère, même en se tuant lentement par un travail homicide, ne gagnent pas assez pour réparer leurs forces, se préparer au travail du lendemain, et nourrir en même temps la marmaille.

A la maison, l'homme et la femme travaillent, et, malgré cela, on y souffre du froid et de la faim.

C'est drôle, n'est-ce pas, Messieurs les riches?

Et cela dure jusqu'à ce que le père exténué, sans forces, entre à l'hôpital pour y mourir tué par la société, tué par ses semblables. Ce qui se produit alors, je ne devrais pas le dire ici, car personne ne l'ignore. Si la mère ne peut plus travailler, la rue, la charité publique, pourvoient encore quelques années à l'entretien de sa misère. Les fils, s'ils sont trop jeunes pour entrer à la fabrique ou à l'atelier, s'en vont vagabonder, et préparer pour l'avenir de l'ouvrage à la justice officielle et pédante. Les filles travaillent ou se vendent, et trouvent ainsi, en entrant dans la vie, toutes les horreurs et tous les dégoûts de l'exploitation et de la tyrannie : soit l'exploitation des patrons ; soit celle des hommes qui les louent et s'en amusent ; soit la tyrannie de la police des mœurs.

Et que l'on s'étonne maintenant qu'il y ait tant de récidivistes ! . . . .

Ah! ils sont nombreux les travailleurs qu'un salaire insuffisant a jetés dans les bas-fonds de la société, où ils luttent, sans espoir de vaincre un jour, contre les étreintes morales et physiques d'un mal qui les dégrade, les avilit, et finit par les tuer, ou les pousser à des colères regrettables pour eux d'abord, pour la société ensuite. Ils pullulent dans les centres, dans les villes où l'exploitation de l'homme semble avoir atteint des proportions que le génie infernal même ne saurait dépasser.

Et pourquoi toute cette misère? Pourquoi tout ce mal? Parce que la question sociale n'est pas résolue ; parce que la situation des travailleurs n'a jamais été plus précaire, dans un siècle où s'entassent richesses sur richesses, où se reflètent lumières sur lumières, où se découvrent beautés sur beautés, secrets sur secrets, mystères sur mystères ; parce que le salaire est la loi du travail, et que ce salaire insuffisant, dérisoire, donne à peine aux travailleurs le nécessaire pour vivre au jour le jour; parce que le salariat est le pivot de notre industrie et de notre commerce, et qu'il n'offre aux travailleurs aucune garantie pour l'avenir; parce qu'enfin, le travail récompensé par un salaire est impuissant à donner la propriété, et semble rester ainsi la conséquence monstrueuse du dogme de la chute; c'est-à-dire une malédiction.

Mais l'homme peut vivre d'un salaire, diront tous ceux qui n'ont jamais eu à lutter contre les difficultés matérielles de la vie. Oui, s'il est seul, s'il n'est pas chargé d'une famille, s'il vit en égoïste, en loup, et s'il se soustrait à la loi naturelle qui exige qu'il se reproduise. Et encore faut-il que ce salaire ne soit pas dérisoire comme il l'est presque toujours dans toutes les manufactures, dans toutes les usines et fabriques, dans tous les ateliers.

Mais je ne viens pas discuter ici sur des exceptions probables et possibles. Si l'ouvrier célibataire peut vivre, dans certaines circonstances, du gain de sa journée, tant mieux pour lui, car s'il ne se plaint pas, il n'est pas difficile, et montre par cela même qu'il ne comprend pas son rôle sur terre, et qu'il est digne d'être exploité. Qu'il vive du fruit de son travail, c'est justice, ce me semble. Il ne manquerait plus que, fort et valide, il mourût de faim en travaillant.

Il est vrai que l'histoire du travail peut nous en fournir des exemples... Mais passons.

Le cas n'est plus le même dans les familles d'ouvriers où le père et la mère ont à nourrir trois, quatre, cinq enfants, quelquefois six ou sept. C'est là que le chef de la famille et les grands combattent, luttent, s'épuisent pour nourrir les petits. Si le salaire du père monte à quatre francs, ce qui est rare dans certaines catégories d'ouvriers, celui de la mère ne dépasse jamais 1 fr. 75, et celui des grands ne monte guère plus haut, de sorte que dans la maison, c'est à peine si l'on peut réunir un salaire total de six francs par jour. Et combien de familles d'ouvriers n'arrivent pas à ce chiffre dérisoire, même en dépit d'un travail de 10 à 12 heures par jour?

Six francs par jour! Mais c'est un maximum que je ne devrais point prendre pour moyenne, car la pratique n'en justifie certainement pas l'exactitude. N'importe! Mon argument n'en sera que plus fort, et mes adversaires n'auront pas à me reprocher l'exagération de mes chiffres. Peine de moins pour eux lorsqu'ils feront la critique de mon livre...

Disons-le tout de suite, avec les six francs de la journée commune, il faut satisfaire à toutes les exigences de l'impôt. Impôts directs, impôts indirects; il faut payer le loyer; il faut vivre; il faut se chauffer l'hiver, et chez nous les hivers sont souvent longs et rigoureux; il faut enfin entretenir la nombreuse famille. Or tout est cher dans les grandes villes; le bois est inabordable, et les vivres sont hors de prix. Il y a cependant une ressource pour ces familles de déclassés. Le vin, les viandes, les denrées que le riche ne consomme pas parce que ces produits sont falsifiés ou de qualité inférieure, peuvent, pour un prix relativement faible, entretenir, sous forme d'empoisonnement lent, un semblant de vie dans les familles des pauvres...

Quelle société que la société humaine! Les animaux qui vivent en sociétés ne se détruisent pas, même quand ils meurent de faim, et pourtant dans ce dernier cas, il y aurait presque force majeure en faveur de l'instinct de la conservation. La vie humaine, dans ses rapports d'hommes à hommes, serait-elle donc inférieure à celle des animaux? Les loups seraient-ils moins féroces que les hommes? Là où l'instinct de la conservation prime tout, comme chez les animaux, y aurait-il plus de sociabilité que là où la raison semble être la loi de la vie, comme chez l'homme? Il faut le croire, puisque l'humanité nous en fournit chaque jour des exemples. Dans notre société, et toujours d'après nos lois bien entendu, la justice punit l'homicide scandaleux, à effet de scène, tandis qu'elle encourage, entretient cet homicide de chaque jour qui tue l'homme d'une mort lente, épouvantable, et que nous appelons la misère. Elle l'encourage quand elle ne le paie pas... Aussi puis-je crier, sans blasphémer: malédiction sur elle et sur la société qui tuent de parti pris, et ne vivent que d'assassinats!!

Soyez donc logiques, Messieurs, et raisonnons. Lorsque dans une famille de six personnes, grands et petits, on a mis de côté quelque chose pour le loyer, l'impôt direct et l'entretien ; quand on a vécu toute la journée, et, diantre, il faut manger pour travailler, comptez ce qu'il doit rester des six francs de la journée, pour parer aux éventualités et assurer l'avenir de la vieillesse, et aux infirmités qui ne manquent jamais d'arriver plus tôt qu'on ne les désire. Et, pourtant, ces six francs représentent un salaire qui se renouvelle chaque jour; mais qui malgré cela est insuffisant: 1° parce qu'il est le total des salaires de plusieurs; 2° parce que chaque jour se renouvellent aussi les besoins, les nécessités de la vie, les exigences de l'impôt et du propriétaire. Ce n'est pas à Paris, surtout, que l'on vit et que l'on s'abrite pour rien. Avec rien, on y meurt de faim. . . . .

Et, à côté de ces familles qui totalisent un salaire de six francs par jour, combien d'autres vivent avec la moitié, et souvent moins ? Et quand les familles pauvres arriveraient, à force de sacrifices, à vivre au jour le jour, — il faut bien que cela soit — est-ce bien là la réalisation pratique du principe : Qui travaille peut posséder ?

Vivre de son travail, tout cela est bien beau quand partout sur son chemin on se heurte à mille fainéants qui s'en vont au plaisir, quand on se rend à la peine. De quoi vivent-ils donc tous ces gens qui ne font rien ? De leurs rentes, du produit de leurs spéculations, et de leurs exploitations. Et l'on parle de justice dans le travail, d'organisation, etc., etc. En cherchant à organiser le travail, les hommes ont réussi à organiser la misère. Quel triomphe !!

Qu'entendez-vous donc par travail, vous qui prétendez en payer le produit par un salaire dont le chiffre n'atteint pas, le plus souvent, la centième partie du chiffre produit? Le travail est-il à la fois une nécessité, un droit, et un devoir, ou simplement une servitude, une dégradation? Il y a servitude, là où le travail est marchandé et payé par un salaire. Là où il y a servitude, il y a dégradation. L'homme qui accepte de pareilles conditions est esclave, et indigne de son titre d'homme. C'est moins qu'un chien... Quant à celui qui les impose, il n'y a qu'un qualificatif pour le désigner: Assassin.

Ah! vous parlez constamment de la propriété et du droit qui, d'après vous, la légitime et la sanctifie. Savez-vous bien comment se forme la propriété? Par le travail, allez-vous me répondre. Oui; mais par le travail des autres. Au point de vue général et économique, la propriété est le résultat du travail; au point de vue individuel, elle est le résultat de l'exploitation, de la spéculation, de l'héritage, de la donation, du vol, etc. Rappelez-vous ma loi, et si vous n'avez pas encore oublié à qui le travail profite, vous en savez aussi long que moi sur la formation individuelle de la propriété.

Quoi qu'en disent les économistes, la propriété ne se forme pas par le travail, quant à la propriété individuelle; elle se forme uniquement par la spéculation et l'exploitation du travail. Je me fais fort d'en faire la preuve dans une conférence, en présence des économistes les plus officiels, au jour choisi par ces Messieurs.

Il n'est pas nécessaire d'être classique, je pense, pour faire une différence entre ces trois termes: Travail, spéculation, exploitation du travail. Le patron, le maître de forges, le propriétaire de mines, d'ateliers, de fabriques, d'usines, de chantiers, ne sont pas des travailleurs, mais des spéculateurs, quand ils ne sont pas en même temps des exploiteurs. Les vrais travailleurs sont les ouvriers, les salariés; ceux qui travaillent de leurs bras pour un modeste salaire; ceux qui font de rien quelque chose; ceux qui produisent, et sans lesquels le capital, quelque gros qu'il soit, devient inutile, nul.

Or, sur 100 patrons ou spéculeurs et exploiteurs,

100 sont propriétaires ou le deviennent dans la suite; je ne parle pas, bien entendu, de ceux qui sombrent dans la faillite ; on dit qu'ils s'enrichissent. C'est en effet un moyen comme un autre de payer ses dettes. Mœurs commerciales !!! Par contre, sur 1000 travailleurs, 1000 salariés ou exploités, 1000 restent toute leur vie prolétaires, déclassés, serfs, esclaves du travail. Autant leur travail prépare la propriété au maître, autant il est impuissant à leur en ouvrir les portes. Ils ne travaillent pas pour eux, ils travaillent pour le patron. S'ils produisent 100 dans leur journée, le patron prend 96, la part du capital, et leur laisse 4, la part du travail. Et si le patron occupe 50 ouvriers, produisant une moyenne de 100, sa journée à lui, propriétaire du capital, se chiffre ainsi : $50 \times 96 = 4800$; tandis que la journée totale de ses ouvriers est représentée par $50 \times 4 = 200$, soit 4 par ouvrier. D'après ces chiffres dont vous pouvez augmenter ou diminuer la valeur sans que la proportion change, quel est maintenant, d'après vous, celui qui gagne le plus, celui qui doit arriver le plus sûrement à la propriété, du spéculateur-exploiteur, détenteur du capital, ou du salarié possesseur de ses bras et de sa force ?

Si le bailleur de fonds prend 96 pendant que le producteur se contente de 4, 5, 6, que parlez-vous du travail comme fondement de la propriété individuelle ? Vous dites bien, il est vrai, que la propriété a pour base la production. En effet, c'est classique. Mais ce que vous ne dites pas, c'est que cette production devient toujours la propriété du capitaliste, et jamais celle du travailleur. Est-il besoin de démontrer que, sur cette terre, le capital a plus de droits sur la production que le travail ? J'en suis encore à me demander pourquoi.

Ah ! on serait tenté de rire de vos arguments, si les théories qu'ils défendent n'avaient eu jusqu'alors des résultats déplorables, homicides, pour la classe pauvre.

Le travail, base de la propriété individuelle ; la production, base de la propriété individuelle, n'est-ce pas la plus hideuse des moqueries bourgeoises ?

Qui donc ignore aujourd'hui que ce travail et cette production, une fois sortis des mains du travailleur, ne lui donnent droit qu'à un misérable salaire?

Il n'y a que les imbéciles et les voleurs qui puissent ignorer de telles choses...........................

Aujourd'hui, plus qu'autrefois peut-être, tel qui travaille, tel qui produit, ne touche qu'une obole comme récompense de son travail, et la société intelligente veut que cette obole soit pour lui le commencement de la propriété. Il est impossible de se moquer avec plus de scepticisme et plus de cruauté.

Pour quiconque observe et veut se donner la peine de regarder ce qui se passe autour de lui, la propriété se forme aux dépens de la production du travailleur et de son salaire.

Que les mathématiciens fassent des X, car les chiffres sont là pour nous en fournir les preuves. Et je ne sache pas que les maîtres de la mathématique se soient jamais refusés à s'incliner devant des chiffres, c'est-à-dire devant l'évidence.

Lorsque 50 ouvriers gagnent ensemble 200 après avoir produit 5000, et que le patron qui ne produit que par l'intermédiaire de son capital prend, avec une désinvolture léonine, 4800, sous prétexte qu'il doit toujours rentrer dans ses fonds, il est évident qu'une grande partie de la production représentée par 4800, et qui figure comme part dans la spéculation du patron, est prise sûr le travail des ouvriers. Et comme la production est la base de la propriété, la production des autres, bien entendu, et qu'elle est aussi le chemin qui y conduit le plus rapidement, et le plus sûrement, il est encore plus évident, pour tout le monde, *à l'exception des ânes et de ceux qui les frottent*, que, dans cette course homicide, où les coureurs sont représentés par 50 travailleurs et 1 patron, les 50 travailleurs resteront en route après s'être cassé le cou, tandis que le patron arrivera au but, au port, frais et dispos, sans avoir allégé son poids de la plus petite goutte de sueur.

Affaire de sport, d'enjeu, dans laquelle les gagnants sont en même temps jockeys et patrons.

Après cela, Thiers pouvait dire que la propriété est le stimulant par excellence du travail. Il me semble pourtànt qu'il n'y a qu'un stimulant qui pousse les prolétaires à travailler sans cesse, à travailler toujours. C'est le besoin, c'est la faim. « Tu gagneras ton pain à la sueur de ton visage. » Le déclassé travaille pour manger, et non pour acquérir la propriété. Et l'on peut ajouter qu'il mange pour vivre...

La société lui accorde juste de quoi vivre, mais à la condition qu'il travaille 12 heures par jour. S'il ne se soumet pas, il est condamné à mourir de faim. Stimulant autrement énergique que celui tout platonique, *et grossièrement bête* que Thiers donne comme fondement à la propriété...

Le besoin, les nécessités, la misère, la faim : voilà des stimulants qui forcent quand même le misérable à se vendre.

Et cela n'est point déshonorant, surtout quand il y a à la maison toute une petite famille qui souffre, grelotte, et dont le chef peut dire sur la fin de sa carrière, après avoir travaillé : j'ai beaucoup souffert, *parce que je mangeais la cendre comme le pain, et qu'à mon breuvage je mêlais mes larmes. Quia cinerem tanquam panem manducabam, et potum meum cum fletu miscebam.*

Que ne ferait-on pas pour sauver les siens de la mort, dussent-ils vivre le reste de leur pauvre vie dans la plus profonde misère? Et je ne sache pas qu'il y ait moins de cœur chez les prolétaires que chez les autres. Les philosophes et les moralistes ne l'ont jamais prouvé.

D'ailleurs, qu'est-ce que la misère des déclassés peut bien faire au siècle ?

Y peut-il quelque chose ?

Il suit sa route sans souci même de la tombe qui l'attend au bout.

Il vit, insouciant, indifférent, égoïste, sceptique.

Après lui le déluge !...

Il y a longtemps que l'on a dit, pour la première fois, que la misère est un mal nécessaire. Et puisque les hommes n'ont pas protesté, tous ceux qui se servent de cette misère, ou qui en rient sont absous d'avance parce que l'humanité croit que cela doit être. Ceux-là en sont arrivés à croire que cette misère est une fatalité indispensable au maintien de l'équilibre social, de sorte qu'aujourd'hui il ne se font aucun scrupule de marchander la vie du travailleur, absolument comme on marchande la marée à la halle. Ils trouvent sans doute que celui qui gagne 2 fr. 75, 3 francs par journée de travail de 10 heures est trop payé, et qu'avec moins, s'il est honnête et sobre, il peut arriver tout aussi facilement à la propriété. Que cela n'étonne personne ; il y a des *brutes* très lettrées, très policées qui pensent ainsi...

Maintenant, si vous admettez, avec moi, que le travailleur qui gagne 3, 4 francs par jour ne peut arriver à la propriété, même après trente ans de travail, je vais passer à la démonstration d'un autre point tout aussi important, et dont l'élucidation est indispensable à la solution du problème social. Je veux parler de celui qui touche à l'absorption, par la spéculation, de la production ou du capital sorti des mains des travailleurs.

Vous n'avez pas encore oublié que la production 5000, œuvre de 50 travailleurs + 1 patron, se partage de la manière suivante :

1 patron	= 4800	Total 5000
50 travailleurs	= 200	

Donc sur une production représentée par 5000, 4800 sont absorbés par la spéculation, tandis que 200 seulement restent à l'actif du travail, et à la consommation des travailleurs. Qu'en résulte-t-il ?

Les 50 travailleurs consomment dans leur journée le salaire représentant le prix de leur travail, ce qui les amène à néant le soir quand ils se couchent.

Chaque jour, ils consomment ce qu'ils gagnent, et cela dure jusqu'au jour où, ne gagnant plus rien, ils ne trouvent plus rien à consommer. Quant au patron, propriétaire du capital, exploiteur et spéculateur, il commence par soustraire des 4800 représentant le prix de sa spéculation, sa mise de fonds, ses frais d'atelier, sa consommation ; puis il balance ses profits et pertes, et capitalise le reste.

Il absorbe pour le présent et pour l'avenir. Et cela doit être puisqu'on prétend qu'une usine ne marche bien qu'autant que son chiffre d'affaires et ses bénéfices augmentent chaque année.

Bien loin sont aujourd'hui les théories de ceux qui ont posé les premières bases de l'économie politique.

Pensait-il transformer le travail, J.-B. Say, lorsqu'il écrivait : « La production est un grand échange ; pour que l'échange soit productif, il faut que la valeur de tous les services se trouve balancée par la valeur de la chose produite. Si cette condition n'a pas été remplie, l'échange a été inégal, le producteur a donné plus qu'il n'a reçu. » Cette phrase ne prêtait à aucune équivoque ; mais il restait à déterminer, dans la production, la valeur des services de chacun. Ni Say, ni ses successeurs n'ont osé le faire, de crainte d'entamer la puissance du capital, et d'élever celle du travail.

Ici, il y a inégalité d'échange, quand sur la production, résultat du capital et du travail réunis, le capitaliste prend plus qu'il ne donne au travail. Majoration faite des frais de production, il y aura toujours inégalité dans l'échange, chaque fois que le spéculateur prendra plus que le producteur réel.

C'est ce qui a lieu lorsque l'ouvrier qui produit 100 touche 4, quand le patron prend 96. Et chaque fois que cette inégalité se produira, il y aura absorption de la production par le spéculateur, aux dépens du producteur véritable.

Cette absorption, qui est toute la pratique du travail actuel, s'oppose à l'acquisition de la propriété par le travail salarié. Le spéculateur donnerait-il 10, 20, 25, 30 francs par jour à ses ouvriers, s'il n'y a pas égalité dans l'échange, s'il y a encore absorption de la production par la partie patronale, si le spéculateur perçoit plus que le travailleur, il est impossible que la propriété devienne accessible aux esclaves du travail salarié. On le comprendra facilement lorsqu'on saura que, toutes proportions gardées, la propriété sera toujours acquise par celui qui en offrira le plus. Quand vous me donneriez 20, ne serai-je pas toujours impuissant contre vous si vous gardez seulement 50 ?

Dans ces conditions, lequel de nous deux arrivera le plus vite à la propriété ? D'ailleurs, il est une loi qui s'impose à notre état actuel de désorganisation. La voici : La propriété, en dépit des oscillations qu'elle peut subir dans sa formation, reviendra toujours à celui qui aura rompu, à son avantage, l'égalité dans l'échange.

Dans notre organisation du travail, chaque fois qu'il y a bénéfices pour le patron, il y a pertes pour le travailleur. Et, comme les bénéfices du patron sont en raison directe du nombre de travailleurs qui concourent à la production, il en résulte que plus il y a de producteurs lésés, plus le spéculateur capitalise. C'est ainsi que lorsque la production de 50 ouvriers donne 4800 au spéculateur, celle de 100 ouvriers lui donne 9600, celle de 1000 ouvriers 96000, et ainsi de suite. En outre, l'écart entre le salaire des producteurs et celui du spéculateur augmente en raison du nombre des bras qui produisent pour le compte du capital. Exemple ; Si 50 ouvriers touchent un salaire général de 200, quand le patron s'empare de 4800, il est évident que si le nombre des ouvriers se trouve tout à coup doublé, la production par ce fait se trouvera elle-même doublée et la répartition deviendra celle-ci : 100 ouvriers = 400 ; 1 patron = 9600. L'écart entre le salaire général des ouvriers et celui du patron, qui dans la première équation était représenté par 4800 — 200 = 4600, sera représenté dans cette deuxième équation par 9600 — 400 = 9200. Si le patron porte à 1000 le nombre de ses ouvriers, l'écart deviendra 96000 — 4000 représentant le salaire de 1000 ouvriers = 92000. Nous sommes en face d'une progression constante qui va grossissant toujours, et qui enlève aux travailleurs tous moyens de capitaliser. En effet, il est facile de concevoir que si, dans une association quelconque, l'un des associés s'empare, en vertu d'un droit quelconque, des 3/4 de la production, en ne laissant aux autres que le dernier quart, il est facile de concevoir, dis-je, qu'il y a dans ce partage inégalité d'échange, et par conséquent bénéfices d'une part, pertes d'autre part. La valeur des services rendus n'est plus balancée par la valeur des services reçus : l'un a trop pris, les autres pas assez. Cette façon d'opérer se renouvelant chaque jour, il se produira ce fait fatal, que la production se capitalisera entre les mains du premier au détriment des autres. C'est l'image du travail tel que l'ont organisé les capitalistes et possesseurs des outils du travail.

Tout le monde sait que la richesse nationale, qui atteint un certain capital, et se trouve intimement liée à la production, n'est susceptible d'augmentation qu'autant que les producteurs augmenteront cette production par leur travail. Or, dans l'état actuel des choses, les travailleurs salariés ont-ils intérêt à augmenter cette production qui fait la richesse du pays? Non, car ne recevant ni plus ni moins, ils produiraient non pour le compte de la collectivité, mais pour celui de l'individualité, pour celui du capital. Si d'autre part la production qui est la base de la richesse nationale passe entre les mains du spéculateur, ne laissant au producteur réel que le salaire nécessaire à son existence de chaque jour, il est de toute évidence que cette richesse, œuvre de la collectivité, deviendra le monopole, la propriété des spéculateurs les plus hardis, des spéculateurs qui auront occupé le plus de bras, des spéculateurs qui auront exploité le plus de producteurs. Nous en avons la preuve dans ce qui se passe dans les grandes fabriques, dans les grandes manufactures, où les patrons, sociétés, compagnies réalisent des bénéfices immenses, quand les producteurs réels travaillent 12 heures par jour pour gagner un salaire dérisoire.

On oppose à tout cela que les propriétaires d'usines, de fabriques, les actionnaires des grandes compagnies sont la cheville ouvrière de la production et de la circulation par le capital qu'ils engagent et risquent dans la spéculation. Erreur grave, car j'ai déjà prouvé que seuls ils ne peuvent rien, et que le capital sans le travail est impuissant. Si je suis actionnaire d'une compagnie pour la somme de 10,000 francs, pensez-vous que ces 10,000 francs qui me rapporteront 10 0/0, c'est-à-dire 1000 francs, vaillent par leur apport dans la société le travail de 10 heures par jour d'un homme qui ne gagnera que 3 francs par jour, c'est-à-dire 1095 par an. Si le travailleur qui gagne 3 francs par jour produit 100 dans sa journée, je vous défie d'en faire produire autant à vos 10,000 francs. Si ce même travailleur ne produit 100 dans sa journée qu'autant qu'il sera aidé par le capital 10,000 francs avancé par le capitaliste, je soutiens encore que la répartition représentée par : travail = 50, capital = 50 est injuste, parce que je pose en fait que le travail d'un homme pendant 10 heures vaut plus pour la production que la mise de fonds représentée par 10,000 francs.

Et si maintenant je disais que le spéculateur exploite toujours d'après un capital qu'il ne possède pas, travaille sur des chiffres fictifs, opère sur un budget qu'il n'avance pas, chacun pourrait voir d'après cela que les bénéfices qu'il totalise à la fin de l'année ont été non seulement produits par le travail des ouvriers, mais encore par l'argent des autres . . . .

Et il se produit ce fait, qu'un industriel qui possède peu de chose fait des affaires qui roulent sur un capital de 500000 francs, ou d'un million, et se voit bientôt à la tête d'une fortune, après être entré dans l'industrie ou dans le commerce avec rien, ou avec des dettes. Simple affaire d'inégalité dans l'échange. C'est ce qui se passe du reste chaque fois que le travail et la spéculation se trouvent face à face. Le travail végète, la spéculation capitalise. En réalité, c'est bien le travail qui produit, qui crée le capital, qui forme la propriété ; mais c'est la spéculation qui en profite. Partout où il y a réunion du travail et de la spéculation, si le travail est récompensé par un salaire représentant la plus petite partie de la production, il est impossible que les travailleurs réussissent, même en totalisant leurs salaires, à balancer la part de la spéculation. Alors tout ce qui est commerce, industrie, banque, finances, devient par ce fait le monopole de la spéculation. Ici l'on spécule, là on tripote, et spéculation et tripotage se partagent le produit du travail. Cela se conçoit d'autant mieux que, par le temps qui court, la spéculation est devenue la maîtresse souveraine de la production et de la circulation ; ce qui revient à dire que, muselant le travail, elle règle l'échange à sa fantaisie. Et comme tout ce qui a été fait, réglé, organisé en fait de travail, n'a été jusqu'à aujourd'hui qu'une vaste exploitation protégée par les lois, sanctionnée par les coutumes, et presque consentie par les peuples, il s'ensuit que toutes les injustices qui régissent l'humanité paraissent naturelles, et semblent indispensables au maintien de l'équilibre social.

Aujourd'hui, on croit à la puissance du salariat sur la production comme on croit en Dieu, et il n'y a pas un patron qui donnant 3 fr. 75 à ses ouvriers à la fin de leur journée, ne croie en même temps leur avoir donné tout ce qu'il leur doit. D'un autre côté, l'ouvrier empoche son salaire, se croit payé, et tout le monde est content. Age d'or !!!. . . . .

Que l'on dise après cela que le travail n'est pas un des fondements de la propriété ! Le monde en fourmille d'exemples. Quand sur 1000 salariés, véritables créateurs de la production, il ne s'en trouve pas un seul qui soit propriétaire, ou qui nourrisse l'espoir secret de le devenir un jour, venez donc nous dire, révolutionnaires jaloux, que le travail récompensé par un salaire ne mène pas tout droit, sans cahots, sans heurts, sans chutes, à la propriété ! N'est-il pas démontré depuis longtemps que le travail est la source de la richesse nationale ? C'est assez concluant, et vous vous demandez ce qu'il nous faut encore. Voici ce que les hommes de combat vous répondront :

« Ah ! Messieurs les partisans du *statu quo*, c'est » qu'ils sont difficiles, ces socialistes révolutionnaires, » oubliés de Dieu et rejetés de toutes les sociétés. Des » mots, des phrases, des promesses ne suffisent plus à » leur curiosité et à leurs besoins. Ils ne veulent pas » que la spéculation soit investie de tous les monopoles : » propriété, capital, travail, échange, circulation, ré-

» partition, etc. Ils ne veulent pas que le spéculateur » arrive à la propriété porté sur les épaules du produc» teur.

» Ils ne veulent pas que, sous prétexte d'organiser le » travail, on organise le vol et l'assassinat, et que par» dessus le marché on vienne leur dire que le salariat » est le pivot autour duquel tourne la richesse géné» rale. Puisque tous les travailleurs s'accordent à dire » que le salariat est un joug, une servitude, une dégra» dation, une exploitation, ils en demandent hautement » la réforme. » Réfléchissez donc, capitalistes, industriels, propriétaires, monopoliseurs, car les temps sont proches où les vraies réformes vont s'accomplir.

« Tout produit vaut ce qu'il coûte », a dit J-B. Say. A mon sens cela veut dire qu'il doit y avoir, *partout* et *toujours*, égalité dans l'échange ; ce que je traduirai encore par ceci : *Jus suum cuique reddere.*

CHAPITRE VIII

DU TRAVAIL COMME FONDEMENT DE LA PROPRIÉTÉ

IV

CONCLUSION

Dans les trois chapitres qui traitent du travail considéré comme fondement de la propriété, j'ai fait ressortir ce fait inouï, mais facilement observable, que le travail, source de la richesse collective, n'est pas la loi de la propriété individuelle. Maintenant il ne me reste plus qu'à conclure, et je vais le faire en me servant des données déjà exposées, afin de rester conséquent avec la vérité.

Ma conclusion se dégage des cinq points suivants :

1° L'appropriation de la terre étant une atteinte à la loi du travail, le travail, quels que soient sa force, sa durée, son mode et ses résultats, ne peut en donner la sanction sans tomber dans la plus grossière des contradictions.

2° Le travail, considéré comme source de la propriété individuelle, étant une loi d'exception, la loi du travail ne peut sauvegarder le droit de l'homme à la propriété sans tomber dans une nouvelle contradiction.

3° La propriété individuelle étant le plus souvent le

résultat de la spéculation, de l'exploitation, et non celui du travail, le principe propriété fille, récompense, stimulant du travail, est une erreur économique dont l'absurdité tombe sous le simple bon sens.

4° Le salariat portant une grave atteinte à l'égalité de l'échange, au désavantage du véritable producteur, et à l'avantage du spéculateur, il est impossible que la propriété puisse naître d'un salaire qui ne représente jamais la valeur du produit créé, majoration faite des frais de production.

5° L'échange et la circulation étant les monopoles de la spéculation qui se débarrasse du producteur par le paiement d'un salaire, la production, capital-propriété, devient par ce fait le monopole du spéculateur.

Ceci établi, je formule ma conclusion en disant que le spéculateur s'étant approprié tous les monopoles économiques : Production, échange, circulation, répartition, le travail considéré et affiché partout comme fondement de la propriété individuelle est un mensonge dont le but social est d'entretenir une armée de salariés pour la plus grande gloire du capital, pour la plus grande prospérité de la propriété, et pour les plus grands intérêts du capitaliste.

J'attends des contradicteurs.

CHAPITRE IX

DU CONSENTEMENT UNIVERSEL COMME FONDEMENT DE LA PROPRIÉTÉ

I

Que le consentement universel ne donne pas à la propriété la sanction qui lui manque ; ce qui revient à dire que la propriété, quoique basée sur l'acceptation tacite du consentement social, ne trouve pas dans ce consentement sa justification.

Comme preuve de l'existence de Dieu, les théologiens invoquent le consentement universel ; il était donc d'une saine logique que les économistes et les philosophes en fissent autant à l'égard de la propriété.

Ce qui prouve Dieu, impose l'Infini et démontre l'absolu peut bien, la Volonté universelle aidant, apporter à la propriété la sanction qui lui manque. Dieu et la propriété prouvés par le même argument, quoi de plus naturel ? Sorte de théologie-économique qui ne le cède en rien à toutes les fantasmagories de la théologie d'une part, à toutes les absurdités de l'économie politique d'autre part. Ces deux sciences : science de Dieu, science de la production, de l'échange, de la circulation, de la consommation, se valent en prétentions et en bêtises. L'une et l'autre trouvent donc dans cette fusion une large compensation..... Elles ne se volent rien.................................

Nous touchons au vingtième siècle et, cependant, on ne sait pas encore au juste qui l'emporte en importance, dans l'esprit de l'homme, de Dieu ou de la propriété.

Malgré cela, je crois que si les propriétaires étaient consultés, et qu'ils osassent se prononcer, la question serait toute tranchée. Si Dieu leur est utile, la propriété leur est indispensable. Qu'ils l'avouent tout de suite. Simple échange de procédés qui, sans entamer la puissance du Très-Haut, impose l'oubli du passé, et absout les propriétaires. Entre le ciel et la terre les égards sont de mode : « Passe-moi la Rhubarbe, je te passerai le Séné. »

Il suffit que chacun crie que Dieu existe pour que tous le répètent en chœur. De même il suffit que chacun crie que la propriété est nécessaire pour que tous le chantent à l'unisson. Quelles preuves !!! . . . .

Et moi qui vais soutenir que la propriété ne se justifie pas plus par le consentement universel que Dieu ne se prouve par ce même consentement, je vais être conspué, honni, maltraité par tous ceux qui prétendent le contraire.

Les hommes ont voulu la propriété, et, pour s'établir, celle-ci, dit-on, a eu besoin du consentement social. Cela est vrai jusqu'à un certain point ; mais est-ce à dire, pour cela, que cette propriété voulue par les hommes, établie soit-disant sous les auspices du consentement universel, soit, par ces seuls faits, plus légitime, plus parfaite, plus sainte ?

Est-ce parce que les hommes ont donné leur consentement tacite à l'établissement de la propriété, ce qui aurait encore besoin d'être prouvé, qu'il ne reste plus rien à dire sur cette propriété dont ils ont fait un droit, sur ses modes de formation et d'acquisition, sur ses moyens de transmission ? Si tous les hommes, dans un consentement unanime, acclamaient et décrétaient le vice, le vice en serait-il pour cela justifié ?

Lorsqu'une nation déclare la guerre, et que tout un peuple en accepte d'avance les risques, les dangers et les responsabilités, croyez-vous que, pour cela, cette guerre soit légitime ? Où irions-nous donc avec de semblables théories ? ?. . . . .

De même que l'humanité tout entière ne peut justifier le vice, le mal, par son acceptation, de même elle est impuissante à justifier l'injustice. Or, je crois avoir suffisamment démontré que la propriété, telle qu'elle s'est fondée et transmise, n'a jamais été œuvre de justice. D'ailleurs, il n'y a que les choses équivoques, et dont l'établissement paraît une atteinte à la raison et au droit de l'homme, qui demandent à être justifiées. Une chose juste en soi n'a pas besoin de justification. « Ce qui est juste est vrai », a dit Proudhon. C'est peut-être pour cette raison que les économistes ont voulu justifier la propriété afin de pouvoir dire qu'étant juste elle est vraie, légitime. Je voudrais pouvoir accepter cette justification.

Après avoir épuisé toutes les rubriques du droit d'occupation et de l'organisation du travail, pour arriver à trouver une sorte de fondement à la propriété, ils cherchèrent une nouvelle sanction dans le consentement universel, dans le consentement d'une cohue d'intéressés et de dupeurs d'une part, d'imbéciles et de dupés d'autre part. Thiers avait dit : Le temps aidant, le travail devient toujours le véritable fondement de la propriété. Le monde crut cette énormité économique: Ce fut là tout le consentement universel, aussi bien dans le passé que dans le présent. . . . .

Même les plus ardents défenseurs de la propriété ne nient pas ses anomalies et ses injustices. C'est un mal ; mais un mal nécessaire que le temps et les hommes ont sanctionné et justifié.

La prostitution aussi est un mal nécessaire ! ! Le temps et les hommes l'ont aussi justifiée. Oh ! il est facile de mettre la propriété sous la sauvegarde du consentement universel, quand les trois quarts des hommes qui en ont accepté, hautement ou tacitement, les lois et les destinées, ignorent comment cette propriété s'est fondée ; comment les plus forts s'en sont emparés aux dépens des plus faibles ; comment elle s'est transmise.

Lorsque Thiers accepte forcément que dans l'origine la propriété s'est fondée sur l'injustice, le vol et la barbarie, pense-t-il aussi que le consentement des hommes de l'époque ait été unanime ?

A quelle époque de la fondation de la propriété les hommes ont-ils jamais été consultés sur son établissement? Avant d'invoquer l'acceptation universelle en faveur de l'établissement de la propriété, il me semble qu'il serait logique de parler d'abord de la consultation universelle. Cette consultation fut tacite, n'est-ce pas, comme le fut elle-même l'acceptation?

Qui ne dit rien consent, ce qui signifie que tous ceux qui gardèrent le silence furent rangés parmi les acceptants. Ce qui n'empêcha pas que, la consultation éliminée, l'acceptation fut autrefois ce qu'elle est encore aujourd'hui ; c'est-à-dire une protestation de la part des uns, une manifestation de l'intérêt, de l'instinct et de l'égoïsme de la part des autres.

Aujourd'hui où les hommes sont à *peu près* égaux et libres, cette protestation des premiers se fait hautement par la parole et par le livre, au nom du droit et de la justice. Autrefois, cette protestation, comprimée par la force et la brutalité des grands et des forts qui s'étaient emparés de la terre sans consulter les faibles, était silencieuse et grondait sourdement dans le plus profond du cœur des opprimés. Il faut bien se taire quand la force oblige au silence. C'était le cas autrefois de tous ceux qui furent dépouillés. Et qu'eussent fait, par leurs protestations, tous ces dépossédés qui remuaient et cultivaient la terre pour leurs maîtres? S'ils s'étaient levés en masse, au risque de mourir tous martyrs, peut-être n'invoquerait-on plus aujourd'hui le consentement unanime des peuples comme justification de la propriété? ....

Si l'histoire des peuples eût été plus sanglante, et si les esclaves, les manants,serfs et prolétaires,eussent pu noyer leurs souffrances dans le sang de leurs bourreaux, peut-être les défenseurs actuels de la propriété se tairaient-ils en présence des faits de l'histoire? Il *sera donc dit qu'il faudra toujours du sang pour dégager la vérité.* Quelle honte! ....

Ceux qui invoquent si souvent le consentement universel en faveur de la propriété ont-ils donc oublié que, sur trente millions d'habitants qui peuplaient la France d'autrefois, vingt millions étaient asservis, et maudissaient au fond de leur cœur la propriété tyrannique et homicide? Ont-ils donc oublié que l'humanité peut faire le procès de la propriété par son histoire de l'esclavage, par son histoire de la glèbe, par son histoire du prolétariat ?

Ont-ils donc oublié, que dans l'établissement de la propriété, les esclaves, les serfs, les prolétaires, les déclassés n'ont jamais été consultés, et par conséquent jamais été appelés à donner leur consentement ? Alors que signifie le mot universel s'il n'embrasse qu'une minorité infime, orgueilleuse, brutale, comme celle qui était représentée autrefois par les détenteurs de la propropriété quiritaire, et de la propriété féodale ? Il me semble pourtant que dans cette question *importante* de l'établissement de la propriété, les premiers à consulter devaient être les producteurs, les travailleurs, tous ceux capables de faire valoir cette terre, de la faire produire; mais tous gens sans *importance*, que la force fit tour à tour, et selon les temps, les époques et les mœurs, esclaves, serfs, vilains, prolétaires. Ceux-là devaient être consultés en première ligne, et l'histoire nous prouve que,dans aucun temps, il ne fut jamais question de prendre l'avis de cette canaille grossière et ignorante, faite pour souffrir en travaillant. Et, s'ils avaient été consultés pour la forme, eussent-ils refusé leur consentement que la force n'eût pas tenu compte de leur refus pourtant légitime !

Manants, triples buses, appelés à naître, à vivre et à mourir en dehors de la propriété, leur consentement eût été déplacé dans le vote universel. C'est pourquoi l'on s'est passé d'eux, ce qui n'empêche pas les satisfaits de parler sans cesse du consentement des peuples, du consentement social, du consentement universel, comme sanction et justification de la propriété.

Remplacez donc le consentement universel par le consentement des propriétaires, et je n'écrirai plus rien contre la propriété. Son procès sera fait . . . .

Si aujourd'hui on proteste plus que jamais contre la propriété, ce n'est pas à la méchanceté des hommes qu'il faut s'en prendre. Les hommes d'aujourd'hui ne sont pas plus méchants que ceux d'autrefois, peut-être moins. Les pauvres, les déclassés d'aujourd'hui protestent hautement contre leur infériorité, et contre l'accaparement des riches, parce qu'ils se sentent plus libres, plus forts, et par suite plus autorisés.

Autrefois, n'osant pas manifester leur mécontentement, ils se taisaient. Ils savaient trop ce que coûtait une plainte. Si aujourd'hui les rôles n'ont pas encore changé, les prolétaires n'ignorent pas que leurs protestations, sans être écoutées, n'en retentissent pas moins au delà des mers et des monts, et c'est pourquoi, plus le péril va grandissant, plus ils les multiplient. L'histoire ne se refait pas, par conséquent, ils n'ont rien à craindre du passé. Si l'esclave, le serf ont accepté la propriété par leur silence, les prolétaires actuels refusent aujourd'hui leur voix à ce consentement universel qui doit en donner la sanction, parce que les hommes l'ont faussé et altéré. Si aujourd'hui encore on consultait les peuples, l'enseignement qui sortirait du vote universel servirait peut-être aux générations à venir. Je ne doute pas un instant qu'une majorité considérable ne se prononce en faveur de la propriété ; mais le consentement obtenu ne serait pas unanime . . . .

Mais, diront les détenteurs de la propriété, si la majorité se prononce en faveur de la propriété, notre cause est plaidée et gagnée. Non, messieurs, car la majorité obtenue ne serait pas le résultat d'un vote librement donné, et appuyé exclusivement sur le principe d'égalité.

Il y aurait trop d'intéressés en cette affaire pour que le vote fût une émanation de la justice. Lorsque dans une question litigieuse, par exemple, ceux qui sont appelés à la discuter et à la résoudre sont à la fois juges et parties, il est bien rare que le verdict rendu soit juste, et ne soit pas entaché de partialité. C'est ce qui se produirait actuellement dans le vote universel sur la question de la propriété Ce vote serait la profanation du droit, la prostitution de la justice, le triomphe du mal. . . . .

Voyez-vous, vous ne me ferez jamais admettre qu'une chose est juste parce que cette chose a obtenu la majorité dans un vote. Que de lois absurdes sortent des parlements, votées souvent à une grande majorité ! Si les hommes sont orgueilleux, avides, avares, égoïstes, lâches et cruels, est-ce ma faute, et moi, qui suis vertueux, dois-je pour cela supporter les conséquences qu'engendrent chaque jour leurs vices honteux ? Le droit est dans la raison ; mais la raison n'est pas toujours dans le nombre. C'est pourquoi dans le procès où doivent se prononcer une majorité de capitalistes, de propriétaires, d'aspirants-propriétaires, et une minorité de prolétaires et de déclassés, je me permets de faire des réserves.

Pour quiconque raisonne un peu, la propriété justifiée par le consentement universel ressemble au coupable absous par un jury qui subit la pression d'une force supérieure. Cette pression a existé quant à ce qui touche la propriété justifiée par le consentement des peuples ; chacun peut la chercher et la trouver dans l'histoire. Ce que les économistes appellent le consentement universel fut, comme le droit d'occupation, une manifestation du droit de la force. Et si, dans la circonstance, les petits n'ont pas protesté, c'est tout simplement parce que les grands et les forts les en ont empêchés. Ces derniers seuls se sont prononcés en passant immédiatement de la théorie à la pratique. Quant aux faibles, réduits au silence par la force, ils ont attendu.

Aujourd'hui, ils ont encore contre eux le consentement de la masse ; c'est pourquoi ils attendent toujours.

Et la propriété reste un fait « croissant et non décroissant » avec lequel chacun cherche à faire connaissance, dût-il s'en rapprocher en suivant la route du mal.

« Bienheureux ceux qui sont doux, parce qu'il posséderont la terre » a dit le Christ. A quand l'accomplissement de cette prédiction du Maître ??

CHAPITRE X

CONCLUSION GÉNÉRALE

I

Que la propriété, telle qu'elle a été conçue, est une atteinte grave au principe d'égalité, quand elle n'en est pas la négation absolue.

Voici ce que je trouve dans le livre de Thiers sur la propriété : « Il résulte de l'exercice des facultés humaines fortement excitées, que, ces facultés étant inégales chez chaque homme, l'un produira beaucoup, l'autre peu ; que l'un sera riche, l'autre pauvre, qu'en un mot l'égalité cessera dans le monde... »

Voilà donc le principe d'égalité nié d'emblée par Thiers. Cependant, pour que cette théorie ne paraisse pas trop monstrueuse, Thiers s'empresse d'ajouter qu'il est bien entendu qu'il ne parle pas de cette égalité qui consiste à vivre sous les mêmes lois, à obéir aux mêmes autorités, à encourir les mêmes peines, à obtenir les mêmes récompenses, à subir enfin les mêmes conditions sociales, et qu'on appelle l'égalité devant la loi ; mais de cette égalité qui consisterait à posséder la même somme de biens, qu'on eût été habile ou malhabile, laborieux ou paresseux, heureux ou malheureux dans son travail . . . .

Thiers accepte bien que tous les hommes sont égaux

devant la loi ; mais il leur refuse l'égalité en face de la propriété, parce qu'il n'ose pas la leur refuser en face du travail. Ce grand économiste n'est pas socialiste ; c'est-à-dire pas plus anarchiste, étatiste, collectiviste que possibiliste. Dans sa vaste intelligence, il ne comprend pas que, le progrès et la révolution aidant, on puisse universaliser la propriété. De l'inégalité des forces physiques et morales, il conclut hardiment à l'inégalité des conditions et de la propriété. Quel coup de génie !

Et comme preuves de tout cela, Thiers représente le faible à côté du fort, l'idiot à côté de l'homme intelligent, le crétin et le goîtreux de la vallée d'Aoste à côté de l'homme en parfaite santé, l'humble fougère à côté du chêne superbe. Dans sa philosophie superficielle, cet économiste, par accident, constate le mal, mais se garde bien d'en chercher le remède. Il connaît le coupable — Dieu — cela lui suffit. Est-ce que les hommes doivent lutter contre les décrets de la Providence, cette Providence fût-elle une négation de la Justice ?

Il admet bien l'égalité qui force l'homme à subir les mêmes conditions sociales ; mais, contradiction étrange, il soustrait la propriété à l'empire de cette égalité, probablement parce que dans sa science économique il ne la comprend pas dans le programme de la question sociale. Il me semble cependant que lorsqu'on parle de conditions sociales, de question sociale, on devrait tenir compte de tous les droits, de toutes les nécessités qui, dans le code de l'humanité, doivent régler l'harmonie universelle.

Que parle-t-on d'égalité, quand de cette égalité les hommes ne connaissent que l'image ?

L'égalité est non seulement dans les faits, mais encore dans les moyens. Or, il s'agit de savoir si, quant à ce qui concerne la propriété, l'égalité ne s'est pas trouvée atteinte, soit dans le fait accompli, soit dans les moyens qui ont servi à l'acquérir et à la transmettre. Le droit d'occupation, l'esclavage, la glèbe, le prolétariat, le travail, la spéculation, l'hérédité, la donation, la prescription suffisent à nous renseigner, je l'ai déjà dit, sur les origines de la propriété, sur ses phases, en un mot sur son historique. S'il me fallait faire une histoire complète de la propriété, je pourrais à la rigueur me dispenser de puiser dans les théories diffuses de la philosophie et de l'économie politique.

L'histoire des peuples me fournirait assez de faits, et cette manière de procéder ne serait pas la moins bonne, et la moins utile dans ses résultats. . . . .

Après avoir parlé du droit d'occupation, envisagé dans ses différentes manières d'être, et du travail comme moyen d'arriver à la propriété ; après avoir démontré ce que les théories classiques sur l'occupation et le travail ont de monstrueux, j'arrive forcément à conclure que la propriété, depuis son origine jusqu'à nos jours, n'a été qu'une longue atteinte au principe d'égalité.

Et, comme justification de cette atteinte à la justice, partout on entend ressasser que tous les hommes ne peuvent pas être égaux en richesses, parce que le jour où les fortunes seraient égales, personne ne voudrait plus travailler. Argument stupide que je ne discuterai pas, n'ayant pas le temps de m'arrêter à des énormités aussi colossales. Il est vrai que ceux qui font du travail une punition du Ciel, ou, pour mieux dire, le résultat d'une malédiction divine, trouvent leur compte dans le maintien de cette inégalité qu'ils ont imposée aux hommes, de par Dieu, et comme une nécessité sociale. Si tous les hommes comprenaient que le travail n'est pas une punition de Dieu, mais une nécessité, peut-être ne discuterait-on plus sur l'inégalité des conditions, sur le droit de l'homme au travail, sur la propriété, toutes questions bien simples pourtant, mais qui resteront encore longtemps obscures, parce que les hommes qui ne veulent pas les comprendre, sont encore plus nombreux que ceux qui ne les comprennent pas du tout.

Ah ! il y a longtemps que l'on a prétendu, pour la première fois, que de l'inégalité des facultés de l'homme naît forcément l'inégalité des biens. En rééditant cette théorie, Thiers ne s'est pas montré homme de progrès, encore moins homme de révolution. En fait de théories, je préfère celle dans laquelle Proudhon a exposé « que l'inégalité des facultés est la condition nécessaire de l'égalité des fortunes ».

Que m'importe que Dieu ait voulu qu'il y eût sur terre des jouissances inégales ! De quoi vient donc se mêler Dieu? Invisible et immanifesté sur terre, qu'il reste donc au ciel où les conceptions humaines l'ont placé. Les cieux ne sont-ils pas assez grands pour lui, et serait-il indispensable que les hommes se prosternassent à ses pieds humbles et obéissants?

Est-ce encore une fois avec des décrets divins et des lois théologiques que l'on peut régler les rapports des hommes entre eux, régulariser la propriété, et organiser le travail?

Si je prends les choses où elles en sont, en me contentant simplement de constater les faits, partout où s'arrête ma pensée, je ne vois qu'injustices et inégalités.

Rien dans la propriété actuelle n'est le fait d'un travail honnête et d'une légitime possession. Que de juges consciencieux hésiteraient à accepter l'immense tâche de rechercher dans les propriétés de chacun ce qu'il y eut de juste et d'injuste ! Pourquoi?

Faut-il encore que je réponde pour ceux qui n'osent le faire? La réponse est facile et, disons-le tout de suite, elle n'est pas à la gloire de la propriété.

Quand la philosophie et l'économie politique voulurent expliquer aux hommes les lois de la morale, de l'existence humaine et du travail, elles débutèrent par de magnifiques théories, intelligemment énoncées, et encore plus savamment discutées. Ce fut un tournoi brillant dans la science; on rompit force lances; il y eut même des victimes. Mais, lorsqu'il fallut exposer les théories aux épreuves redoutables de la pratique, chacun battit en retraite, traînant derrière lui sa guenille philosophique qui pouvait se résumer par des mots, rien que des mots

Si nous mettons les économistes en face de leurs théories, nous voyons que, parmi eux, aucun n'hésita à déclarer à la face du monde entier que « la propriété est et doit être la fille du travail. » A quelque chose près ils sont tous d'accord sur ce point. Les uns disent: « fille du travail », les autres « stimulant du travail », d'autres « récompense, fruit du travail. » Tout cela se ressemble, s'assemble et paraît sublime en théorie; mais dans la pratique, mensonge! mensonge!

Il semblerait que Say voulût passer sur le terrain de l'exécution lorsqu'il écrivit ces deux phrases qui valent tout un livre: « Tout produit vaut ce qu'il coûte »... « La production est un grand échange: pour que l'échange soit productif, il faut que la valeur de tous les services se trouve balancée par la valeur de la chose produite. Si cette condition n'a pas été remplie, l'échange a été inégal, le producteur a plus donné qu'il n'a reçu. » J'ai déjà cité une fois cette phase d'une si grande valeur économique; mais de dire à faire il y a loin comme dit le paysan, et quoique Say eût énoncé dans sa théorie le principe d'égalité : Egalité dans l'échange, égalité dans les moyens de travail, la propriété n'en resta pas moins un droit d'aubaine que l'occupation et la spéculation enlevèrent à la production, c'est-à-dire au travail.

Aujourd'hui, non seulement on rit de ceux qui veulent l'égalité des conditions et des fortunes; mais on rit encore de ceux qui réclament l'égalité dans les moyens, de ceux qui réclament pour tous le droit au travail, de ceux qui demandent l'application si simple, si rationnelle des deux grandes lois de J.-B. Say. Sous prétexte de liberté totale, de liberté individuelle, on détruit l'égalité, on profane la justice.

On admet bien en théorie que l'homme ait besoin de son semblable, et cependant l'égoïsme semble être la règle de la pratique. On impose même aux hommes le joug de la société sous prétexte que l'homme isolé ne peut se suffire à lui-même, et personne n'a encore cherché à régler, sur la justice, les droits de cette société et les droits de chacun. Il me semble pourtant que si l'homme doit nécessairement vivre en société, la condition indispensable à l'établissement légal de cette société est l'égalité pour tous, c'est-à-dire l'égalité non seulement dans le vote, mais encore dans la *manière d'être*, dans le droit et les moyens de travailler, dans le droit et les moyens de vivre.

Ah! je sais bien que cette théorie de l'égalité ne trouvera pas beaucoup de partisans, et que l'on m'accusera hautement de vouloir porter atteinte à l'*ordre établi et accepté*.

La propriété, diront les partisans de cet ordre établi et accepté, est aussi indispensable à l'homme que l'air, le soleil — et la liberté.

Liberté, sûreté, propriété! Là est la solution du problème social. — Et la preuve, c'est qu'il y a bien des siècles que cette triade sert aux puissants, aux rois et aux *républiques*, de moyens gouvernementaux.

Accoler la propriété à la liberté, c'était la légitimer par le plus respectable des droits. C'était la répandre sans limites; c'était donner aux hommes le droit de *jouir et de disposer* sans subir le joug des conditions sociales au milieu desquelles ils sont appelés à vivre.

Ah! ils en ont largement profité, Messieurs les propriétaires, spéculateurs et capitalistes, de ce droit de propriété qui, en leur donnant toute liberté d'action, d'acquisition et de disposition, les préservait de la misère jusque dans leurs générations futures. Ils ont tant fait que la propriété est encore aujourd'hui une négation de l'égalité, et par conséquent une négation du droit, une négation de la société. — En effet, quels droits existent dans la propriété? Le droit du plus fort, le droit du plus habile, du plus menteur, du plus charlatan, du plus voleur, le droit d'aubaine.

Quant au principe de société qui impose aux hommes l'obligation de vivre des mêmes besoins, des mêmes nécessités, et par conséquent qui les force pour ainsi dire à s'aider les uns les autres, je le trouve inscrit en tête de toutes les opérations industrielles, commerciales et capitalistes, sous cette forme caractéristique de l'instinct animal et de l'égoïsme : « Chacun pour soi et Dieu pour tous », ou bien sous celle-ci, non moins odieuse : « Charité bien ordonnée commence par soi-même. » Toujours, sous prétexte de liberté, là est toute l'égalité. On la prodigue cette égalité chimérique, dans la politique, où le droit paraît être le même pour tous.

« Mais que m'importe, à moi pauvre hère, cette égalité que me confirme la loi et qui ne m'empêche pas » de mourir de faim !

» Que m'importe l'égalité qui fait de moi un citoyen » électeur, si cette égalité ne me donne pas en même » temps les moyens de vivre en travaillant !

» Que m'importe que le bulletin que je jette dans » l'urne électorale pèse autant dans la balance politi- » que que le bulletin du riche, si tout cela n'empêche » pas le riche de m'écraser de son or, et de me tenir » sous le joug par le salaire et la propriété !

» Je nie l'égalité si les moyens qui me sont donnés » par la société ne suffisent pas à me faire vivre de » mon travail, quand autour de moi jouissent d'une » opulence scandaleuse, ou d'un bien-être volé des » hommes qui ne font rien, mais qui ont l'avantage » d'être propriétaires et capitalistes.

» Je nie l'égalité quand je suis obligé de travailler » 12 et 15 heures par jour pour ne pas mourir de » faim, et quand, à côté de moi, des riches, et des fils » de riches gaspillent une fortune qu'ils n'ont pas ga- » gnée, et jettent de l'or sur la honte de quelques filles » du peuple — nos filles — parce qu'ils en ont trop.

» Je nie l'égalité quand celui qui possède n'est pas » celui qui travaille, et quand tous les hommes, quels » qu'ils soient, riches ou pauvres, vivent du travail » collectif.

» Je nie l'égalité quand, à côté de plusieurs millions » de travailleurs qui manquent du nécessaire, se trou- » vent des milliers d'improductifs, ne sachant que » faire d'un superflu qui ne leur appartient pas.

» Je nie l'égalité quand des hommes meurent de » faim à côté d'autres qui crèvent de pléthore. »

Ah ! le déclassé a bien le droit de se demander ce

que signifient tous ces axiomes, tous ces principes, toutes ces théories, tous ces systèmes, toutes ces lois que les hommes ont inventés plutôt dans un but d'orgueil et de gloire que dans un but d'utilité publique et d'humanité. Il a bien le droit de se demander si l'on se moquera encore longtemps de lui, et si la servitude et la misère commencées avec les hommes ne finiront qu'avec eux.

Relisez les chapitres écrits sur le travail comme fondement de la propriété, et rendez-vous compte en même temps de ce qui ce passe dans la pratique du travail, à la fabrique, à l'usine, à la manufacture, à l'atelier, au chantier et ailleurs. Si de vos observations il résulte que l'égalité est le principe fondamental sur lequel la propriété s'établit, le principe d'après lequel elle se transmet, je brise ma plume, et n'écris plus jamais rien contre les institutions actuelles. Il est bien entendu cependant que, pour me forcer à déposer les armes, il faudra m'apporter des preuves qui n'auront à redouter ni le contrôle des mathématiques les plus pures, ni celui de l'observation et de la raison. J'attends !...

Il ne suffit pas de crier sur les toits que la propriété est le fruit du travail ; que le travail en est le principal fondement ; que la république est le gouvernement de l'égalité, de la justice et de la raison ; il faut en donner des preuves, et il faut encore que ces preuves se retrouvent partout : dans les lois, dans les droits de chacun envers son semblable et envers tous, dans le travail, dans la propriété, dans l'impôt, dans la politique, dans l'économie sociale, enfin dans les droits et les devoirs réciproques de chacun.

Ces preuves que nous voudrions voir s'imposer comme démonstration des belles théories de l'école, je vais vous les formuler.

Les hommes en général doivent vivre du produit du travail collectif ; mais le déclassé meurt de faim.

La propriété doit être le résultat exclusif du travail; mais ceux qui en sont les principaux créateurs n'en sont jamais les détenteurs.

La société a besoin du travail de tous ses membres; mais elle a su créer deux catégories d'hommes: celle qui jouit et capitalise; celle qui souffre et travaille.

Et tout cela parce que l'égalité, possible en politique, semble impossible en économie sociale. Tout cela parce que l'ordre de choses actuel se refuse absolument à accepter l'égalité en face du travail et de la propriété.

Inégalité d'intelligences: inégalité de travail, inégalité de richesses, inégalité de misère.

C'est logique.

Inégalité de forces et de capacités : inégalité de travail, inégalité de richesses, inégalité de misère.

C'est toujours logique.

Quelle est en ce moment la cause de la division de la société en travailleurs et oisifs, en productifs et improductifs ? — La propriété. — Pourquoi?

Parce que la propriété est le privilège de quelques-uns; parce qu'elle n'est pas le résultat exclusif du travail dans une société où tout le monde vit du travail collectif; parce que, même acquise par le travail, elle soustrait les propriétaires à la loi du travail; parce qu'elle est plus souvent le résultat de l'occupation, de la spéculation et du vol que le résultat du travail; parce qu'enfin, lorsque des jeunes vivent largement sans rien faire, des vieux meurent de faim en travaillant.

A dire vrai, il y a là un problème difficile à résoudre ; mais je ne crois pas que ce problème soit insoluble. Et jusqu'ici je ne vois pas qu'il ait été jamais fait quelque chose d'utile pour en diminuer les difficultés.

Chacun sait aujourd'hui comment s'acquiert la propriété ; mais chacun a peur d'en savoir trop.

Ce qui n'empêche pas le capital et le travail de marcher côte à côte, escortés de la méfiance et de la haine, et se faisant une guerre implacable.

Un économiste qui n'a jamais fait partie de l'école, heureusement pour lui, a dit ceci : « Le but du capita» liste est d'obtenir le plus de travail possible pour le

» moins d'argent possible. » Cela revient à dire que le capitaliste cherche à faire produire beaucoup, en payant le moins possible les producteurs. Certes je ne vois pas d'inconvénient à ce que le capitaliste cherche à augmenter la production ; mais je considère comme une grave atteinte à l'égalité l'opération économique qui consiste à produire aux dépens des producteurs et à l'avantage du spéculateur. Il est vrai que c'est un excellent moyen de rendre le capital indispensable, le salariat indestructible et de spécialiser la propriété dans quelques mains privilégiées. Chercher à obtenir le plus de travail possible, pour le moins d'argent possible, c'est détruire l'égalité dans l'échange, monopoliser la production et la circulation, voler le producteur, rapprocher la propriété du capital, l'éloigner du travail.

C'est obtenir le plus de capital possible avec le travail des autres; c'est, en d'autres termes, exploiter le travail d'autrui.

Que m'importe que de grands économistes aient posé de belles lois économiques, si ces lois n'existent que sur le papier et ne sont pas la règle de la pratique! Quand, à la suite des principes de Smith, Say, Rossi et autres, vous aurez ajouté ceux-ci : « Les produits ne s'achètent que par des produits », « Tout produit vaut ce qu'il coûte », etc, etc..., pensez-vous que l'économie politique aura fait un grand pas de plus, et que la bourgeoisie tiendra la clef du grand mystère social? Non, car tout se passe en mots et en phrases. . . .

Savez-vous ce qu'il faudrait pour que la propriété fût réellement la fille du travail? Il faudrait d'abord empêcher la spéculation et interdire les agiotages. Il faudrait encore que l'ouvrier salarié, véritable créateur du produit, trouvât dans sa production les moyens d'acheter la production de son semblable; il faudrait encore que le produit sortant des mains du travailleur fût payé ce qu'il a coûté de temps et de peine ; il faudrait enfin, comme l'a fort bien dit Proudhon, que le producteur pût racheter son travail avec son salaire. Hors de là, tout ce qui est propriété est bénéfices ou vol.

On sait quelles protestations de colère Proudhon souleva lorsqu'il jeta en défi à la société sa fameuse proposition : « La propriété, c'est le vol ». Si à ce moment la propriété eût été « innocente », les propriétaires eussent ri de cette sortie révolutionnaire, au lieu de s'en effrayer. Ils eurent peur d'abord ; ensuite ils protestèrent et se défendirent, puis ils insultèrent. Meilleure preuve que la propriété était coupable, et que les propriétaires n'étaient pas innocents.

Aujourd'hui les choses n'ont pas changé, et l'on peut répéter avec Proudhon, bien haut et bien fort : « La propriété, c'est le vol ». Et nos économists distingués de l'école le savent bien. Si je regarde au fond de la conscience de Passy et de Leroy-Beaulieu, j'y vois inscrit en toutes lettres le principe de Proudhon. Alors pourquoi ne le dénoncent-ils pas? Enigme! mystère!

« Ce siècle sera le siècle des ouvriers », crie-t-on partout, c'est pourquoi on se ligue, dans la bourgeoisie, contre les travailleurs, c'est pourquoi on veut écraser les pauvres. On réprime leurs grèves par la force, on n'écoute pas leurs réclamations; on ferme la bouche aux protestataires; on enferme les révolutionnaires, bien innocents, ma foi, par le temps qui court.

Mais, en revanche, on étudie la question sociale, à la Chambre, au Sénat, dans les conseils municipaux, voire même dans les églises et les sacristies ; on élabore des lois stupides sur les caisses de retraites, sur l'enfance abandonnée, sur la police des mœurs, toutes lois d'aumône et de dégradation qui, telles qu'elles sont appliquées, sont une atteinte à la dignité humaine.

Et la propriété marche, marche toujours dans la voie de l'inégalité et de l'injustice, c'est-à-dire dans la voie du crime.

Les travailleurs forment une armée innombrable qui sert la propriété pour le compte de quelques spéculateurs comme les armées de l'Europe servent la patrie pour le compte de quelques despotes couronnés, ou pour celui d'une république. Tout en créant la propriété, les travailleurs n'en sont que les instruments ou les domestiques, jamais les maîtres. Aux yeux du spéculateur, le travailleur est un outil absolument identique aux autres outils de la fabrique: machines, métiers, etc., etc. En sa qualité d'outil, le travailleur n'a droit qu'à son entretien, ce qui est indispensable au développement et à la durée de sa force. On répare, on graisse les métiers; on paie le travailleur. Le pain qu'on lui donne représente le combustible qui alimente la machine. Son salaire suffit à son entretien. Je reviendrai du reste sur ce point en parlant du travail.

Et l'on s'étonne dans le monde de la bourgeoisie que les travailleurs salariés ne puissent jamais arriver à la propriété. Il est vrai que cette étonnement trouve ses motifs dans cette idée, bêtement monstrueuse, que le monde des déclassés est en partie composé d'ivrognes et de paresseux. Imbéciles, cessez donc de considérer le travailleur comme une bête de somme, comme un esclave du travail, comme un outil, et tous ces vices donvous l'accusez disparaîtront d'eux-mêmes! L'homme peut naître mauvais ; mais il ne naît pas ivrogne.

Mais, comme tout est relatif dans ce monde, il est nécessaire que la bourgeoisie rehausse l'éclat de ses vertus en opposant à ses vertus de commande les vices du prolétariat. C'est un moyen de subordonner la classe ouvrière à la classe dirigeante.

Qu'il soit donc fait selon votre volonté, Messieurs les riches et les vertueux, puisque votre conscience ne proteste pas. . . . .

Si le Christ revenait sur la terre, peut-être envisagerait-il la question sociale, et peut-être crierait-il : « Vos » ateliers, vos fabriques, vos usines, vos mines, vos gran- » des maisons, vos propriétés enfin sont du travail accu- » mulé sur lequel d'autres que vous ont des droits légi- » times. Ces produits que vous échangez pour votre » compte; cet or que vous encaissez, et qui résulte de » l'échange, représentent le travail collectif auquel vous » avez joint votre capital. Orgueilleux et avides, vous » avez pris la part du pauvre; vous avez volé le bien » d'autrui. »

Et, comme autrefois les Juifs, vous lui cracheriez au visage; vous le couvririez d'opprobre, et après l'avoir montré à une foule imbécile et lâche, vous le traîneriez au Calvaire. . . . .

C'est ainsi que, dans tous les temps, les sociétés se sont débarrassées des hommes prophètes, devins, philosophes ou révolutionnaires qui portaient atteinte, par leurs théories, à l'ordre établi et accepté.

Avant tout, il faut un équilibre à toute société qui veut vivre. Aujourd'hui, l'équilibre social est là où l'inégalité préside et règne en maîtresse souveraine. Dans la grande balance sociale, le capital et le travail, quoi qu'en disent certains économistes, ne se font pas équilibre. Et point n'est besoin d'ouvrir de grands yeux pour voir lequel des deux l'emporte en poids sur l'autre.

Cela doit être, puisque l'inégalité est partout, hautement proclamée, hautement défendue.

Aux cieux, égalité partout.

Sur terre, inégalité dans le travail, dans les conditions, dans les moyens de naître, de vivre et d'acquérir, dans les moyens d'éducation, dans les moyens de jouir, dans les moyens de servir et de défendre le pays. dans les moyens de mourir. Inégalité devant la loi et devant le droit, le tout se traduisant par la richesse, l'oisiveté opulente et respectée, l'éducation, l'instruction et la civilisation, les apparences de la vertu, d'une part; la misère, le travail misérable et méprisé, l'ignorance et le vice d'autre part.

Et tout cela pour l'or, ce vrai roi du monde, et pour la propriété sa plus hideuse manifestation physique...

Qui dit propriétaire ne veut pas dire voleur; mais qui dit propriété veut dire vol. Et cela ressort clairement des pratiques industrielles et commerciales, ainsi que des lois sociales qui sont, à la fois, et l'image de la société, et l'image de la vie.

Si la propriété est du travail accumulé et le résultat du travail collectif; si ceux qui la créent n'ont pas entre les mains les mêmes outils; si ceux qui marchent à sa conquête ne sont pas tous armés de la même façon, il se produira toujours ce fait fatal, que la propriété appartiendra éternellement, non pas aux plus travailleurs, mais aux plus hardis spéculateurs, aux plus rusés capitalistes, ou encore aux plus roués coquins et aux plus habiles voleurs. Dès l'instant que le principe d'égalité est violé dans les moyens dont chaque homme doit disposer pour mener à bien son existence, il l'est aussi dans les résultats obtenus. Or les moyens d'action dont disposent les travailleurs ne sont pas précisément ceux sur lesquels l'école s'appuiera pour nous démontrer qu'il y a toujours égalité dans l'échange, lorsque le capital et le travail opèrent côte à côte. Aussi la propriété née d'abord du travail, puis du travail et du capital réunis, devient-elle, quant au point de vue de la possession individuelle, une des plus graves atteintes au principe d'égalité.

Ici c'est la propriété acquise par la spéculation et l'exploitation du travail d'autrui ; là c'est la propriété acquise par héritage; là c'est la propriété acquise dans les spéculations à la Bourse; ailleurs c'est la propriété acquise au moyen d'un capital risqué dans des opérations aventureuses de banque ou de commerce. Il y a bien aussi la propriété acquise par un travail honnête, laborieux, de plusieurs années; mais celle-là est l'exception, et ce n'est pas elle qui garantit à son propriétaire plusieurs mille livres de rente.

Les grandes propriétés n'ont jamais été, et ne seront jamais le fruit du travail de ceux qui les posséderont. Pour se former, ces propriétés demandent la vie de plusieurs générations.

C'est pourquoi je répète encore une fois que la propriété, telle qu'elle a été conçue, est une atteinte au principe d'égalité, quand elle n'en est pas la négation absolue.

Les bases sur lesquelles elle a été fondée manquent maintenant d'équilibre, et par conséquent de solidité. Il est de toute nécessité qu'on les renouvelle, ou bientôt la propriété ne sera plus qu'un grand et splendide édifice tombé en ruines : « *Domus dedit ampla ruinam* ».

LE TRAVAIL

CHAPITRE XI

DIVISION DU TRAVAIL, PÉRIODE MANUFACTURIÈRE, MACHINISME ET GRANDE INDUSTRIE.

PRÉAMBULE

Que personne ne s'étonne de la relation qui paraît exister entre la division du travail et la période manufacturière. Cette relation, démontrée de plusieurs manières dans tous les livres d'économie politique, a pris une si grande place dans l'esprit des économistes que, pour ces créateurs et inventeurs de principes et de lois économiques, la division du travail et la période manufacturière semblent toujours avoir marché de front depuis leur commencement. Nées l'une de l'autre, les classiques disent qu'elles sont mortes ensemble tuées par la machine et la grande industrie. . . . . .

S'il y a eu une période manufacturière, on peut dire qu'elle a duré depuis le seizième siècle jusqu'à la fin du dix-huitième. C'est dans cette période que la loi de division, maîtresse absolue du travail, a commencé une ère nouvelle pour l'accumulation capitaliste, un esclavage nouveau pour le travailleur. Mais comme je prétends que la grande industrie n'a pas tué la manufacture, que la machine n'a pas supplanté le métier à la main, que l'atelier n'a pas disparu devant la fabrique, bien que cependant je fasse une différence entre la grande industrie et la manufacture, entre la fabrique et l'atelier, entre la machine d'une part, et le métier et l'outil simple d'autre part, je puis donc parler de la loi de division dans le travail, comme d'une loi du présent, comme d'un principe de notre organisation sociale actuelle.

Si la période manufacturière est morte, la manufacture a survécu avec la loi de division pour règle. Aujourd'hui la manufacture et la grande industrie concourent ensemble à la production du capital, chacune de son côté, chacune dans sa sphère d'action réciproque. Le machinisme ne s'impose pas encore au travail comme la seule loi immuable. L'organisation actuelle du travail en est à ce point qu'il y a des ateliers où tout se fait à l'aide de métiers et d'outils à la main ; qu'il y en a d'autres que l'on peut appeler des ateliers mixtes, où la machine vient en aide au métier et à l'homme ; qu'il y a enfin des fabriques, des usines où le produit créé est l'œuvre de la mécanique, le rôle de l'homme étant presque devenu dans la grande industrie un rôle de surveillant.

Si les machines ont fait leur apparition dans le travail comme une « loi d'opposition » venant rétablir l'équilibre détruit par la division excessive du travail, on ne peut pas en inférer que l'exploitation industrielle de ces machines a renversé l'ancien système de production pour le remplacer par un nouveau plus jeune, et plus en rapport avec les idées de progrès qui tourmentent toujours l'homme. Il peut se faire que, dans l'origine, l'exploitation des machines ait eu pour but de pallier les inconvénients de la loi de division, en réunissant sous la puissance d'un même mécanisme tout le travail qui, dans la manufacture, se trouvait divisé en un nombre considérable de parties. Mais l'effet produit a-t-il été général ? En outre, cet effet s'est-il transmis dans la suite en obéissant aux lois de progression qui indiquent généralement, suivant qu'elles sont suivies ou délaissées, si telle société rétrograde, reste stationnaire ou marche en avant ? Non, car la fabrique, que l'on peut définir l'atelier où la production, au lieu de se faire à l'aide de métiers à la main, se fait à l'aide de métiers à la mécanique, c'est-à-dire à l'aide de machines mises en mouvement par la vapeur et surveillées par l'homme, la femme ou l'enfant, la fabrique, dis-je, s'est laissée envahir par les anciens errements, au moment même où on l'annonçait comme venant essayer une œuvre d'émancipation. En effet la machine qui venait opposer, en quelque sorte, une centralisation mécanique à la loi de division, s'empara bientôt de cette loi, en la modifiant il est vrai, pour en faire une des bases de sa production mécanique. Dès lors, les attributions furent multipliées à l'infini à la fabrique. Il y eut autant de divisions dans ces nouveaux établissements du travail qu'il y en avait autrefois dans l'atelier. Comme dans l'atelier, le travail y fut divisé, parcellé, et le travailleur parcellaire devint un manœuvre, un automate, ou un surveillant.

Dans mon étude des machines et de la fabrique, je ferai ressortir les différences peu sensibles qui existent entre la division du travail dans l'atelier, et la division du travail dans la fabrique. Mais, quelles que soient ces différences, la loi de division n'en est pas moins actuellement la loi souveraine de notre organisation du travail. Ateliers, ateliers mixtes, fabriques, usines, se servent de cette loi absolument comme si elle devait être pour l'éternité la règle absolue du travail.

Que le travail se fasse à la main, au métier ou à la machine, la loi de division apparaît, puissante, difficile à chasser de notre industrie, parce qu'elle a toujours été présentée comme un des nerfs principaux de la production.

En dépit de l'introduction des machines dans le travail, la loi de division est restée la loi suprême, unique, universelle, de l'organisation du travail. C'est elle qui enrichit le capitaliste, abrutit et tue le pauvre.

Ah ! c'est que la concurrence force à bien des choses. On lutte, mais on avise d'abord, et chacun porte dans son sac mille ruses plus variées les unes que les autres. Tel qui avise sans recourir au mal se heurte, en passant, à tel autre plus fort que lui, et qui le bat parce qu'il n'a pas de scrupules. C'est la « lutte pour l'existence », disent les uns, la « disparition de la barbarie devant la civilisation », disent les autres, et de tous ces aphorismes de la fatalité, les hommes font ressortir que le fort a le droit de manger le faible, que le grand a le droit de rosser le petit. C'est là toute la philosophie qui se dégage de notre organisation du travail. Ceux qui y voient autre chose sont ou des complaisants, ou des intéressés, ou des sots. . . . . . .

Je sais bien que depuis un siècle les moyens de production ont été perfectionnés, augmentés; mais je vois encore à la fabrique, comme à la manufacture, s'étaler orgueilleusement la loi de division, division excessive et abrutissante pour celui qui en subit le joug. C'est un emprunt que la grande industrie a fait à la période manufacturière. La mère, en mourant, devait bien cet héritage à la fille qui restait. Cet emprunt fut même si considérable que, dans le vulgaire, on ne distingue plus entre une fabrique et un atelier. Ces deux mots-là sont devenus synonymes.

Aujourd'hui tout se ressemble dans ces différents établissements : mode d'exploitation, division du travail, travail en groupes, distribution du travail à domicile, discipline exagérée, règlements despotiques, servitude du travailleur, accumulation capitaliste, salariat.

Et il suffit qu'à côté de la fabrique, image de la grande industrie et du machinisme, se trouvent encore, en quantité considérable, de petits ateliers où le métier à la main est le seul outil de la production résultant d'un travail divisé, parcellé à l'excès, pour qu'une étude de la division du travail ne soit pas déplacée dans cet ouvrage. J'engage les travailleurs à la lire attentivement ; ils y reconnaîtront leur vie tout entière, et sauront, je l'espère, en dégager la morale et en tirer les conclusions indispensables qui, dans les prochaines réformes, serviront de bases à la création du nouvel édifice social.

L'étude des machines et de la grande industrie, dans leurs rapports avec les travailleurs salariés, ne sera faite qu'après celle de la division du travail, simplement par esprit de méthode.

Plus jeunes, ces forces de notre production doivent laisser les premières places à leurs aînées: la division du travail et la manufacture. . . . .

CHAPITRE XII

DIVISION DU TRAVAIL

I

Que la division du travail est pour le travailleur parcellaire une cause d'abrutissement ou de rétrogradation intellectuelle.

Personne n'ignore aujourd'hui ce que l'on entend par division du travail, et par travailleur parcellaire. . . .

. . . .

Diviser le travail, et attacher à chaque division un ou plusieurs travailleurs, c'était certainement permettre à la production capitaliste d'atteindre un chiffre double, triple, quadruple peut-être, de celui atteint autrefois par la production du travail indépendant, et non-parcellé. Il est clair, en effet, que, dans l'atelier, l'ouvrier qui fait toujours la même chose arrivera à un degré d'habileté tel, qu'entre ses mains la production de cette chose suivra exactement les phases que la perfectibilité routinière aura parcourues. En d'autres termes, plus un ouvrier s'attachera à la production d'une chose, mieux cette chose sera faite en moins de temps, c'est-à-dire avec moins de perte en travail. La division augmente donc la puissance productrice du travail par ce seul fait que le travailleur parcellaire, se perfectionnant sans cesse dans la manière d'exécuter un travail quelconque, arrive forcément à exécuter ce même travail avec plus de promptitude. De cette augmentation de la puissance productrice par la division du travail, il résulte donc une augmentation de la richesse générale chaque fois que cette division sert de loi au travail.

. . . . . . Mais cette conséquence économique est-elle la seule qui soit résultée de la loi de division? La médaille n'a-t-elle pas son revers?

L'outil humain, le travailleur parcellaire, ne se dresse-t-il pas en face des avantages obtenus dans la production, au profit de l'accumulation capitaliste, comme l'incarnation vivante et malheureuse des nombreux inconvénients de la loi de division? J'ai là, sous les yeux, le traité d'économie politique de J.-B. Say, et j'y trouve ceci au sujet de la division du travail: « Un » homme qui ne fait pendant toute sa vie qu'une même » opération, parvient à coup sûr à l'exécuter mieux et » plus promptement qu'un autre homme; mais en » même temps il devient moins capable de toute autre » occupation, soit physique, soit morale; ses autres fa- » cultés s'éteignent, et il en résulte une dégénération » dans l'homme considéré individuellement . . . . . . » En résultat, on peut dire que la séparation des tra- » vaux est un habile emploi des forces de l'homme; » qu'elle accroît prodigieusement les produits de la so- » ciété; mais qu'elle ôte quelque chose à la capacité de » chaque homme pris individuellement. » En effet, il est évident que si un homme passe toute sa vie à faire, comme le dit Say, la dix-huitième partie d'une épingle, ou à conduire une lime, cet homme arrivera à conduire sa lime, à faire la partie de son épingle sans effort d'intelligence, comme une machine, de sorte que toute l'augmentation qu'il donnera à la production, à la richesse, sera prise sur son raisonnement, sur sa capacité, sur son intelligence. La production y gagnera des monceaux d'or que le capitaliste accumulera, mais l'intelligence collective y perdra une multitude de travailleurs qui, d'hommes qu'ils étaient, deviendront, sous l'empire de la loi de division, des outils humains, des machines animales produisant, entassant pour le compte du capital, sans aucun discernement, sans aucun effort intellectuel.

Ah ! je ne reprocherai pas à la production d'avoir voulu atteindre les plus hauts sommets de l'art, et les limites les plus extrêmes de l'arithmétique, puisque l'économie politique prétend que la richesse collective dépend du chiffre atteint par la production ; mais ce que je ne lui pardonnerai pas, c'est de n'avoir pas craint de sacrifier toute une classe de travailleurs aux vues ambitieuses que représentaient, et que représentent quelques intelligences avides de savoir et de perfectionner, et surtout toute une armée industrielle et commerçante de spéculateurs aux appétits insatiables. Quoi qu'il en soit des avantages de la division du travail, et ces avantages je les connais aussi bien que vous, messieurs les capitalistes et spéculateurs qui vous les êtes attribués de par je ne sais quel droit, quoi qu'il en soit, dis-je, de ces avantages, il est un fait monstrueux que les économistes ont reconnu, que personne ne peut nier, parce que l'expérience est là qui le fait ressortir dans toute sa hideur ; c'est que le travailleur parcellaire, l'élément principal de la production, est presque descendu, sinon au rang de la brute, du moins à une condition morale telle, que dans notre France, avant-garde de la civilisation, on se trouve en face de toute une classe d'*hommes inférieurs*. Grâce à cette sublime loi de la division et de la spécialisation du travail, on a enlevé aux travailleurs parcellaires tous les moyens de perfectionner leur intelligence. On a augmenté la gymnastique fonctionnelle du muscle chez les uns, sans augmenter, bien entendu, la puissance de ce muscle ; l'ensemble de la machine animale chez les autres, sans rendre cette machine plus réfractaire à l'usure ; mais par contre on a considérablement diminué celle de l'intelligence. En d'autres termes, on a substitué le travail de la brute à celui de l'esprit. Le capital y gagna évidemment une source d'accumulation de plus ; mais l'éducation et la morale des petits y perdirent leurs moyens de perfectibilité.

Il y eut gain d'une part, perte de l'autre.

La perte fut-elle compensée par le gain?

Les classiques et les optimistes de notre époque vous répondront oui, par la raison bien simple qu'étant satisfaits, ils prétendent que les autres doivent l'être aussi. Histoire de celui qui suppose que personne ne doit avoir faim, quand lui-même a bien dîné. Ne sachant rien du travail, du capital et de son accumulation, ces bonshommes-là vous disent très naïvement, et en convaincus, je veux bien le croire, que dans l'augmentation de la production et de la richesse, le travailleur parcellaire y trouve son compte absolument comme le capitaliste et le spéculateur y trouvent le leur. En effet, la division du travail, l'augmentation de la production, la concurrence, etc., etc., n'ont-elles pas jeté dans la circulation des produits dont le prix n'est devenu accessible aux travailleurs que par le fait même de cette division du travail, de cette augmentation de la production, de cette concurrence? Voilà qui est bien dit, et qui prouve que les capitalistes n'aiment pas qu'on les accuse de s'être adjugé la part du lion.

Ils savent pourtant bien, et c'est peut-être la raison pour laquelle ils se défendent tant, que tout en prenant leur part, ils ont passablement entamé celle d'autrui. Mais, comme je n'ai pas été chargé de fouiller dans les origines des propriétés individuelles, j'arrêterai là mes appréciations. Seulement, puisque dans le monde capitaliste et propriétaire on prétend que les produits qui naissent du travail des ouvriers sont devenus accessibles à ces ouvriers par le fait de la division, je vais demander à ces capitalistes et propriétaires, s'il n'était pas possible d'arriver aux mêmes résultats, sans qu'il fût nécessaire de voler aux travailleurs le peu d'intelligence que la nature leur avait donné.

J'ai dit volé, et je ne me rétracterai pas, car, en économie sociale, lorsqu'on introduit une réforme dans une institution quelconque, et que cette réforme donne des résultats économiques qui sont tout à l'avantage des grands, et au désavantage des petits, je prétends, jusqu'à preuve du contraire, c'est-à-dire jusqu'à ce que les inconvénients apportés par cette réforme disparaissent, que tout ce qui a profité aux grands a été volé aux petits. Or, quelque indispensable que soit à l'existence du prolétaire, le pécule qu'il gagne péniblement en travaillant 12 et 14 heures par jour, il me semble que parmi les moyens dont l'homme doit se servir pour mener à bien une vie qu'il n'a pas demandée, il en est un qui prime tous les autres : c'est l'intelligence. Que lui restera-t-il si on lui enlève cette force de l'esprit, qui à elle seule vaut souvent une fortune? — Style bourgeois.

L'intelligence est le premier outil de l'homme. C'est un outil perfectible, mais dont la perfectibilité est intimement liée à l'état social dans lequel se trouvent les différentes classes de la société, et surtout à la gymnastique fonctionnelle que l'intéressé lui fait subir. Autant le travailleur augmente la production par un habile emploi de sa force, et autant il augmente cette force, c'est-à-dire le développement de ses muscles, par un travail manuel ; autant il développe son intelligence par son travail intellectuel. C'est une loi physiologique que personne ne peut nier, à l'exception cependant de ceux qui vivent au sein d'une douce oisiveté. Ceux-là ne peuvent rien dire du développement musculaire et du développement de l'intelligence ; mais ils sont forts, très forts, sur la manière dont on acquiert, sans difficultés et sans peines, le tissu graisseux, *affaire de ventre*.

Certainement, le système qui tendrait à un égal développement, à quelques différences près, de la force matérielle et de la force intellectuelle serait sans contredit le plus rationnel s'il était réalisable.

Mais il s'en faut de beaucoup que les faits de la pratique viennent corroborer les raisons de la théorie, car dans la vie purement matérielle, comme dans la vie purement intellectuelle, comme dans la vie mixte, il faut tenir compte des aptitudes, du développement physique, etc., etc., de sorte qu'il est impossible de poser des chiffres, et d'empêcher que, chez tel individu, la force physique ne l'emporte sur la force intellectuelle, et que chez tel autre ce soit la réciproque qui ait lieu.

Cependant il ne faut pas en conclure que la société ait le droit de disposer de l'intelligence d'une certaine catégorie d'hommes, de lui tracer des limites, et de favoriser chez ces hommes le développement de la force physique aux dépens de la force intellectuelle. Je pense, avec raison, que l'intelligence, comme la richesse, doit profiter à la collectivité ; mais je proteste de toutes mes forces contre ce genre d'exploitation qui consiste à sacrifier, chez les déclassés, le développement intellectuel au développement matériel. Il n'appartient pas à la société de dire : Telle classe d'hommes sera éternellement réservée au recrutement des travailleurs manuels, parcellaires, salariés à la tâche ou au temps.

... C'est cependant ce qui se passe actuellement en France et dans tous les pays, où l'atrophie intellectuelle qui condamne les derniers du peuple à une vie de labeur pénible, est considérée comme une nécessité économique.

Le travail divisé, parcellé, n'a pas besoin d'intelligences si développées ?

La production qui règle le génie industriel des capitalistes, spéculateurs, inventeurs, perfectionneurs, marche en raison directe de la force que développent les travailleurs, mais non en raison de leur intelligence.

Qu'ils donnent de la force, qu'ils montrent de la bonne volonté, qu'ils se plient à toutes les exigences du fabricant, et soient taillés pour travailler 15 heures par jour, cela suffit. Les capitalistes n'ont que faire de l'intelligence que ces travailleurs pourraient apporter à la production. Les ouvriers intelligents qui raisonnent et comprennent sont dangereux. Ils soufflent la haine et la révolution dans l'atelier.

C'est sans doute pour cette raison que la division du travail a dirigé toutes ses recherches et ses perfectionnements vers les moyens à employer pour tirer le meilleur parti possible de la force matérielle de l'ouvrier, à l'exclusion absolue de son intelligence.

Certainement, la division du travail a marqué un grand progrès dans l'histoire économique de la production ; mais ce progrès fut pour les prolétaires le commencement d'une nouvelle servitude, d'un nouvel esclavage : l'esclavage de l'atelier. Il y eut progrès dans l'art, progrès dans la production, et dans la circulation, progrès en faveur du capital ; mais il y eut rétrogradation dans la situation matérielle, et dans la condition intellectuelle de l'ouvrier. Quand je dis dans la condition intellectuelle de l'ouvrier, messieurs les industriels, capitalistes et fabricants, savent bien que je n'exagère pas, et que je n'essaie point de jeter la discorde dans l'atelier en y prêchant ouvertement des doctrines pessimistes. Placés au premier rang pour voir, ils pourraient au besoin se prononcer sur l'état d'intelligence dans lequel se trouvent leurs ouvriers ordinaires.

Entrez vous-mêmes à l'atelier ; vous y rencontrerez des ouvriers habiles, exécutant avec beaucoup de promptitude leur travail de chaque jour, mais l'exécutant machinalement sans l'avoir préalablement raisonné. Si vous questionnez l'un d'eux sur le métier dont il se sert, il sera absolument incapable de vous en expliquer le mécanisme. Si c'est un tisseur en soie, par exemple, il vous dira que pour faire l'étoffe de soie, il suffit de lancer la navette dans telles conditions ; que tout est disposé pour que l'ouvrier ne commette pas de fautes ; que rien ne manque au métier perfectionné : mécanisme approprié, sonnettes avertisseuses, etc., etc. Il vous parlera bien d'un certain dessin placé au sommet du métier ; mais il vous dira qu'il n'en connaît ni l'origine, ni la valeur.

... Si vous interrogez un ouvrier bonnetier, même réponse. Quant à votre examen général, il vous montrera des hommes fatigués, pâles, à figure amaigrie, aux traits tirés, aux yeux ternes, au front bas, étroit, serré aux tempes, aux oreilles placées haut sur la tête et indiquant que chez ces ouvriers le développement de la face l'emporte de beaucoup sur celui du crâne. Je dirai plus, cette conformation de la tête dans cette classe de parias est presque devenue héréditaire. L'intelligence est une chose dont on ne se soucie guère dans ce milieu où l'inintelligence est devenue la règle. Est-ce que le salariat n'est pas là pour faire vivre tous ces déshérités ?

Il me semble, cependant, que par une gymnastique fonctionnelle du cerveau bien comprise, on pourrait arriver à faire disparaître cette atonie intellectuelle, sorte d'hypnotisme moral qui place ces hommes dans une situation économique tout à fait inférieure.

En effet, à chaque instant, on vous entend regretter tous les jours, messieurs les hommes intelligents, messieurs les propriétaires et capitalistes opulents, que, dans les décisions du suffrage universel, votre vote raisonné, compris, ne soit pas supérieur au vote d'un ouvrier inintelligent, automate de la production, sorte de brute du travail. Voilà, messieurs, votre condamnation.

Si le vote des ouvriers des fabriques n'est pas aussi réfléchi que le vôtre, à qui la faute, sinon à la société qui, sous prétexte d'augmenter la richesse nationale, l'a jeté dans un milieu où l'on ne réfléchit pas, où l'on raisonne encore moins, mais où l'on s'abrutit comme à plaisir?

A qui la faute si les travailleurs parcellaires sont moins intelligents que les ouvriers indépendants?

A leur paresse et à leur ivrognerie sans doute?

En travaillant 12 heures par jour pour gagner trois francs, ils doivent avoir le temps d'aller boire au cabaret. C'est l'avis de Thiers.

Quelle société lâche que celle qui renie ses fautes et ses crimes! Si, d'une manière générale, la société a des responsabilités, quel homme pourrait dire où commencent et finissent ces responsabilités?

Il est vrai que la division du travail s'est affirmée comme une nécessité économique marquant dans l'histoire de la production un progrès véritable.

Or, nécessité économique signifie souvent mal nécessaire. Les hommes de la classe dirigeante vous disent même que tout changement et tout progrès ont leurs victimes. C'est l'histoire du gros commerçant qui tue le petit par des réclames dont la collectivité profite.

Sortes d'assassinats dont tout le monde semble recueillir les profits.

Quel immense réceptacle que la conscience humaine ! On y trouve toutes sortes d'immondices.

. . . .

Ah ! il vous sied bien, messieurs les mandataires du peuple de parler d'instruction obligatoire, d'égalité, de fraternité, d'émancipation sociale, etc., etc. Tous ces moyens que vous avez proposés tour à tour comme palliatifs des inconvénients de la loi de division n'ont donné aucun résultat parce qu'ils étaient mal placés entre vos mains. Vous parlez sans cesse d'égalité, et vous créez dans le travail, comme le dit fort judicieusement Proudhon, une aristocratie de capacités.

A quoi donc aboutira votre instruction obligatoire, si à quinze ans l'enfant s'en va perdre à l'atelier tout ce qu'il sait, et si, dès lors, il ne lui est plus fourni les moyens de cultiver son intelligence ?

Vous voulez élever l'enfant. Bien. Mais croyez-vous que cela soit suffisant ?

Puisque les hommes doivent subir le joug de la société, le rôle de cette société consiste non seulement à élever l'enfant, mais encore à suivre l'homme dans toute sa vie. Or, de tous temps la société a manqué à ce devoir social. Elle devrait être une, et je la trouve divisée en classes, sous-classes, catégories, sous-catégories. Elle a condamné toute une classe d'hommes à vivre d'une vie presque végétative, et cela par ses lois, ses institutions, son organisation du travail et du salariat.

Certes, je n'ignore pas que la loi de division n'est pas seule coupable. Dans la société il existe bien d'autres injustices dont l'application, toujours rigoureuse, rejette au dernier plan ceux qui, par le seul fait du hasard, naissent dans la classe des prolétaires.

Mais cette loi de division est une des causes patentes du mal, parce qu'elle a fait rétrograder l'intelligence du travailleur parcellaire. Elle entretient cet esclave du travail dans une sorte de paresse intellectuelle, et le mène doucement, sans qu'il s'en aperçoive, droit à l'abrutissement. Elle atrophie son intelligence, et tandis que la production marche gaillardement dans la voie du progrès, celui qui en est la force et l'âme retourne en arrière. Elle abrutit les inintelligents et gâte fortement ceux qui lui ont livré leur intelligence. En effet, n'est-il pas évident pour tout le monde que l'atelier et la fabrique sont, de tous les milieux, ceux qui sont le moins favorables au développement de l'intelligence?

Mais qu'importe, puisqu'il y a compensation?

La loi de division aidant, ne trouve-t-on pas partout des ouvriers qui produisent beaucoup et ne coûtent presque rien.

Messieurs les patrons savent bien que des ouvriers intelligents ne se contenteraient pas d'un salaire de 1 fr. 95 à 2 fr. 50 par jour. Deux francs par jour! Ce n'est pas le prix de la nourriture d'un cheval. . . . . .

Eh! pourquoi parlerais-je plus longtemps de cette question que les patrons, industriels et capitaltstes connaissent certainement mieux que moi?

Ce n'est pas ce que je dirai qui leur fera changer leur manière de faire, et transformer leurs moyens de production, et leur organisation du travail. La logique et la justice sont sans influence sur la cupidité, et tel qui a soif de gain est insatiable. Qu'importent les moyens si la fin les justifie? Est-ce que l'augmentation de la richesse nationale ne doit pas justifier l'ignorance des petits, si cette ignorance est une des causes mêmes de cette augmentation? Qu'est-ce donc que quelques sacrifiés sur le chiffre énorme d'une population qui profite du sacrifice? Ce n'est rien pour vous, messieurs les capitalistes, qui êtes les maîtres de la production et de la circulation. Et c'est précisément parce que la chose ne vous touche pas, et parce que vous restez indifférents en face des souffrances des petits, que je veux dire à ces petits quel sacrifice ils font à la société, et quelle en est la cause.

Qu'ils sachent bien, ces déshérités, que si la division du travail dans l'atelier est une source de richesse pour la production et l'accumulation capitaliste, elle est pour eux une cause de rétrogradation intellectuelle. C'est elle qui les tient sous le joug despotique des patrons, précisément par cette spécialisation du travail qui les rend impropres à tout travail qui n'est pas le leur. Nous démontrerons dans un autre chapitre qu'elle est aussi une des forces du salariat.

Maintenant, que, pour leur défense, les patrons ne viennent pas invoquer les moyens qui ont été essayés pour l'amélioration nécessaire et progressive de la situation des travailleurs. Ils savent bien que, jusqu'à présent, on n'a rien fait d'utile, quant à ce qui touche cette question brûlante du travail. Les résistances que l'association patronale oppose aux associations ouvrières en sont une des preuves les plus évidentes.

Est-ce que la lutte du travail contre le capital est terminée ? Elle ne fait que commencer ; mais elle marche rapidement. C'est un pas de charge vers la solution du problème social.

. . . .

Mais dans cette lutte, qui sait ce que la Révolution réserve à la loi de division ? La perfectionnera-t-elle ? Si l'on me consulte jamais, je demanderai que la production soit organisée de façon à ce qu'elle obtienne plus de l'intelligence des producteurs, que de la division de leurs bras. C'est alors que la société pourra espérer, non pas de réaliser l'idéal rêvé par Proudhon : l'égalité des intelligences, mais de s'en rapprocher.

Maintenant, que la société proteste !!!

CHAPITRE XIII

DIVISION DU TRAVAIL

II

Que le travailleur parcellaire est un outil absolument identique au métier et à tous les autres outils de l'atelier.

Dans un atelier il existe un matériel d'outillage se composant ordinairement de machines, métiers, forges et accessoires, etc., etc. Ajoutez à tout cela le travailleur parcellaire, et vous pourrez vous faire une idée à peu près exacte de la nomenclature variée des outils de la production, dans l'atelier.

Émettre une pareille théorie, c'est aller un peu loin, n'est-ce pas, messieurs les maîtres du travail ?

Et, cependant, sans être paradoxal, je vais faire immédiatement la preuve de ce que j'avance.

Chaque outil, dans l'atelier, est approprié à un genre de travail spécial. La machine produit la force et la transmet, le métier l'utilise. La forge chauffe le fer qui est ensuite livré au marteau du forgeur ; la lime polit le fer, etc., etc. Or, dans l'atelier, chacune de ces appropriations particulières de l'outil exige un ouvrier spécial, exclusivement destiné soit au rôle de mécanicien machiniste, soit aux rôles de chauffeur, de forgeur, de limeur, etc. Dans l'atelier où la loi de division est la règle de la production, le forgeur n'est pas forgeron. Le forgeron chauffe lui-même son fer, le forge, lui donne la forme et la tournure qui varient toujours suivant l'usage auquel il est destiné, le lime, le polit et enfin le finit ; tandis que dans l'atelier le forgeur ne fait que battre le fer suivant des conditions déterminées à l'avance. Son rôle s'arrête toujours là ; lorsque son fer est forgé, il le passe à un autre travailleur parcellaire qui en complète ou en achève le travail. Dans la bonneterie, dans la soierie, dans la fabrication des étoffes de laine, de coton, de flanelle, de toile ; dans les filatures, etc., même division de travail, même spécialisation de l'outil. Quel que soit le genre d'industrie, on peut dire que dans l'atelier, autant il y a de sortes d'outils, autant il y a de sortes de travailleurs. Et de même que chaque outil est attaché à un genre de travail particulier, de même chaque travailleur est attaché à un outil spécial, et par conséquent à un travail spécial.

Quelle ressemblance déjà entre l'outil de l'atelier et le travailleur parcellaire ! Ressemblance frappante que personne ne peut nier sans être de mauvaise foi. Il est évident, et c'est une des bases de la loi de division, que puisque l'on spécialisait l'outil, il fallait aussi spécialiser le travailleur. D'autres vous diront que puisque l'on spécialisait le travailleur, il fallait aussi spécialiser l'outil. Changement dans la forme seulement, le fond restant le même.

La division du travail force donc le travailleur parcellaire à s'attacher à un outil spécial.

Cet outil lui est propre ; il ne connaît que lui ; sans lui il n'est rien, il est impuissant.

Il est incapable d'en manier d'autres qui ne lui ressemblent pas, de sorte que si, par un concours de circonstances fatales, cet outil devenait un jour inutile, il deviendrait un improductif forcé, dans la plus belle acception du mot, à moins qu'il n'ait le courage de recommencer un nouvel apprentissage, avec un nouvel outil.

Ce courage il l'aurait, bien entendu, car dans le monde des prolétaires il faut travailler pour vivre.

Personne ne l'ignore du reste dans le monde des capitalistes et des propriétaires, ce qui fait que les détenteurs du capital sont tranquilles sur leurs intérêts.

En somme, l'outil et le travailleur parcellaire sont aux yeux du fabricant et de l'industriel une seule et même chose.

Comme ils ne peuvent marcher qu'ensemble, il faut bien qu'ils s'acceptent comme compagnons.

C'est de leur bonne entente que dépendent la production et l'accumulation du capital. Le jour où ils se séparent, si l'un et l'autre ne retrouvent pas un compagnon de travail, la production de l'outil, et celle du travailleur parcellaire tombent à zéro. L'outil ne peut pas plus se passer du travailleur parcellaire que celui-ci ne peut se passer de l'outil. Le premier représente l'instrument ou l'appareil qui doit fonctionner ; le second la force qui met cet instrument ou cet appareil en mouvement. Mais il est bien entendu que l'outil est spécial, et que le travailleur est obligé d'approprier sa force à la spécialisation de son outil. Et cela, sans détriment de la machine que le progrès a inventée dans le but d'augmenter la production, et dans celui aussi de suppléer soit au manque de bras, soit encore à ce que les capitalistes appellent la mauvaise volonté et les exigences de l'ouvrier.

Il résulte donc déjà que, entre l'outil ordinaire et le travailleur parcellaire, il n'y a que cette différence caractéristique, que le premier est un *outil passif*, tandis que le second est un *outil actif*. Et ce n'est pas seulement dans la spécialisation du travail, et dans la nécessité qui lient l'un à l'autre le travailleur parcellaire et son outil que je vais chercherles points deressemblance qui me les font considérer tous les deux comme des outils identiques quant au fond, mais spéciaux quant à la forme.

Vous n'avez pas encore oublié, puisque c'était l'objet de notre étude dans mon dernier chapitre, que la division du travail dans l'atelier est pour le travailleur parcellaire une cause de rétrogradation intellectuelle. Or, comme en économie politique toutes les choses, toutes les lois, toutes les vérités découlent les unes des autres, il s'ensuit que le premier effet de la loi de division : rétrogradation intellectuelle de l'ouvrier parcellaire, va encore nous servir de preuve pour la démonstration du deuxième effet : identité entre l'outil et le travailleur parcellaire.

Entre un automate et un homme, il y a, question mise de côté, cette grande différence que l'un pense et raisonne, tandis que l'autre fonctionne en vertu d'un mécanisme qui le dispense de faire travailler un cerveau qu'il ne possède pas.

Entre un automate et une machine, quelle qu'elle soit, il y a simplement une différence de mécanisme. Or, on a su si bien organiser le travail dans l'atelier en le parcellant, le spécialisant, le mâchant même, que l'on peut comparer le travailleur, sinon à une machine, du moins à un automate producteur. Ah ! je sais bien que la thèse que je soutiens ici n'est pas à l'honneur de ceux qui ont organisé le travail dans la production ; mais que m'importe leur réputation ! Ils n'avaient qu'à ne pas essayer une œuvre pour laquelle ils n'étaient pas faits. S'il fallait avoir souci, lorsqu'on écrit un livre, de la réputation de tous ceux qui n'ont su garder la leur intacte, où en serions-nous?

La liberté d'écrire est la conséquence obligée de la liberté de penser. J'en use, et je ne reconnais à personne le droit de se plaindre.

En économie politique, à part les lois que les hommes se sont plu à créer dans le but d'embrouiller les choses, il n'y a que des effets et des causes.

Je les constate simplement, sans prendre souci de ceux qui ont cru devoir enchaîner leur réputation à la production de ces effets et de ces causes.

Est-ce ma faute, si la situation que vous avez faite au travailleur parcellaire m'oblige à assimiler ce facteur principal de la production à un outil, ou à une machine ? Quel intérêt ai-je donc à mentir ?

Lorsque je compare le travailleur parcellaire à une machine, à un outil, qui osera me contredire en présence des faits dont fourmillent nos ateliers et nos fabriques ? Ce salarié, à votre volonté, n'est peut-être pas un outil dans l'acception propre du mot, parce que quelque abruti, quelque esclave qu'il soit, il a encore conservé un reste d'intelligence et de volonté qui, malgré vous, en fait un homme. Mais c'est un outil animal qui fonctionne seul, de son propre mouvement; mais machinalement, sans effort d'intelligence.

Le travail dans l'atelier en est arrivé à ce point que l'ouvrier pense toujours à autre chose qu'à son travail, parce qu'il n'a pas besoin de penser pour le faire.

Et quand le travailleur parcellaire ne serait pas un outil dans le sens propre du mot, il suffit que les fabricants et les patrons le considèrent comme tel, pour que je puisse dire hautement que la division du travail a tout simplement fait du travailleur un outil identique à tous les autres outils de l'atelier.

D'ailleurs, le salariat, tel qu'il est appliqué à l'atelier et à la fabrique, ne vient-il pas à l'appui de ma thèse ?

Qu'est-ce donc que le salaire de l'ouvrier parcellaire ? Le prix de son travail ? Non ! C'est l'entretien de l'outil humain ; c'est ce qui lui est indispensable pour qu'il ne meure pas de faim, et qu'il puisse fonctionner.

Ne l'ai-je pas déjà dit ? On entretient la machine, on graisse, on répare le métier, on paye l'ouvrier pour qu'il entretienne sa force productrice. On donne de l'huile à la machine et au métier, de la graisse au poinçon, du pain au travailleur. Et encore ne donne-t-on pas à ce dernier toujours de quoi manger. L'ouvrier parcellaire n'a pas plus de droits sur la production, que n'en ont sur cette même production la machine, le métier et l'outil simple. Je dirai même que ses droits sont moindres, car la machine et l'outil, en tant que capital. ont quelques droits que s'arroge le capitaliste. A la fin de sa journée, l'ouvrier touche ce qui lui est nécessaire pour réparer ses forces brisées. Au lieu d'huile, on lui donne un salaire qu'il transforme en pain. . . . .

Quand la machine et l'outil ne valent plus rien, on les réforme ; quand l'ouvrier ne produit plus assez, on le remercie. L'industriel ne s'embarrasse pas plus d'ouvriers qui ne peuvent plus travailler, que de machines et de métiers qui ne fonctionnent plus.

Chaque chose ici-bas a son temps ; il en est de même des hommes. Or, dans l'atelier, aussi bien pour le travailleur parcellaire que pour l'outil, il n'y a qu'une porte de sortie pour tous ceux qui ne peuvent plus servir à rien : c'est la réforme. Peut-on trouver une analogie plus frappante entre l'outil et l'ouvrier parcellaire de l'atelier et de la fabrique ?

En outre, la considération qui guide le patron dans le choix de ses ouvriers n'est-elle pas la même que celle qui le guide dans le choix de ses machines, métiers, appareils, etc., etc. ? A valeur égale, ne préfère-t-il pas une machine de la force de 50 chevaux à celle de la force de 40 ; un métier perfectionné à un métier primitif, un outil dont l'acier est bien trempé, à un outil dont le fer présente des paillures ? A salaires égaux, ne préfère-t-il pas un ouvrier qui produira le double d'un autre ? Dès l'instant que son seul mobile est l'accumulation du capital par l'augmentation de la production, il choisira toujours pour arriver plus rapidement au but, la machine et le travailleur qui produiront le plus. Il exploite la force de l'homme, comme il exploite celle de la vapeur, celle du métier, celle de l'outil. Cette exploitation, à laquelle l'introduction de la loi de division dans le travail n'est pas étrangère, est arrivée aujourd'hui aux dernières limites du supportable.

La force de l'homme n'est plus qu'une marchandise que chacun cherche à payer le moins cher possible. Comme la marchandise ordinaire, cette force qui est un des éléments principaux de la production, subit, quant à sa valeur marchande, toutes sortes de variations. Aujourd'hui la hausse, demain la baisse. Elle est soumise à toutes les influences de la concurrence, de sorte que l'homme qui en est le possesseur est obligé d'obéir à tous les caprices, à toutes les fantaisies, à toutes les volontés de l'exploitation capitaliste.

Quel qu'il soit, le travailleur parcellaire est toujours coté à un taux bien inférieur à la valeur réelle de la force productrice qu'il peut donner. C'est un outil, une machine qui donne sa force en échange du combustible indispensable à sa production du lendemain. Et cela se répète tous les jours de l'année, à l'exception des dimanches, de sorte que, après 20 ou 30 ans de travail, l'ouvrier parcellaire, que l'on met à la réforme, se trouve en partant possesseur du gain de sa dernière journée, juste ce qu'il lui faut pour se nourrir le soir, lui et les siens. Le patron s'inquiète peu du lendemain du travailleur chassé. L'outil ne valait plus rien, il l'a remplacé. Qui osera le blâmer dans notre société, où l'exploitation de l'homme par l'homme est devenue la loi du travail?

Ah ! j'entends tous les patrons et capitalistes s'écrier en chœur : « Mais de quoi se mêle donc cette espèce de » trouble-fête? Ne peut-il laisser les ouvriers à leur » travail, et les patrons à leurs affaires, sans souffler » sur l'atelier un vent de haine et de révolte? Est-ce » que nous allons chercher les ouvriers? Ne viennent- » ils pas nous offrir eux-mêmes leurs bras, et lorsqu'ils » entrent à l'atelier, ne connaissent-ils pas d'avance les » exigences de la discipline, et les conditions de leur » salaire? Est-ce que nous leur cachons quelque chose? » C'est vrai, messieurs les capitalistes. Les ouvriers savent tout cela. Ils n'ignorent rien de vos conditions, de vos exigences, de votre exploitation, de votre tyrannie, et malgré cela ils acceptent volontairement l'esclavage que vous leur offrez. Mais, au fond, êtes-vous bien certains que tous ces ouvriers qui, par leurs grèves successives et presque permanentes, sont le tourment de votre tranquillité, ne sont pas contraints par la nécessité et par la misère lorsqu'ils acceptent sans discussion l'esclavage que leur imposent les règlements de la fabrique?

Vous n'allez pas les chercher, dites-vous. C'est vrai. Mais faut-il donc qu'ils meurent de faim ? . . . .

Vous savez bien que l'homme, quelque misérable qu'il soit, tient encore trop à la vie pour ne pas accepter le morceau de pain qu'on lui offre en échange de son travail. Lorsqu'il manque du nécessaire, que lui importe d'être une bête de somme, une machine, un outil, pourvu qu'il vive ? Les ressources de la charité publique répugnent à beaucoup, et vous n'ignorez pas que des milliers de travailleurs préfèrent être exploités que d'être obligés d'aller, de ville en ville, tendre la main.

Sous l'écorce rude de cette machine productrice, il y a quelque chose de noble que vous exploitez encore : c'est la dignité. *Pourtant, je croyais que le Christ avait passé sa vie au milieu des pauvres, et les avait, en quelque sorte, sanctifiés.*

CHAPITRE XIV

DIVISION DU TRAVAIL

III

Que si la production a trouvé dans la division du travail sa véritable voie progressive, c'est aux dépens du travailleur parcellaire auquel on n'a pas songé.

La division du travail a marqué dans l'histoire économique de la production un progrès réel qui s'est traduit, pratiquement, par une augmentation considérable du chiffre produit, par un perfectionnement successif et constant des produits de la production, et par le bon marché de ces produits. En effet, c'est une chose admise par tous que la loi de division a eu pour résultat une augmentation de la production.

Aussi les économistes classiques qui ont écrit de gros livres sur le travail n'ont pas manqué d'exalter les avantages de la loi de division, en passant rapidement sur ses inconvénients. J.-B. Say, lui-même, n'a pas échappé à cet entraînement général. A son point de vue, les avantages de la division du travail compensent largement ses inconvénients, de sorte qu'on aurait tort de se plaindre des inégalités sociales qu'elle a créées dans le travail et dans la société. Tous ces optimistes de l'organisation actuelle du travail s'étendent sur les bienfaits résultant de cette division excessive du travail. Ils font des comparaisons, posent même des chiffres, et peu s'en faut qu'ils ne disent que la loi de division est la cheville ouvrière et la sauvegarde de la production. Ils n'ont pas de termes assez élogieux pour les innombrables avantages de cette grande réforme économique: augmentation de la production, perfectionnement des produits, facilité de la concurrence, bon marché, débouchés plus nombreux et plus faciles, etc., etc.; mais ils glissent en quelque sorte sur les monstruosités sociales auxquelles elle a donné naissance par suite d'une fausse organisation.

Qu'importe que le travailleur perde, pourvu que le capital profite!

Est-ce que le capital n'est pas la richesse du pays? L'œuvre du progrès est donc de l'assurer, de l'augmenter, sans souci de ceux qu'il écrase en passant. Du reste, il est admis que les petits doivent trouver leur compte dans le perfectionnement du travail collectif par la loi de division. En économie sociale, bourgeoisement parlant, cela doit suffire. . . . .

Mais si la loi de division a favorisé l'extension industrielle et commerciale en augmentant, en multipliant les produits; si elle a élevé le chiffre du capital, il faut bien dire aussi que ceux qui l'ont introduite dans le travail se sont bien gardés de chercher dans les résultats à venir, quels seraient les véritables bénéficiaires de cette multiplication des produits, de cette augmentation du capital. . . . .

Puisque la division du travail avait pour résultat l'augmentation de la richesse générale par suite même du perfectionnement du travail divisé, parcellé, et par un accroissement successif de la production, il est certain que, logiquement, l'effet produit devait être général, collectif; c'est-à-dire que le progrès apporté dans le travail ainsi réformé devait avoir pour manifestation pratique des bénéfices profitant à tous, ou du moins à la généralité des producteurs. Lorsqu'une réforme porte sur des choses d'un intérêt général, ou, pour mieux dire, sur des nécessités, comme le travail par exemple, il me semble impossible que cette réforme se traduise seulement par des faits d'exception. Que penseriez-vous d'un législateur qui proposerait au pays une loi d'intérêt général, et qui l'édicterait ensuite de manière à ce que tout le bénéfice en fût pour lui?

La division du travail se trouve exactement dans ce cas. Les capitalistes, les industriels, les patrons l'annoncèrent, non comme un nouveau Messie, mais comme une réforme immense qui, en transformant le travail, augmentant la production, accroissant le capital, devait, sans aucun doute, profiter au bien-être de la collectivité tout entière. Le grand but de la division du travail était l'augmentation de la richesse générale. En théorie, tout cela parut parfait; mais voilà que dans l'application du principe, tout change, tout se transforme, et que la réforme d'intérêt général, apportée par la loi de division, devient, sans transition aucune, une réforme d'exception pratiquement faite pour le compte de quelques-uns. L'effet produit, au lieu de rester simple, devient multiple. Ce n'est plus la richesse générale qui apparaît considérablement augmentée et consolidée; c'est quelques facilités d'existence insignifiantes pour la totalité des êtres humains, une nouvelle source d'accumulation pour le capitaliste, la misère pour le travailleur parcellaire, qui sortent maintenant des profondeurs mystérieuses de la loi de division.

A dire vrai, la division du travail a augmenté la production dans de telles proportions que celle-ci peut non seulement faire face à tous les débouchés que la civilisation et l'activité humaine ont ouverts; mais qu'à de certaines périodes de crise, elle se trouve dans l'impossibilité d'écouler ses produits. Affaire de peu d'importance qui se traduit toujours par de longs chômages, et d'effrayantes misères.

Mais si la division introduite dans le travail a augmenté la production et étendu la circulation, il s'agit de savoir à qui profite cette production immense et cette grande circulation. Le travailleur parcellaire d'aujourd'hui, quel que soit le mode de salaire qui le fait vivre, est aussi pauvre, sinon plus, que l'était, dans le vieux temps, l'ouvrier des jurandes et des maîtrises. Où passe donc alors ce surplus de la production, lorsque par l'échange il se transforme en monnaie? Si l'ouvrier parcellaire qui concourt à cette augmentation de la production n'en bénéficie pas dans une large mesure, ou s'il n'en bénéficie que par les quelques facilités d'existence que lui apporte, à de rares intervalles, la guerre impitoyable de la concurrence, il faut donc que ce surplus soit absorbé par une classe différente de la sienne, et qui se croit plus importante, plus nécessaire, plus indispensable, parce qu'elle apporte son capital à la production. Cette classe, sorte d'éponge jamais pleine, c'est la classe capitaliste, la classe industrielle, la classe spéculatrice. C'est à cette classe que la division du travail profite, car c'est elle qui, après avoir monopolisé la production, capitalise le numéraire. Qu'elle le capitalise sous forme d'exploitation, ou sous forme de vol, la propriété qui en est le but final est toujours un vol fait à la collectivité. Ces grandes et riches maisons particulières, ces grandes fabriques, ces terres fécondes qui font la richesse de la France sont autant de morceaux de pain enlevés à l'existence du pauvre. Quelle énormité sociale que cette richesse d'un pays bâtie sur la misère d'un certain nombre !

Non ! je n'ai jamais vu d'espèce plus laide, plus vile, plus bestiale, plus féroce que l'espèce humaine. Et c'est celle-là que des exploiteurs d'un autre genre ont faite à l'image de Dieu !

Qu'on vienne me reprocher après cela de douter de la bonne foi et de la conscience des hommes !

Chose étrange, aujourd'hui on se trouve en présence de ce fait : l'ouvrier parcellaire, tout en produisant plus, gagne moins, et se voit toujours de plus en plus pauvre. Pourquoi ? Parce que, la loi de division ayant été introduite dans le travail sans que l'on eût préalablement défini les droits du patron et des ouvriers sur la production, là où il y eut progrès, perfectionnement, augmentation en tout ce qui concerne la production, il y eut en même temps une cause de misère pour le producteur. Autant la production a gagné à la transformation du travail par la loi de division, autant le travailleur a perdu à cette transformation, aussi bien au point de vue matériel, qu'au point de vue intellectuel et moral. Toute cette richesse, tout cet art, tout ce perfectionnement, apportés à la production par cette fameuse loi économique, se sont transformés pour lui en une servitude accablante et honteuse, en une sorte d'inintelligence acquise, masquée par une habileté routinière, conséquence même de cette inintelligence, en une misère dont lui seul connaît les luttes et les souffrances. Cette immense réforme a été pour lui un retour en arrière. Et cela devait être puisque dans ce changement économique les réformateurs ont négligé le travail et le producteur, pour ne songer qu'au capital et au capitaliste. . . . .

Produire beaucoup avec le moins de perte de temps possible, et sans que l'on soit obligé d'augmenter le prix de la marchandise : tel est le double but de la division du travail.

Pour cela que faut-il? Des ouvriers qui fonctionnent comme des machines, et coûtent peu.

Ah ! ce n'est pas difficile de produire, et de produire beaucoup avec une pareille organisation du travail. Personne n'ignore ce que sont les ouvriers des ateliers. Le travail fond entre leurs mains, et les produits s'entassent en peu de temps devant eux. D'ailleurs les exigences des patrons ne souffrent pas qu'on flâne à l'atelier. Il faut produire, produire quand même, car, lorsque la machine animale se détraque ou s'arrête, on la réforme pour la remplacer par une meilleure.

Que l'ouvrier soit aux pièces ou au temps, son salaire ne varie guère. La pièce est cotée à un prix si minime que le total de la journée du travailleur aux pièces ne dépasse que de quelques centimes le total de la journée du salarié au temps. C'est encore la production qui bénéficie, car le travailleur y trouve à peine le prix de son tabac. Encore faut-il qu'il dépasse de beaucoup la limite normale que la nature assigne à la journée de travail.

Le travailleur parcellaire, quel que soit son salaire, se trouve toujours écrasé par le chiffre de sa production. C'est surtout à l'atelier, où la division du travail est la loi, que le travailleur se trouve dans la complète impossibilité de racheter son travail avec son salaire. Vous allez me comprendre.

On exige que l'ouvrier parcellaire produise plus, et le surplus de sa production, qui se traduit pour l'industriel par des milliers de francs, augmente à peine son salaire de quelques centimes. Quand il produisait 50, il touchait 2 fr. 50; aujourd'hui qu'il produit 100, il touche 2 fr. 75. La production a doublé; mais le salaire de l'ouvrier n'a pas augmenté d'un dixième. Pour 0 fr. 25 ou 0 fr. 50 de plus par jour, on a créé une force productrice double; mais on a surmené et annihilé l'homme en l'abrutissant. Il est vrai qu'il a pour compensation le bon marché de la concurrence. Imbéciles !!!

Si on a essayé d'améliorer la situation du travailleur, au moyen de quelques palliatifs impuissants, le principe est resté le même.

En effet, les quelques correctifs que l'on a imaginés pouvaient-ils avoir des résultats sérieux sur une organisation qui péchait par les bases mêmes? Augmentation des salaires; liberté plus grande des ouvriers; autorisation des chambres syndicales; instruction plus répandue, et donnée gratuitement; rien de tout cela n'a abouti. Le travailleur parcellaire lutte toujours, et en vain, contre son terrible ennemi : le capital. Son salaire qui doit le sauver de la misère, et lui préparer le chemin de la propriété, tombe à néant en face de l'accumulation capitaliste. Cette liberté plus grande des ouvriers n'existe que dans la rue, car dans l'atelier elle devient une servitude; ces chambres syndicales d'ouvriers sont sans force, et ne peuvent lutter avec avantages contre les chambres syndicales des patrons; cette instruction plus répandue, et donnée gratuitement, se perd à l'atelier, où l'ouvrier sacrifie son intelligence à une manipulation plus routinière et plus expéditive. La division du travail a tout donné à la production, de sorte qu'il n'est rien resté au producteur. Les grèves que celui-ci a faites n'ont servi qu'à lui montrer son impuissance. Aujourd'hui il semble subir son sort, croyant sans doute qu'il ne lui reste plus rien à faire pour l'améliorer.

Cependant, je ne suppose pas que le travailleur parcellaire consente, après avoir accepté par force la situation sociale que lui a créée dans notre société la division du travail, à rester éternellement la machine de la production, sans chercher à préparer par des efforts continuels, sinon son émancipation prochaine, du moins celle des travailleurs à venir. Dans cette grande lutte que la nature a imposée à l'homme pour son existence, il ne faut pas seulement penser au présent, il faut encore envisager l'avenir. En travaillant pour les autres, on travaille pour soi. Jamais le présent n'a engagé l'avenir, et je ne sache pas que des réformes qui paraissent impossibles aujourd'hui, ne soient pas possibles plus tard. Notre égoïsme ne doit pas descendre jusqu'à exiger que ceux qui doivent nous remplacer et nous continuer, vivent au milieu des mêmes imperfections sociales.

Quoi qu'on en dise, les générations ne se succèdent pas ; elles se continuent, et la transition est si insensible qu'elle passe inaperçue. Donc, lors même que les prolétaires actuels, travailleurs parcellaires de l'atelier et de la fabrique, seraient persuadés qu'ils mourront tous avant l'accomplissement de la grande œuvre d'émancipation commencée depuis si longtemps, il ne faut pas qu'ils se découragent. Il faut qu'ils luttent sans cesse, car, s'ils ne font rien, personne ne fera rien après eux. Puisqu'ils savent que la roture est héréditaire, qu'ils n'oublient pas que leurs fils sont là qui attendent, prêts à leur demander ce qu'ils ont fait pour leur éviter ce cadeau infamant de l'hérédité. . . . .

La question sociale est-elle donc si difficile que ceux-là mêmes qui ont essayé d'en dégager la philosophie n'osent en chercher les applications ?

Consultez le travailleur, Messieurs les économistes ; il vous donnera lui-même les équations que vous cherchez depuis si longtemps. Ouvrier de l'atelier, prolétaire, salarié, déclassé, il connaît sa situation et ses besoins mieux que personne, et il n'hésitera pas à vous dire qu'il n'est pas ce qu'il devrait être.

Que de promesses ne lui a-t-on pas faites?. . . .

Il attend encore ce qu'on lui a promis, tout en restant l'ouvrier paisible, la machine passive et inoffensive de cette production qui devait, presque instantanément, l'élever de plusieurs degrés dans l'échelle sociale. Mais il y a si longtemps que tout marche bien avec le principe de division pour règle, qu'il serait peut-être grave de changer les rouages du mécanisme, ou de transformer son mode de fonctionnement. Dès le début même, on ne s'est pas inquiété du travailleur, cette quantité négligeable; et, comme la production ne s'est pas ressentie de cet oubli volontaire, et de maigre importance, le capitaliste se demande pour quelles raisons non fondées on ne continuerait pas à danser sur le même pied. Lorsque la musique est bonne, la danse va toujours. . . . .

Avec des ouvriers qui n'ont dans leur sac que ce qu'ils appellent les ficelles du métier, on fait plus d'ouvrage à l'atelier qu'avec des ouvriers intelligents, émancipés, et raisonnant sur la chose. Dans le monde industriel, on en est arrivé à préférer le travail de la machine animale à celui de l'intelligence. Affaire de siècle ! ! . . . .

Moyennant les frais d'entretien de la machine, les industriels ont monopolisé la production, tout en la triplant. Or je ne sache pas qu'ils soient disposés à abandonner aujourd'hui cet avantageux monopole.

Donc la loi de division est parfaite, et, à ceux qui protesteront, ils répondront par des chiffres éloquents. Ces chiffres sont toute leur force, car ceux qui ne savent pas s'inclineront toujours lorsqu'on leur prouvera par A + B que la loi de division a augmenté la production, forcé les hommes à se créer des débouchés nouveaux, consolidé le capital, assuré des bases plus fortes à l'État, répandu partout des produits nombreux et variés, ouvert enfin à l'industrie et au commerce la véritable route du progrès.

Que ceux-là apprennent donc par ma voix que ce progrès tant vanté, tant exalté, tout en jetant de l'or partout, a laissé derrière lui une plaie sociale qui restera la honte éternelle de la loi de division, telle qu'elle a été introduite dans le travail. Cette plaie sociale, c'est la misère dans laquelle elle a plongé le travailleur parcellaire ; c'est l'abrutissement auquel elle l'a conduit. Et tout cela parce que, si la loi de division a ouvert une nouvelle route au progrès, c'est aux dépens du travailleur parcellaire, auquel on n'a pas songé.

Longtemps encore ce travailleur-là restera le représentant misérable de cette classe travailleuse qui sème et travaille pour que les autres récoltent, faisant ainsi mentir saint Paul lorsqu'il s'écriait : « *Qui non laboret, nec manducet.* »

CHAPITRE XV

DIVISION DU TRAVAIL

IV

Que la division du travail dans l'atelier, ou dans la manufacture ne peut être logiquement comparée à la division du travail social.

Si l'on peut dire que la division du travail dans la société est l'image de la liberté, on peut dire aussi que la division du travail dans la manufacture est l'image du despotisme. C'est du reste l'idée que Karl Marx a parfaitement exposée dans son livre « *Du Capital* ».

« La division manufacturière du travail, a-t-il dit, » suppose l'autorité absolue du capitaliste sur des » hommes transformés en simples membres d'un mé» canisme qui lui appartient. La division sociale du » travail met en face les uns des autres des produc» teurs indépendants qui ne reconnaissent en fait d'au» torité que celle de la concurrence, d'autre force que » la pression exercée sur eux par leurs intérêts réci» proques, de même que dans le règne animal la » guerre de tous contre tous, *bellum omnium contra* » *omnes*, entretient plus ou moins les conditions d'exi» stence de toutes les espèces. » Bien avant il avait dit dans son livre *Misère de la philosophie :* « L'autorité dans l'atelier et celle dans la société, par rapport à la division du travail, sont en raison inverse l'une de l'autre ».

En effet, le principe d'autorité existe dans toute sa force dans l'atelier où la division du travail est la loi. Il est absolu, c'est-à-dire qu'il est le droit d'un seul : spéculateur, fabricant, société anonyme ou compagnie. Il règne en souverain maître, et tous les travailleurs parcellaires en subissent le joug.

Les conditions et les lois sociales qui règlent la production et la circulation ne s'étendent pas aux producteurs réels : les ouvriers parcellaires de l'atelier.

Comme elles sont intimement liées à la division du travail, elles concernent le spéculateur, le fabricant, la société, la compagnie, qui rentrent dans la division sociale du travail puisqu'ils personnifient, ou représentent, un genre de métier ou une industrie quelconque. Il est vrai que ces patrons, d'espèces différentes, savent les modifier, les exploiter, et en tirer le plus de profits possibles, par la liberté qu'elles leur laissent de diviser, à leur gré, le travail dans l'atelier.

Quand le charron, le serrurier, l'ébéniste, le menuisier, le charpentier règlent le prix de leur travail et de leurs produits sur les lois de la concurrence et sur celles de la division sociale du travail, le travailleur parcellaire au contraire accepte forcément les conditions que lui impose le manufacturier. Il ne compte pas parmi les travailleurs auxquels la division sociale du travail a laissé une certaine liberté que restreint, il est vrai, la concurrence, mais qui leur permet, en même temps, de se croire un peu leurs maîtres.

Il n'y a qu'un représentant de ces travailleurs-là dans l'atelier, c'est le patron, ou la société, ou la compagnie. Ce qui ne veut pas dire que la concurrence que ces capitalistes font aux autres est loyale et désintéressée. Nous en sommes arrivés à croire aujourd'hui qu'il est naturel, juste — sous prétexte de liberté — qu'un homme ou une société qui a de l'argent puisse monopoliser la circulation et l'échange, en produisant à bon marché, et tuer ainsi, par l'extension de son commerce et de son industrie, tous les petits commerçants et tous les petits indnstriels.

C'est toujours l'image du gros mangeant le petit. A poids égal le bronze ne peut rien contre l'argent, et, pour la même raison, l'argent est impuissant contre l'or..... Dans la manufacture, ai-je dit plus haut, il n'y a qu'un représentant de la grande catégorie des travailleurs sociaux ou indépendants : c'est le patron ou la compagnie. Le travailleur parcellaire n'est que l'outil, la machine qu'exploite à son profit le détenteur du capital. Celui-ci, par le seul fait qu'il est attaché à une production unique, particulière, c'est obligé, il est vrai, de subir les lois anodines de la division sociale du travail, et celles un peu plus despotiques de la concurrence ; mais comme il produit pour son compte, c'est à son intelligence, à son génie spéculatif, souvent même à son peu de scrupule, qu'il appartient de régler la circulation et l'échange de ses produits, et de préparer ainsi, dans sa petite sphère d'action, une répartition qui tourne tout entière à son profit. S'il dispose de capitaux immenses, ou d'un crédit illimité ; si sa production, tout en atteignant un chiffre fabuleux, suffit à peine aux débouchés qu'il a su se créer, il fait pour ainsi dire la *loi* à la *loi* de division.

Il fait la baisse, la hausse à volonté. Le plus souvent il baisse ses prix afin d'étendre sa vente, et de tuer, s'il est possible, le concurrent qui débute, ou qui ne possède pas, comme lui, le secret de produire à bon marché, avec des ouvriers qui ne coûtent presque rien. Il exploite les producteurs, et spécule sur les consommateurs. Sa spéculation est un vol, aussi bien dans ses moyens que dans ses résultats, et il ne craint pas la concurrence parce qu'il est assez fort pour en régler la marche.

Maître de la division du travail dans l'atelier, il commande à la division du travail social.

C'est le despotisme qui tue la liberté...........

Mais qu'importe, puisque la production augmente, augmente toujours !.........................

Si le petit cloutier, qui vivait des quelques centaines de clous qu'il faisait à la main dans sa journée, aidé encore par son chien qu'il avait habitué à tourner la roue du soufflet de sa forge, a disparu, chassé de la production indépendante par la fabrication des clous à la mécanique, ce ne sont pas les consommateurs qui se plaindront.

Pour tous ces optimistes de la vie à bon marché, le problème économique réside tout entier dans l'augmentation constante de la production, sans nouveaux frais, et dans le bon marché des produits créés. Ils passeront volontiers sur les moyens employés, si les résultats obtenus suffisent à satisfaire leurs intérêts et leurs appétits.

Et combien de petits industriels, de petits commerçants ont aussi disparu, comme le cloutier à la main, devant la monopolisation de l'industrie et du commerce par de gros capitalistes et de hardis spéculateurs! Quelques naïfs ont voulu lutter. L'histoire des tisserands anglais a enregistré ces luttes des petits contre les grands, et dans lesquelles les petits sont morts de faim.

Autrefois le petit cloutier à la main, protégé par la loi de division sociale du travail, et par les intérêts réciproques de tous les travailleurs indépendants, pouvait vivre libre et content du produit intégral de sa laborieuse journée. C'était le droit que lui donnait la division du travail social: Vivre libre en travaillant. Il échangeait simplement son produit, avec cette différence que la monnaie servait d'intermédiaire à l'échange. Aujourd'hui, il est obligé d'entrer dans des clouteries à la mécanique, où, salarié à la tâche ou au temps, et courbé sur un travail parcellé, il est devenu l'automate de la production, et subit en même temps tous les caprices, toutes les exigences du patron. Il était autrefois indépendant, aujourd'hui il est esclave. Il vit maintenant d'un salaire qui représente à peine le quart du produit de son travail. C'est le droit que lui donne la division du travail dans l'atelier: Être esclave, exploité, volé, en travaillant.

Et tout cela pour diminuer de quelques centimes le prix de la grosse de clous, et procurer d'immenses bénéfices aux patrons et aux actionnaires des sociétés et des compagnies. . . . .

Si la division sociale du travail est née du besoin qu'ont les hommes de travailler pour vivre ; des différents goûts, des diverses aptitudes qu'ont ces hommes pour tel et tel genre de travail ; de la liberté qu'ils ont de choisir le métier qui convient le mieux à leurs aptitudes, la division du travail dans l'atelier est née de l'avidité capitaliste. Il y a donc, entre ces deux divisions du travail, toute la différence qu'il y a entre une chose nécessaire et juste, et une chose accessoire et injuste. Si la première est une nécessité sociale, la seconde est une monstruosité.

Et ce qui le prouve surabondamment, c'est que les travailleurs parcellaires sont recrutés parmi les plus nécessiteux, les plus misérables, ou parmi ceux encore que le hasard a fait naître dans des centres manufacturiers, et jetés, en même temps, dans des familles où, de génération en génération, on se livre au travail de l'atelier ou de la fabrique.

Voyez ce qui se passe en province, dans les petites villes où l'on ne voit pas de ces grandes fabriques, de ces grands ateliers, de ces grandes usines qui occupent des centaines ou des milliers d'ouvriers esclaves. Après avoir reçu une instruction primaire, l'ouvrier entre en apprentissage à l'âge de 15 ou 16 ans. Il choisit lui-même son état, celui qui convient le mieux à sa force physique, à ses goûts, à ses aptitudes. Son apprentissage dure trois ans, quatre ans, souvent plus longtemps, suivant le métier choisi. Mais lorsqu'il quitte son premier patron pour voyager, pour « voir un peu et faire son tour de France », l'ouvrier possède un métier solide, complet, que les années et la pratique perfectionneront sans cesse. Ce métier lui permet de s'établir un jour et de rester toute sa vie dans la catégorie, trop peu nombreuse, des travailleurs indépendants. Ceux qui vont grossir les rangs de cette grande armée de parias, esclaves du travail qui produisent pour le compte des capitalistes, sont les pauvres et les déshérités. Jeunes encore, ils entrent à l'atelier où on leur apprend une fraction de métier qui les place sous l'empire de la loi de division, et en fait des salariés et des producteurs à bon marché. Ils sont la preuve de la contradiction de la division sociale du travail, et de la division du travail dans l'atelier; contradiction qui démontre d'elle-même que ces deux sortes de division du travail s'affirment dans la société comme deux oppositions constantes.

La division sociale laisse à l'homme toute sa liberté, toute son indépendance; elle facilite le libre exercice de toutes ses facultés; lui permet de vivre du produit de son travail, quand une concurrence déloyale faite par de gros spéculateurs ne vient pas lui en voler une partie; lui donne le goût du travail, et en fait un ouvrier intelligent. La division du travail dans l'atelier enlève à l'homme sa liberté, son indépendance; elle l'asservit et le force à subir le joug despotique de patrons avides et insatiables; elle entrave l'exercice de ses facultés intellectuelles et l'abrutit; elle en fait une machine, et l'amène non pas à travailler par goût, mais à travailler pour son salaire.

Le travail indépendant élève l'homme, et le place dans des conditions d'hygiène favorables et absolument nécessaires au développement de ses forces physiques et morales. Le travail parcellé de la fabrique et de l'atelier abaisse l'homme, le place dans des conditions d'hygiène désastreuses, et l'étiole.

Le travail indépendant est social; le travail de l'atelier et de la fabrique est homicide. . . . .

Quant au point de vue purement économique, on peut dire que la division sociale du travail est utile, nécessaire, indispensable à la formation et au maintien de toutes sociétés; tandis que la division du travail dans la fabrique, dans la manufacture, dans l'atelier, n'est utile qu'au capital, et par conséquent s'offre à nous comme un des moyens les plus sûrs de l'accumulation capitaliste. Si la division sociale du travail profite à tous, en facilitant les opérations de l'échange, la division du travail dans l'atelier ne profite qu'à quelques-uns, à ceux qui, en exploitant le travail d'autrui, essaient, par toutes sortes de moyens, de monopoliser la production, la circulation, et par suite de capitaliser le numéraire.

Si l'étude, le raisonnement et la connaissance parfaite de la chose sont les conditions de la division sociale du travail, l'obéissance passive, absolue, la routine, sont celles de la division du travail dans l'atelier. Par la première on peut arriver à la généralisation du travail en le répandant, en le décrétant comme une obligation, comme une nécessité, comme un bien; par la seconde on arrive tout simplement à le restreindre, en l'imposant à une foule de déshérités comme une malédiction, comme un mal.

Ah! je ne trouve pas extraordinaire que les travailleurs parcellaires, les serfs de l'atelier et de la fabrique, considèrent le travail comme un joug pesant qu'ils secoueraient volontiers, si la misère n'avait pas rivé à leurs pieds les chaînes de la servitude. La situation qu'on leur a imposée par la division du travail et par toutes les organisations fantaisistes qu'ont imaginées des économistes-ingénieurs, ou des économistes-fabricants, n'est point faite pour leur faire aimer le travail.

Lorsque le cordonnier indépendant chante gaiement en battant son cuir, l'ouvrier parcellaire est toujours sombre, et toujours prêt à fronder. Il se sait exploité, et gronde sans cesse parce qu'il n'entrevoit pas la fin de cette exploitation. Son travail de chaque jour est une corvée qu'il subit parce qu'il faut qu'il mange. C'est pourquoi il ne connaît du travail que les peines et les dégoûts.

« Le travail, c'est la liberté », disent gaiement ceux qui se reposent. Allez donc le dire aux prolétaires dont le travail est presque la conséquence de leur esclavage!

J'entends souvent dire autour de moi: « Ah! si l'État voulait, si nos gouvernants étaient mis en demeure, etc., etc. », les transformations qui s'imposent depuis longtemps seraient l'œuvre de quelques années.

Je ne vois rien encore dans les hautes sphères gouvernementales qui puisse nous faire compter, même dans un avenir éloigné, sur l'appui de l'Etat, du moins quant à ce qui concerne les réformes sociales à introduire dans le travail et dans les moyens d'existence de chacun.

C'est par la politique qu'on fonde, qu'on établit les gouvernements ; c'est par l'économie sociale qu'on les consacre, qu'on les consolide. Or, nous sommes en pleine période politique, et l'Etat n'a pas le temps de faire de la sociologie.

Dans cet état de choses, il faut donc que le peuple travaille seul à son émancipation. De cette façon, il ne devra rien à personne, et, lorsqu'on demandera à l'histoire qui a émancipé le peuple, celle-ci pourra et devra répondre : Lui, et c'est sa plus grande gloire.

CHAPITRE XVI

DIVISION DU TRAVAIL

V

L'atelier-manufacturier

Je ne dirai que quelques mots de l'atelier-manufacturier, me réservant d'y revenir plus longuement en parlant de la fabrique et du travail à domicile. Comme les ouvriers de l'atelier-manufacturier et ceux de la fabrique sont frères ; comme ils sont tous des travailleurs parcellaires au même titre; comme ils aspirent au même but : leur affranchissement, leur émancipation, je crois qu'il serait injuste de les séparer même dans un livre.

D'ailleurs, ce que je dirai plus tard de la fabrique, quant à tout ce qui concerne le mode d'exploitation, la discipline, l'esclavage des travailleurs, servira de type à la description sociologique de l'atelier-manufacturier.

Aujourd'hui, au point de vue social, l'atelier et la fabrique sont une seule et même chose. Ce que l'on y produit, ce que l'on y fabrique, c'est de l'or pour le spéculateur-fabricant, de la misère pour le travailleur-producteur.

Aussi bien, puis-je les confondre ou les réunir dans un même chapitre. Les travailleurs m'en sauront gré. Puisqu'ils luttent pour la même cause, il est juste qu'ils marchent ensemble.

D'ailleurs, je ne fais pas ici de l'économie politique pour l'école. Si jamais je suis appelé à la professer quelque part, je saurai bien ce qu'il me faudra faire. En attendant, je tiens à éclairer le travailleur sur sa situation actuelle.

Je veux lui apprendre son présent, comme on lui apprend dans sa famille, lorsqu'il est tout petit, son oraison dominicale.

Tel est mon programme. L'école en pensera ce qu'elle voudra, je ne m'en soucie guère, puisque je ne me suis jamais assis sur ses bancs.

J'ai puisé toute ma force dans l'observation et la logique des faits. C'est pourquoi je cherche à me rapprocher le plus possible de la justice, sans m'occuper ni de ce qui a été dit et écrit avant moi, ni de ce que peuvent dire mes contemporains. C'est du reste la seule manière de rester libre et indépendant, tout en restant en paix avec sa conscience. . . . .

CHAPITRE XVII

MACHINES

I

Que l'introduction des machines dans le travail a considérablement agrandi la sphère de l'exploitation humaine, et favorisé l'accumulation capitaliste aux dépens du travailleur parcellaire, dont le travail devenait dès lors moins nécessaire, et dont la journée se trouvait tout à coup transformée par une augmentation excessive dans la durée du surtravail.

Dans notre siècle de progrès le téméraire qui oserait s'élever contre l'introduction des machines dans le travail serait bientôt hué, peut-être étranglé, et exposé ensuite aux gémonies. En effet, l'immense saut mathématique que ces espèces d'hommes-fer ont fait faire à la production doit suffire à convaincre les plus entêtés et à convertir au machinisme les plus incrédules. Nous ne sommes plus au temps où l'on enfermait Papin afin d'étouffer, dans l'œuf même, sa belle découverte. Et puisque les machines sont une des manifestations du génie de l'homme, en même temps qu'elles sont l'œuvre du progrès, personne n'a le droit de contester leur utilité.

Cependant, comme toute médaille a son revers, je vais essayer de démontrer clairement que le progrès apporté aux hommes par les machines s'est accompli tout entier au bénéfice des capitalistes, et aux dépens des travailleurs parcellaires.

Et qu'il soit bien entendu que je n'attaque point ici les machines, et que je ne suspecte en rien leurs inventeurs. Si je m'en prends à ce matériel fonctionnant de la fabrique, c'est pour attaquer son mode d'exploitation, et accuser ceux qui, après en avoir monopolisé la force, en dirigent l'emploi de façon à ce que, d'une manière générale, la machine soit pour le patron et le fabricant un agent de spéculation de leurs ouvriers.

Si la machine, considérée seulement dans ses effets utiles, est sociale, on peut dire, par contre, que considérée dans son mode de fonctionnement, dans son mode d'exploitation, elle est antisociale, et par conséquent destructrice de toute société.

D'abord, qu'est-ce qu'une machine?

Prise dans un sens général, sans abstraction de ses utilités économiques et de ses inconvénients sociaux, la machine peut être définie : Un ensemble de pièces formant un tout mécanique, capable, lorsque la force et le mouvement lui ont été donnés, de se substituer à la force animale, en multipliant sa force mécanique à l'infini, en augmentant la valeur intrinsèque de cette force, tout en diminuant sa valeur extrinsèque, et en faisant par conséquent aux bras une impitoyable concurrence. Je vais expliquer ma définition quant à ce qui concerne la valeur de la force mécanique, me réservant de démontrer dans un chapitre spécial la concurrence que la machine fait aux bras, c'est-à-dire à la force animale.

Dans l'état actuel de l'exploitation industrielle, il est évident que si la machine ne produisait pas à bon marché une force triple, quadruple, quintuple, etc., etc., de la force moyenne d'un travailleur, il ne se trouverait pas un industriel assez sot pour employer dans son exploitation la force mécanique. Produire beaucoup de force, produire cette force à bon marché : tels sont les deux principaux buts économiques de la machine. Vous voyez déjà quelle révolution a dû s'opérer d'emblée dans le travail, lorsque les machines ont fait leur apparition dans le monde industriel. Mais quand, par défaut d'organisation et d'entente entre les fabricants et les travailleurs; quand, par suite de la cupidité des premiers et de l'impuissance des seconds, l'avidité capitaliste a jeté les bases d'une nouvelle exploitation de l'homme par l'homme, en forçant le travailleur à régler la valeur intrinsèque de sa force sur celle peu coûteuse de la machine, quelle dut être alors cette révolution qui, dès le début, s'était montrée immense, presque homicide ?

L'époque qui nous montre la machine comme un outil perfectionné, comme un complément du travailleur, n'a existé que dans les livres d'économie politique. L'atelier n'en connut jamais les effets.

La machine était à peine inventée qu'elle faisait son entrée triomphale dans la fabrique comme une rivale redoutable du travailleur. L'histoire du travail est là du reste pour nous fournir des renseignements.

La lutte entre le travailleur et la machine commence au XVIIe siècle, ce qui montre qu'il y a déjà longtemps que le travailleur lutte contre son « *complément* ». Autrefois, dira-t-on, les ouvriers s'insurgeaient contre les inventeurs, détruisaient les machines que, dans leur ignorance, ils considéraient comme les ennemies de leur travail quotidien ; mais aujourd'hui tout a changé ; les machines sont entrées dans les mœurs, et la lutte paraît terminée.

Non, messieurs les optimistes, la lutte n'est point terminée, car, si les machines sont entrées dans les mœurs, il n'est pas encore entré dans l'esprit des travailleurs que ces machines doivent favoriser l'accumulation capitaliste aux dépens des ouvriers parcellaires. Si aujourd'hui les ouvriers ne brisent plus les machines, c'est parce que « leur ignorance » ne les empêche point de comprendre que ce n'est pas aux machines qu'ils doivent s'adresser, mais bien au système qui, après avoir fait de ces ouvriers les esclaves de la fabrique, veut encore les assimiler aux machines, et faire sur eux-mêmes l'application de ce principe économique : Produire beaucoup avec peu. N'ai-je pas démontré dans un chapitre précédent que le travailleur parcellaire est pour l'industriel un outil absolument identique à la machine, au métier, et à tous les autres outils de la fabrique?. . . . .

Et si cette assimilation « parfaite » entre l'outil et l'ouvrier est devenue une loi de la production dans la fabrique et dans l'atelier, soyez bien persuadés que la machine y a fortement contribué.

Les machines, les métiers, en d'autres termes, tous les mécanismes qui concourent à la production n'ont-ils pas ouvert, de concert avec la fabrique et l'atelier, l'ère fameuse de la division du travail ? Et dès lors que le travail fut divisé, parcellé, le travailleur parcellaire ne devint-il pas, malgré lui sans doute, l'instrument, l'outil, la machine principale de la production? Quand la machine eut commencé son œuvre, il fallut la suivre. Or l'industriel, toujours intelligent en affaires, savait bien que l'ouvrier ne pouvait équilibrer sa force avec celle de la machine qu'autant que cette force serait seulement employée à la production d'une partie d'un produit représentant le vingtième, le trentième, le centième de ce produit. Pour que l'ouvrier pût suivre la machine, il fallait absolument que son travail fût rendu plus facile, plus expéditif. C'est ce qui fut fait, et voilà pourquoi travailleurs et machines ont aujourd'hui tant d'analogie.

En outre, comme ici-bas tout s'enchaîne, aussi bien les avantages que les inconvénients, les conséquences de tant de réformes introduites dans le travail ne tardèrent pas à se produire. Lorsque le travail fut rendu plus facile, plus expéditif par sa division excessive, et par l'emploi des machines, les fabricants cherchèrent des ouvriers, des travailleurs dont la force, tout en donnant les mêmes résultats, fut payée sur le marché un prix inférieur. De là l'entrée dans l'atelier et dans la fabrique des femmes et des enfants; de là l'exploitation du travail du faible.

Pour quiconque fait de l'économie politique pratique

dans le sens du bourgeoisisme industriel, cette entrée de la femme et de l'enfant dans la fabrique doit paraître logique, inattaquable, pour ne pas dire d'une incontestable utilité. La division du travail et la machine rendant la force animale moins nécessaire à la production, l'ouvrier vigoureux, aux muscles développés, devenait moins indispensable, d'un trop grand entretien, et surtout trop exigeant. Il fallut alors chercher à se passer de lui. La machine aidant, la femme faible, aux muscles fragiles, et l'enfant à peine formé, purent facilement le remplacer. C'était bien, à la vérité, une nouvelle exploitation, mais qu'importe! L'innovation fut suivie d'un immense succès, et, dans une période de quelques années, des milliers de femmes et d'enfants devinrent, à l'égal de l'homme, les esclaves de la fabrique et de l'atelier.

Alors, quels effets résultèrent de cette entrée de la femme et des enfants dans la fabrique et dans l'atelier? Le premier effet fut, comme le dit fort judicieusement Karl Marx, « de courber tous les membres de la famille, sans distinction d'âge et de sexe, sous le bâton du capital. » En effet, dès que les femmes et les enfants purent aider à la production manufacturière, grâce aux machines et à la division du travail, l'atelier et la fabrique devinrent des débouchés pour les familles de travailleurs, pour les familles pauvres, pour les familles des prolétaires, pour les familles des déclassés. Quand ce genre d'exploitation fut autorisé par les lois, l'homme y entraîna d'abord sa femme; puis, lorsque les enfants survinrent dans le ménage, il attendit avec impatience que leur âge les eût rendus exploitables pour leur faire prendre à leur tour le chemin de la fabrique.

Ah! c'est qu'il ne faut pas oublier qu'il y a toujours place pour des victimes dans ces grands bâtiments où, du dehors, l'on entend le bruit assourdissant et énervant des métiers; où l'on respire un air empesté; où de grandes cheminées annoncent que l'on y fabrique de l'or pour le patron, en même temps que l'on y entretient la misère pour les travailleurs. Dans les villes manufacturières, les familles de prolétaires furent dès lors condamnées au travail de la fabrique. Les forts furent taxés à 12 et 15 heures par jour; les faibles à 10 heures. Et tous ces exploités ne poussaient aucune plainte en acceptant ces conditions, parce que les salaires de l'homme, de la femme et des enfants, une fois réunis dans la bourse commune, permettaient à la famille de vivre, et de recommencer le lendemain.

Mais quelle existence pour ces déclassés de la société !! Point d'intérieur pour ces parias. Leur ménage est un taudis, puisque la femme en est toujours absente. Point d'ordre dans la maison; point d'ordre dans les affaires. On vit au jour le jour parce que l'on compte sur la fabrique, et parce que personne ne tient le livre des dépenses. Et le total des salaires est si vite absorbé! On se couche toujours le soir en comptant sur le gain du lendemain. Mais si la fabrique vient à manquer; si la maladie force l'homme, et par suite la femme, à garder la maison, par la porte où sortent les enfants pour se rendre à leur travail, entre la misère. Et ce n'est point tout. Les mœurs, la morale, l'éducation, la santé de tous, se ressentent de cette vie toute particulière qui, j'ose le dire, n'est pas une vie normale. Tout cela parce que le travail de force, de mécanique qui devrait être la besogne de l'homme est devenu le partage de la femme et de l'enfant. On sait quelles habitudes les femmes contractent dans les ateliers et dans les fabriques. Ces habitudes qui, sans être criminelles, sont malheureuses, deviennent héréditaires dans la famille. L'enfant les suce pour ainsi dire avec le lait de sa mère, et, lorsqu'il à 14 et 15 ans il va se compléter dans les milieux où la mère s'est faite, ou achevée. Je suis sévère, n'est-ce pas? Tant pis pour le siècle. Je l'accuse lui et toutes les fausses institutions qui lui donneront leur nom. Quant aux instruments du mal, les hommes, s'ils ne sont pas foncièrement méchants et mauvais, ils sont lâches ou voleurs.

Aussi bien je crierai, à la face de tous ceux qui prétendent que tout va bien dans notre monde, que la place de la femme n'est ni à la fabrique, ni à l'atelier, mais au logis. N'en déplaise aux industriels, et à ces faux émancipateurs du peuple qui, sous prétexte de donner à la femme toutes les libertés de l'homme, veulent par contre qu'elle partage ses peines et ses labeurs. Non, la femme n'est point faite pour le travail de l'atelier et de la fabrique, et le siècle des machines qui l'a livrée à l'exploitation des capitalistes portera éternellement cette lourde responsabilité.

Eh ! pourquoi la femme du prolétaire, la femme du déclassé ne resterait-elle pas au logis aussi bien que la femme du bourgeois, aussi bien que la femme de l'aristocrate ? Sa maison ne la réclame-t-elle pas avec autant de nécessité ? S'il y a moins de linge blanc à entretenir, il y a plus d'enfants à raccommoder. Si les repas y sont moins succulents et moins longs à préparer, il ne faut pas oublier qu'il n'y a pas de bonne pour les faire. Tandis que la femme du bourgeois se contente de veiller à l'entretien de sa maison, il faut que la femme du prolétaire l'entretienne elle-même. Alors, des deux, quelle est donc la plus indispensable à sa maison ?

Ah ! si parmi les femmes des prolétaires il s'en trouve de mal élevées, et qui boivent ; s'il s'en trouve qui sont plutôt des hommes que des femmes, comme le disait un certain bourgeois qui considère avec raison que la plus grande qualité de la femme doit être la douceur, à qui la faute, à qui les responsabilités? Que la division du travail et la machine, c'est-à-dire l'atelier et la fabrique, prennent leur part de ces responsabilités ! Quant à l'hygiène et à la santé de ces malheureuses, il y a longtemps déjà que des statistiques effrayantes en ont montré les mauvaises conditions par des chiffres plus effrayants encore sur la mortalité qui frappe leur classe. Quand l'homme vigoureux supporte difficilement le travail énervant et abrutissant de la fabrique, comment veut-on que la femme et l'enfant résistent ?

Je reviendrai d'ailleurs avec plus de détails sur ce sujet en traitant de la fabrique. . . . .

Voilà donc l'introduction des machines dans le travail suivie immédiatement de l'entrée de la femme et de l'enfant dans la fabrique et dans l'atelier. Ce n'est plus seulement l'homme qui offre ses bras, sa force à l'exploitation capitaliste, c'est la famille tout entière. Encore si le fabricant avait pu substituer complètement le travail de la femme et de l'enfant à celui de l'homme, il est évident qu'il l'eût fait sans hésister. Mais il y a dans la fabrique et dans l'atelier des travaux qui ne peuvent être exécutés que par des hommes. C'est pourquoi l'homme s'impose dans le travail de la fabrique, sans qu'aucune force, quelle qu'elle soit, puisse jamais l'en chasser. Mais si le travailleur parcellaire est resté, en dépit de toutes les inventions mécaniques, le pivot de la production, sa stabilité ne l'a pas empêché de ressentir fortement le contrecoup des secousses terribles qui ont révolutionné le travail.

Chacun sait que le fabricant est toujours conséquent avec lui-même et surtout avec ses intérêts.

Or, comme la femme et l'enfant sont entrés à la fabrique et à l'atelier parce que le travail devenu plus facile permettait aux fabricants de les occuper pour un salaire dérisoire, pour la même raison l'homme, s'il voulait continuer à faire partie de la famille des salariés, dut accepter un salaire relativement moins élevé comparé à la somme de travail produit par sa force. Quelques-uns partirent, essayèrent de fronder ; mais ils étaient à peine sortis de l'atelier qu'ils étaient déjà remplacés. C'est alors que l'on vit se produire cette contradiction économique : L'homme arrivant à produire plus, et touchant un salaire moindre.

Augmenter la production de la force en diminuant sa valeur marchande, quel résultat !

Disons tout de suite que, dans la grande industrie, comme dans la petite, on a depuis longtemps assigné une valeur à la force de l'homme. Cette valeur, que l'on cote et marchande comme une marchandise, ne subit d'homme à homme que des écarts insignifiants. Or, je prétends que le principe économique, en vertu duquel on assigne une valeur marchande à la force de l'homme, est un principe faux, car cette force n'a pas de valeur par elle-même. C'est le produit qui résulte de cette force, et le temps employé à sa production, qui doivent donner à cette force sa valeur réelle. Lorsque le travailleur parcellaire reçoit un salaire de 2 fr. 75 à 3 fr. 50 par journée de travail de 12 heures, et que, dans cette journée, il arrive à produire une marchandise dont la valeur industrielle et courante est vingt ou trente fois supérieure à son salaire, pensez-vous que la force productive fournie par cet ouvrier soit suffisamment payée? Dans le monde industriel, c'est affaire d'appréciation, et cependant, malgré les différences d'opinion, le salaire des ouvriers parcellaires est à peu près le même partout, c'est-à-dire dérisoire.

La force du travailleur étant pour ainsi dire cotée à un taux unique, — que cette force soit salariée aux pièces ou au temps — (il est bien entendu que le taux unique dont je parle ici est intimement lié aux divisions de la hiérarchie), il est clair pour tout le monde que le travail de l'ouvrier parcellaire se divise en deux périodes journalières.

Une, et c'est la première, est la période pendant laquelle le travailleur produit pour lui; l'autre, c'est la seconde, est celle pendant laquelle il travaille pour le patron, pour le capitaliste. Jusqu'à concurrence du produit de son salaire, on peut dire que le travailleur parcellaire travaille pour lui. C'est la période de travail ordinaire. Après cela il travaille uniquement pour le capital, et *ce temps*, pendant lequel il ne produit pas pour lui, représente cette période que certains économistes ont appelée, non sans raison, la période de *surtravail.*

Or, toutes les innovations, toutes les réformes qui ont été introduites dans le travail ont eu pour but d'augmenter cette période de surtravail, aux dépens, bien entendu, de la période de travail ordinaire. De toutes ces réformes, de toutes ces innovations, la loi de division et la machine sont, sans contredit, celles qui ont le plus favorisé cette augmentation toujours croissante de la durée du surtravail dans l'atelier et dans la fabrique. Puisque par suite de la division excessive du travail et de l'emploi, dans la production, des machines et des métiers perfectionnés, le travail de l'ouvrier parcellaire est devenu plus facile, plus expéditif, et qu'en même temps son salaire n'a pas été modifié, il vous est facile de comprendre qu'il faut moins de temps à cet ouvrier pour produire, à l'aide de ces métiers et de ces machines, la marchandise dans la valeur de laquelle il doit trouver son salaire, son entretien. Donc le temps pendant lequel il travaillait pour lui a diminué sous l'influence du travail rendu plus expéditif par l'emploi des machines. Par contre, comme la journée de travail n'a pas été diminuée d'une seconde, il s'ensuit que, d'une manière générale, la période pendant laquelle l'ouvrier travaille pour le capital est devenue plus longue. Je vais essayer d'être plus compréhensible en vous mettant un exemple sous les yeux. Supposons que la journée d'un ouvrier soit de 12 heures. L'entretien ou le salaire de cet ouvrier nécessite 6 heures de travail, c'est-à-dire une demi-journée, lorsqu'il n'emploie que des outils simples à la production de sa force. Pendant les 6 premières heures de sa journée il travaille donc pour lui; pendant les 6 autres, il travaille exclusivement pour le capital. Il produit donc pendant ces 6 dernières heures une plus-value dont il ne bénéficie pas. Mais si à côté de cet ouvrier nous en plaçons un second travaillant à l'aide de machines et de métiers perfectionnés, nous verrons immédiatement la période de surtravail l'emporter en durée sur la période de travail ordinaire, ou de travail nécessaire. Au lieu de mettre 6 heures pour produire son salaire, l'ouvrier n'en mettra plus que 5, de sorte qu'en résumant notre exemple nous aurons ceci :

Travail sans machines :

Journée de travail.	12 heures
Travail nécessaire.	6 heures
Surtravail.	6 heures
Total.	12 heures

Travail avec machines :

Journée de travail.	12 heures
Travail nécessaire.	5 heures
Surtravail.	7 heures
Total.	12 heures

Ces chiffres sont loin d'être invariables. La période du travail nécessaire à l'entretien de l'ouvrier peut très bien tomber à 4, même à 3, tandis que celle du surtravail peut monter jusqu'à 8, voire même jusqu'à 9.

Cet effet de la machine et de son mode d'exploitation industrielle est *constant*, avec cette différence cependant qu'il peut se produire quelques oscillations dans les chiffres, mais toujours au désavantage du travailleur parcellaire. . . . .

Maintenant, quelles sont les conséquences de ces changements apportés dans la durée du travail nécessaire, et dans celle du surtravail ? A ce sujet, il ne me reste plus qu'à tirer une conclusion qui sera la démonstration d'un théorème qui, au besoin, pourrait se démontrer par l'absurde.

Puisque l'on est arrivé à l'aide de la machine à augmenter le temps pendant lequel l'ouvrier travaille pour le compte du capital, il est évident, pour quiconque a des yeux pour voir, une intelligence pour étudier et raisonner, un jugement pour tirer des conclusions, que la machine est une des forces de l'accumulation capitaliste.

Et ce n'est pas aux dépens du propriétaire, du rentier, de l'oisif, que se fait cette accumulation ; mais aux dépens du pauvre et du travailleur, qui en sont à la fois les outils et les dupes.

Quand sur 12 heures de travail 7, 8, 9 appartiennent au fabricant, tandis que 5, 4, 3 restent au producteur, il n'est pas difficile de deviner lequel des deux doit capitaliser, du patron ou de l'ouvrier. Puisque le commerce, l'industrie roulent sur une certaine richesse, il est certain que le spéculateur qui saura accaparer pour son compte le plus d'heures de travail arrivera plus rapidement à la possession du capital, que ceux auxquels il aura volé deux ou trois heures de travail de plus par jour. Si la propriété et le capital sont du travail accumulé, il reste à supposer que les capitalistes et les propriétaires n'ont pas gagné leur capital ou leurs propriétés par l'accumulation de leur travail exclusif. . . . .

Mais qu'y pouvons-nous? C'est le siècle du progrès; c'est le siècle de la division du travail: c'est le siècle des machines; c'est le siècle de l'organisation.

Partout on organise, et partout les effets sont désorganisateurs.

Si l'on appelle de l'organisation le travail des femmes et des enfants dans les fabriques et dans les ateliers; si l'on appelle de l'organisation les habitudes qu'ils y contractent, la morale qu'ils en rapportent, la santé qu'ils y laissent; si l'on appelle de l'organisation l'abrutissement dans lequel le travail parcellé et l'exploitation actuelle de la machine plongent le travailleur; si l'on appelle de l'organisation la manière dont le capital est accumulé par les uns aux dépens des autres, nous n'avons plus, nous qui sommes en *retard* ou en *avance* sur notre siècle, qu'à désespérer de l'intelligence et de la bonne foi des hommes.

Mais, quelles que soient la force des préjugés et la puissance de ceux qui s'en servent pour mener à bien leurs affaires, rien au monde ne m'empêchera de protester contre l'exploitation des femmes et des enfants dans les fabriques, et contre l'accumulation du capital par le vol du travail d'autrui. Et, dussé-je passer pour un retardataire, je n'en conserverai pas moins mes idées à ce sujet.

S'il se trouve quelques femmes pour protester contre la campagne que j'entreprends, je dirai qu'il manque quelque chose à ces femmes, et qu'elles ne comprennent pas leur rôle.

Honni soit qui mal y pense.

CHAPITRE XVIII

MACHINES

II

Que, contrairement à ce qui avait été annoncé par les prophètes de l'économie politique, l'introduction des machines dans le travail n'a pas rétabli l'équilibre détruit par la loi de division.

Il est une loi que les hommes ont faite, et qu'ils ont imposée à l'humanité comme la caractéristique du progrès. Cette loi qui s'applique en même temps aux choses et aux hommes peut se résumer ainsi : Toute chose qui succède à une autre dans l'ordre sociologique lui est infiniment supérieure par ce seul fait que, venant après cette chose, elle doit ne pas reproduire ses imperfections. Énoncée comme je viens de le faire, cette loi serait parfaite si son application était la mise en pratique rigoureuse de la théorie. Mais, comme la perfection n'est pas de ce monde, on accepte très bien, sur cette terre mystérieuse, que les effets de cette loi soient relatifs, et qu'il y ait, quelquefois, souvent même, de curieuses exceptions.

Les machines, venant rétablir l'équilibre détruit par la loi de division, et continuant les errements de cette loi, nous offrent un des plus beaux exemples de ce genre d'exceptions.

Quand on se reporte au temps où dans la manufacture 10 hommes, travaillant 12 heures par jour, fabriquaient ensemble 48,000 épingles, et qu'on rapproche cette époque de la nôtre plus perfectionnée, plus civilisée où une machine fabrique à elle seule plus de 150,000 épingles par jour, on est presque forcé de s'incliner devant les faits, et de faire chorus avec tous ceux qui prétendent que la machine a pallié les inconvénients de la loi de division, en plaçant sous la puissance d'un mécanisme et sous celle d'un seul ouvrier le travail qui exigeait autrefois la force de 10, 15, 20 ouvriers. Dès lors, il faut admettre avec l'école que la division du travail, la coopération, la manufacture, le métier, l'outil ont disparu devant la machine, le messie qu'attendaient, avec tant d'impatience, l'industrie et surtout les industriels. Démontrer le contraire à des ouviers serait puéril. Les travailleurs des ateliers et des fabriques n'ont qu'à communiquer entre eux pour savoir que, si quelques-uns ont été soustraits par la machine à l'influence de la loi de division, beaucoup d'autres ont été courbés par cette même machine sous le joug de cette même loi. Je ne chercherai donc pas à savoir si le métier à la main et l'outil simple, qui avaient autrefois le monopole de la division du travail, l'ont conservé en dépit des inventions mécaniques. C'est une chose admise par tous que dans la petite industrie, dans le travail à domicile, dans les ateliers où les produits se fabriquent encore à l'aide de métiers à la main, la division du travail est la loi de la production. Mais puisque nous sommes dans le siècle des machines — siècle de progrès, siècle d'affranchissement — je vais simplement démontrer que la loi de division est encore la règle du travail dans la fabrique où tout se fait à l'aide de mécanismes plus ou moins perfectionnés, et par la force de l'eau et de la vapeur; dans les ateliers où la production est l'œuvre combinée de l'homme et d'une machine-outil mise en mouvement par une machine principale; dans tous les établissements enfin où la machine travaille et concourt à la production.

Qu'il s'agisse de machines à vapeur ou de machines-outils, ces machines, quelle que soit la perfection de leur mécanisme deviennent inutiles, nulles, si des ouvriers, manœuvres ou automates ne se trouvent là pour les mettre en mouvement, pour régler leur force et utiliser leur mécanisme. Or, c'est précisément dans les moyens employés pour mettre ces machines en mouvement, pour régler leur force et utiliser leur mécanisme, qu'on retrouve dans toute sa puissance productrice l'indéfectible loi de division. Et là encore, quels sont les manœuvres, les automates du travail parcellé? L'homme, la femme et l'enfant. Je passe tous les jours devant un vaste atelier de bonneterie où les métiers sont mis en mouvement par une machine à vapeur. Ces métiers sont d'un mécanisme si perfectionné que le rôle des ouvriers qui y sont attachés est pour ainsi dire un rôle de conducteur surveillant. Ce qui ne veut pas dire que tous les ouvriers de la fabrique pourraient remplir indistinctement ce double rôle. Ici encore les spécialités, les divisions ne manquent pas, car chaque jour je vois s'étaler sur les murs de la fabrique de grandes pancartes sur lesquelles on lit : On demande des ouvriers pour bonneterie circulaire, pour bonneterie rectiligne, pour métiers anglais, américains, hollandais; on demande des ouvriers certisseurs, rebrousseurs, rabatteurs; on demande des couseuses, etc., etc. Ce sont des variations à l'infini. On se perdrait dans ce vocabulaire rempli de noms baroques, au moyen desquels on caractérise et définit la tâche spéciale de l'ouvrier bonnetier, même dans la bonneterie à la mécanique. Et tous ces ouvriers fileurs, rebrousseurs, rabatteurs, certisseurs, sont impuissants, en face de l'objet à fabriquer, de la marchandise à créer, si le chauffeur et le mécanicien de la machine principale ne sont à leur poste pour transmettre au métier la force et le mouvement. En outre, en dehors du personnel de la fabrique qui comprend des ingénieurs, des contremaîtres, des surveillants, on rencontre encore dans ces vastes établissements mécaniques des manœuvres spéciaux, ordinairement des enfants, chargés des corvées et des ouvrages faciles ; des mécaniciens spéciaux pour la réparation des métiers, etc., etc. C'est toute une armée de travailleurs que l'on rencontre dans les ateliers et dans les fabriques: armée courbée sous le joug du despotisme du fabricant, ou du conseil d'administration, soumise à toutes les règles de la hiérarchie, à toutes les exigences de la discipline ; travaillant et produisant d'après le principe de la division du travail, principe qui se tourne toujours contre elle ; sans puissance contre ses maîtres parce qu'elle ne dispose pas du principal nerf de la force, le capital, et parce qu'il faut qu'elle travaille pour vivre.

On m'opposera que le travail parcellé de la fabrique ne ressemble en rien au travail parcellé de la manufacture d'autrefois. A la vérité, le principe de la division du travail a été quelque peu modifié à la fabrique ; mais toute la modification a porté sur la forme ; le fond est resté le même. Aussi l'accumulation capitaliste a-t-elle trouvé largement son compte dans cette réforme qu'elle peut appeler : le perfectionnement de la division du travail par le machinisme.

Autrefois, dans la manufacture, chaque outil exigeait un ouvrier spécial chargé du maniement de cet outil. Aujourd'hui, dans l'atelier et dans la fabrique, chaque métier et chaque machine-outil exigent des ouvriers spéciaux chargés de régler, de tourner, de surveiller leur mécanisme. Il me semble alors que jusqu'à présent le principe de la division est à peu près intact, si ce n'est cependant que ce principe étend aujourd'hui ses divisions sur un nombre moins considérable de têtes, et qu'il porte sur des outils qui font plus de travail en moins de temps. L'ouvrier spécial, attaché à une machine-outil spéciale, remplit les fonctions d'ouvrier principal. Quelquefois il suffit au mécanisme de sa machine ; mais le plus souvent il lui faut la collaboration, ou plutôt l'aide, de plusieurs autres ouvriers ayant chacun des attributions spéciales. Le nombre de ces aides varie de deux à trois, comme dans le tissage. Il y a des machines-outils qui en exigent un plus grand nombre. Je pourrais multiplier les exemples à l'infini en m'adressant encore au mode d'exploitation des machines dans les filatures, dans les fabriques où l'on tisse les étoffes de laine, de flanelle; dans les usines où l'on travaille les métaux, où l'on construit les machines, où l'on fabrique les produits chimiques, les bougies, etc., etc. Descendons dans les mines, nous y retrouverons encore et toujours la loi de division maîtresse souveraine du travail.

Partout ce grand principe du travail divisé, parcellé, fait la loi. Dans la manufacture, dans le travail à domicile, dans la fabrique, dans la petite et dans la grande industrie, l'ouvrier est toujours un travailleur parcellaire. Proudhon, dans les attaques si curieuses qu'il a dirigées contre l'exploitation des machines, sans avoir fait ressortir le fait dont je parle ici, n'a jamais dit que les machines s'étaient introduites dans le travail comme des palliatifs souverains de la loi de division. Quant à Karl Marx, il a traduit toute sa pensée par cette phrase significative: « La spécialité qui consistait à manier » pendant toute sa vie un outil parcellaire devient la » spécialité de servir sa vie durant une machine par» cellaire. On abuse du mécanisme pour transformer » l'ouvrier dès sa plus tendre enfance en parcelle d'une » machine qui fait elle-même partie d'une autre. » Cela revient à dire que si l'ouvrier des manufactures et des fabriques actuelles ne manie plus, comme autrefois, un outil parcellaire, il n'en est pas moins exclusivement attaché à une machine parcellaire. Si la spécialisation de l'outil, qu'il soit un outil simple ou une machine, et celle du travailleur, qu'il soit un homme, une femme ou un enfant, impliquent la spécialisation du travail, je ne vois pas, quant au fond, qu'il y ait une bien grande différence entre la division du travail de la période manufacturière proprement dite, et la division du travail de notre industrie actuelle. Du reste, les travailleurs sont fixés à ce sujet; aussi suis-je persuadé que les critiques qui me seront adressées ne viendront pas d'eux, mais de leurs patrons.

Si la machine s'est introduite dans le travail en opposition à la loi de division, on a le droit de se demander pourquoi, dans les fabriques où tout se fait à l'aide de machines perfectionnées, les fabricants ont encore recours au travail des ouvriers en chambre, des ouvriers à domicile, auxquels cette loi de division fournit des outils, des métiers parcellaires. Dans ce genre d'exploitation, la loi de division est-elle intacte? Nous reviendrons sur ce sujet en parlant du travail à domicile.

Partant de ce fait, que la division du travail est encore la règle de la production mécanique, on peut se demander encore si la machine, venant rétablir l'équilibre de la loi de division, a fait disparaître les conséquences monstrueuses de cette loi contemporaine de la période manufacturière. Si l'on ne consultait que les chiffres qui nous sont apportés par les industriels, et si l'on plaçait en première ligne l'avis de tous les capitalistes, fabricants et patrons de France et du monde entier, le oui traditionnel de l'école sortirait tout pompeux de toutes les bouches intéressées.

Malheureusement pour l'optimisme du siècle, il y a les pauvres, les déclassés, les travailleurs parcellaires, que l'on ne peut pas museler. Et tout petits, tout faibles qu'ils sont, pas un ne laissera l'équivoque et le mensonge trancher des questions sur lesquelles les prolétaires devraient être les premiers consultés. Au oui de la finance et de l'école, ils opposeront le non de leur misère et de leur état intellectuel et moral..........

C'est alors qu'il faudra s'incliner devant les faits, en dépit même de toutes les innovations conservatrices imposées : les chambres syndicales, les caisses de retraites, les lois sur l'enfance abandonnée, les orphelinats, l'instruction obligatoire, etc., etc. Quoi qu'on fasse, si le monde capitaliste reste encore le maître de la production, de la circulation et de l'échange, l'atelier et la fabrique seront toujours une source de richesses pour les uns, une source d'ignorance et de misère pour les autres.

La loi de division pure et simple avait fait du travailleur une machine, tout en lui laissant cependant jusqu'à un certain point son rôle d'artisan ; la loi de division perfectionnée par la machine en fit un manœuvre, un automate dans la véritable acception du mot.

Dans la fabrique, le travail n'est pas raisonné. Malgré toutes les inventions mécaniques ayant pour but de centraliser le travail, autrefois trop divisé, le travailleur parcellaire reste l'outil, la machine de la production. Machine sans raisonnement, fonctionnant automatiquement, impuissante par elle-même, et ne pouvant fonctionner qu'autant qu'une machine plus forte aura donné le signal du travail. L'intelligence de l'ouvrier s'efface devant le génie inventif des chercheurs et des perfectionneurs, et devant la puissance prodigieuse des machines. Le travail est décidé, raisonné par quelques-uns; les autres, de concert avec les machines, l'exécutent. C'est la reproduction de ce qui se passait autrefois dans la manufacture, de sorte qu'aujourd'hui la rétrogradation intellectuelle de l'ouvrier a pour causes, dans l'atelier et dans la fabrique, la loi de division et le mode d'exploitation de la machine, c'est-à-dire le machinisme. Ces deux causes, marchant de front, et opérant en même temps, ont pour but de diviser le travail et de le rendre plus facile et plus expéditif afin de produire plus. Toujours l'éternel principe de l'accumulation capitaliste: Produire beaucoup avec peu, c'est-à-dire avec des ouvriers qui ne coûtent presque rien. Et pour cela il ne fallait pas que la machine mît à la porte de la fabrique la loi de division, son ancienne, et par ce, respectable.

Quand une nation n'a plus le respect des vieilles choses: traditions, errements ou erreurs, c'est un signe qu'elle s'en va, a dit je ne sais plus quel naïf qui collectionnait sans doute des antiquités parce qu'il était vieux lui-même. Le monde industriel doit être plus fort que jamais, car jamais il n'a eu autant de respect pour les vieux moyens et les vieux procédés qui lui rapportent. Aussi, comme notre industrie marche! Elle entasse produits sur produits sans souci de savoir si cette surproduction, qui ne s'écoule pas, ne se traduira pas dans l'avenir par un chômage qui tuera bien des travailleurs. Et encore, avec cela, elle est incapable de lutter contre la concurrence étrangère. L'État, les producteurs-spéculateurs, les capitalistes, les imbéciles prétendent que nous sommes écrasés par l'industrie étrangère, parce que nos ouvriers sont trop exigeants ; parce que le travail coûte trop cher, et que, par conséquent, il nous est impossible d'opposer au bon marché des produits étrangers le bon marché des nôtres. Il me semblait pourtant que la loi de division, les machines, l'exploitation du travail à domicile, et les automates-producteurs faisaient merveille. Alors que va-t-on leur demander? A la loi de division, un peu plus de spécialisation ; à la machine, plus de perfectionnement dans son mécanisme, afin que « *ce complément* » de l'ouvrier soit son concurrent plus direct ; au travail à domicile plus de misère, afin que les besoins soient plus nombreux, et la journée de travail plus longue ; aux automates, c'est-à-dire aux travailleurs, plus d'habileté automatique, plus d'ignorance et moins d'exigence. Dans ces conditions, peut-être la production deviendra plus facile et moins coûteuse ; ses produits baisseront de prix tout en conservant la même valeur intrinsèque, et alors,... alors la concurrence étrangère sera... tolérable...

Voyez-vous, les industriels ne s'inquiètent que d'une chose. Cette chose est tout entière dans ceci : Faire fructifier leur capital. C'est pour cela que dans leurs moyens de production, et dans leur mode d'exploitation, ils ne se soucient guère de la situation économique et intellectuelle des travailleurs. Quant à l'État,... ému des plaintes des ouvriers, il cherche dans l'instruction primaire, tout ce qu'il y a de plus primaire, dans la coopération et dans l'association, les remèdes au mal. Et, quand je parle d'association, je ne veux point parler de l'association qui intéresse l'ouvrier dans les bénéfices du patron ; mais de celle entre prolétaires, entre misérables, sans le sou et *sans crédit*. Quelle dérision !!.....

Il y a tout un livre à faire sur ce sujet : Le gouvernement à la recherche de la question sociale. Quel que soit ce gouvernement, qu'il soit une des formes de la monarchie, ou une des formes plus nombreuses encore de la démocratie, ce n'est point dans la justice qu'il cherchera la vraie raison ou la vérité économique. Il fera du probabilisme, se basant sur cette hérésie que rien n'est certain dans ce monde et « qu'il faut tenir pour vrai ce qui à chacun paraît vrai : *Id verum quod unicuique verum videtur* ».

Jamais il ne tiendra compte de l'évidence, si cette évidence est une minorité. Trop vieux, ce principe de Descartes, « qu'en présence du témoignage de l'évidence propre, on ne doit tenir aucun compte de l'évidence opposée des autres, pas plus que s'ils n'existaient pas : *Nescio u'los unquam homines ante me exstitisse, nec proinde ipsorum auctoritate moveor.* »

. . . .

En résumé, le remède apporté par les machines à la situation que la loi de division avait faite à l'ouvrier est, on peut le dire, pire que le mal, si l'on s'en rapporte aux faits qui ressortent clairs et patents de l'exploitation actuelle de ces machines.

Dans le progrès apporté par la machine, il n'y eut pas substitution, il y eut alliance. C'est ce qui m'a fait dire, dans le cours de ce chapitre, que la réforme qui, dans quelques grands centres, avait remplacé la manufacture par la grande industrie, pouvait être appelée : Le perfectionnement de la loi de division par la machine.

L'effet d'opposition des machines n'a donc été qu'un effet dans la forme, et non dans le fond. L'accumulation capitaliste pouvait-elle rompre aussi facilement avec ce vieil errement dans l'application duquel elle trouve si bien la réalisation de ses rêves?

Division du travail et machinisme, manufacture et grande industrie, ateliers et fabriques : tels sont aujourd'hui les agents, les moyens et les établissements de la production. Et malgré cela rien ne marche! Le travailleur meurt de misère et, comme il ne veut pas mourir sans faire entendre quelques plaintes, il fronde. Cette fronde permanente dans le travail, ces grèves que le gouvernement n'hésite pas à réprimer par la force, sont les corollaires de ces théorèmes économiques dont les principales formules sont la loi de division, et l'exploitation inconsidérée et abusive de la machine. Aussi, ai-je lieu de m'étonner qu'on cherche à remédier au mal en l'augmentant, c'est-à-dire en cherchant à baisser le prix de revient de la production aux dépens du producteur...

Les réformes qui s'imposent abondent cependant partout : dans l'économie politique et sociale, dans l'instruction, dans la politique pure, dans les finances, etc., etc. Mais le gouvernement, qui ne veut même pas entendre parler de réformes économiques, n'est pas encore à la veille d'entrer dans la voie des réformes sociales.

Les folles dépenses qu'il se permet, sous la seule autorisation d'une classe qui ne représente nullement le peuple, me forcent à élever la voix pour protester contre les abus et les dilapidations actuelles. Il ne sera pas dit qu'à une époque où l'industrie, se croyant débordée, cherche à se tirer d'affaire en accablant le prolétaire, tandis que d'un autre côté le gouvernement se livre à des prodigalités coupables, il ne sera pas dit que j'aurai gardé le silence en face de pareilles injustices. Je proteste donc de toutes mes forces, et j'appelle au tribunal suprême de la justice du peuple, ce gouvernement qui mange plus qu'il ne gagne, et cette société égoïste qui dévore jusqu'à la sueur du pauvre. S'ils sont incapables de trouver cet équilibre social que la division dans le travail a soi-disant détruit dans sa sphère d'actions bien entendu, quoique cependant cet équilibre n'ait jamais existé, qu'ils remettent donc au peuple cette tâche trop lourde pour leur organisme usé. Lui seul est assez fort pour renverser tous les obstacles, et trouver des lois de balance économique et d'équilibre social.

Hors du peuple il n'y a point de justice, et la justice est la première loi de cet équilibre social que l'humanité ne pourra établir que sur les ruines de toutes les vieilles traditions, de toutes les vieilles lois, de tous les vieux fétiches.

Que le machinisme de la grande industrie réfléchisse par le cerveau de ceux qui en ont le monopole !!!

CHAPITRE XIX

MACHINES.

III

Que l'introduction de la machine dans le travail a eu pour résultat immédiat de supprimer, dans chaque genre d'industrie un certain nombre de travailleurs devenus inutiles ; que cet effet de suppression se continue encore, et marche avec le perfectionnement successif du mécanisme, ce qui indique clairement que la machine s'est imposée à la production, non seulement comme la concurrente directe et puissante du travailleur, mais comme son ennemie la plus implacable.

Dans mon premier chapitre sur les machines j'ai défini la machine : *Un ensemble de pièces formant un tout mécanique capable, lorsque la force et le mouvement lui ont été donnés, de se substituer à la force animale, en multipliant sa force mécanique à l'infini ; en augmentant la valeur intrinsèque de cette force, tout en diminuant sa valeur extrinsèque, et en faisant par conséquent aux bras une impitoyable concurrence.* Il est évident que cette définition ne plaira pas à tout le monde. Ceux qui considèrent la machine comme « un complément » du travailleur se récrieront certainement contre cette idée de substitution et de concurrence qui domine notre définition. Mais que diront-ils si, me plaçant sous l'égide des maîtres, j'invoque par exemple en faveur de ma thèse la grande autorité de Ricardo, de ce grand économiste qui prétendait que « la machine et le travail sont en concurrence constante » ? Si l'idée que je vais soutenir est fausse, qu'est-ce donc que cette lutte permanente entre le travailleur et la machine, lutte terrible dans laquelle l'homme succombe toujours sous les coups formidables du mécanisme, à moins qu'il ne préfère accepter les conditions que le vainqueur féroce impose toujours au vaincu ?

Les optimistes de l'économie politique, avec cette manie qu'ils ont de tout accepter parce qu'ils croient que tout est pour le mieux dans notre monde, prétendent que la machine, aussi bien à son origine que maintenant, n'a fait que déplacer les ouvriers sans jamais les supprimer.

Il me semble cependant que l'histoire de la lutte entre le travailleur et la machine est pleine de faits démontrant, au moyen des équations les plus simples, l'antagonisme du travail et de la machine. (Ici le mot travail est synonyme de bras, de travailleurs; c'est du reste la signification que lui donne Ricardo.) Mais par quelle contradiction, ou plutôt par quelle aberration de l'esprit des hommes, l'effet de cet antagonisme permanent est-il pour les uns un effet de déplacement, tandis qu'il est pour les autres un effet de suppression ? Il ne faut pas avoir la moindre connaissance des phases que la machine a parcourues depuis son introduction dans le travail, ni des tempêtes qu'elle y déchaîna, pour ne pas admettre que les trois quarts des ouvriers, soi-disant déplacés par les machines, ont été réellement supprimés. D'abord, entendons-nous sur la signification économique que je donne ici aux mots déplacement et suppression. Dans la langue française, le mot déplacement implique l'action de changer de place, d'enlever un emploi à quelqu'un ; tandis que le mot suppression implique l'action d'abolir, d'anéantir, d'annihiler. Déjà la différence s'annonce claire pour tous ceux auxquels le jugement ne fait pas défaut.

Il y avait donc déplacement des ouvriers par la machine, chaque fois que celle-ci, par suite du perfectionnement de son mécanisme, renvoyait de l'atelier ou de la fabrique cinquante ou cent ouvriers qui, conservant leur état, allaient chercher de l'ouvrage dans une autre fabrique, ou dans un autre pays. Ces ouvriers chassés d'un endroit, et allant s'échouer dans un autre, étaient réellement déplacés. Mais quand ces ouvriers chassés de la fabrique, parce qu'ils étaient *superflus*, allaient se heurter, aux portes des autres fabriques, à une multitude d'ouvriers que l'on chassait pour la même raison, et que les uns et les autres, après avoir erré de villes en villes, ne trouvaient à se vendre de nouveau qu'à la condition de changer d'état, ou d'accepter un travail de manœuvre, ces ouvriers, dis-je, étaient-ils déplacés ou supprimés ?

Si l'ouvrier que l'on chasse d'une fabrique parvient à rentrer dans une autre pour y faire, avec les mêmes machines-outils, le travail qu'il faisait dans la première fabrique, il y a simplement déplacement du travailleur par la machine. Mais si l'ouvrier que l'on chasse d'une fabrique est obligé d'abandonner son métier parce que la machine a substitué sa force à celle de ses bras, ou parce qu'il ne trouve pas de place ailleurs, il me semble que dans ce cas la suppression est évidente. Qui la nie est un fou, ou un homme de mauvaise foi. . . .

Lorsque le métier à vapeur fit son apparition en Angleterre, des milliers de tisserands durent cesser leur travail à la main, parce qu'il leur était impossible de lutter contre la concurrence terrible que leur faisait la machine. Les uns changèrent de métier, les autres moururent de misère, ou acceptèrent dans les fabriques des ouvrages de manœuvres. Il est vrai que la violation ne fut pas spontanée, et que les victimes luttèrent pendant de longues années contre cette exploitation de la machine qui leur enlevait jusqu'à leur pain de chaque jour. Dans cette longue lutte de la misère contre l'exploitation capitaliste, les résultats obtenus firent oublier les victimes.

Lorsque, en 1838, il ne fut plus question des tisserands anglais morts, disparus ou embauchés dans les fabriques, on était habitué depuis longtemps déjà au métier à vapeur. Il était passé dans les mœurs. Néanmoins cette histoire des tisserands anglais est frappante de monstruosité. Si l'école était moins inféodée à l'industrialisme actuel, elle pourrait la présenter dans ses cours comme un des exemples les plus malheureux de la suppression des ouvriers par la machine. Mais sa responsabilité n'est-elle pas couverte par les pères de l'économie politique ?

Elle a la foi, et ses prophètes ont parlé. « Une machine nouvelle, dit J.-B. Say, remplace le travail » d'une partie des travailleurs, mais ne diminue pas la » quantité des choses produites ; car alors on se garderait de l'adopter ; elle déplace le revenu. Mais » l'effet supérieur est tout à l'avantage des machines ; » car si l'abondance du produit et la modicité du prix » de revient font baisser la valeur vénale, le consommateur, c'est-à-dire tout le monde, en profitera. » Alors de quoi donc se plaignaient les tisserands anglais ? Est-ce que de leur temps l'abondance du produit et la modicité du prix de revient, effets immédiats de l'introduction du métier à vapeur dans le travail du tisssage, n'ont pas fait baisser la valeur vénale ? Cependant, si les tisserands anglais se plaignaient, c'est probablement parce qu'ils ne faisaient pas partie de ce « tout le monde » qui, d'après Say, doit profiter des bienfaits apportés à la société par la machine. C'est parce qu'ils étaient sans travail, pendant que les produits se multipliaient sous les efforts puissants du métier à vapeur. C'est parce qu'ils mouraient de faim au milieu de produits abondants et à bon marché. Toutes les grandes villes de l'Angleterre ont pu assister à cette lugubre décadence des tisserands anglais. Et qui présidait à cette décadence ? L'industrialisme qui commençait.

Qui en était la cause ? La machine qui, par son perfectionnement successif, plaçait entre les mains d'un seul ouvrier l'ouvrage de quatre, de cinq, de dix.

Que l'on soutienne après cela que les tisserands anglais ont été simplement déplacés par l'introduction du métier à vapeur dans le travail du tissage !

Dans chaque genre d'industrie, cette suppression d'une partie des bras se fit sentir le jour même où la machine fit son apparition dans le travail. Si j'avais suffisamment de place pour relater ici un seul fait de suppression par genre d'industrie : filage, tissage de coton, tissage de laine, tissage de flanelle, bonneterie, métallurgie, produits chimiques, etc., je n'aurais qu'à choisir entre mille exemples, tous plus concluants les uns que les autres. Dans la *Revue économique* de 1842, les détails abondent sur cette suppression des travailleurs par la machine. Il n'est pas un pays qui ait pu se soustraire à cette révolution immense produite par l'introduction de la machine dans le travail, et aux cataclysmes qui résultèrent fatalement de l'exploitation particulière de ces deux grandes forces combinées : la machine et l'homme. L'Angleterre, l'Allemagne, la France, l'Italie, la Hollande, la Belgique, l'Amérique, les Indes eurent à enregistrer des chômages sans fin et des misères épouvantables. Ce qui se passait à Manchester se passait aussi à Londres, à Mulhouse, à Paris, à Lyon, à Cologne, à Hambourg, etc. Si la décadence des tisserands de France fut moins sombre que celle des tisserands de l'Angleterre ou de l'Inde, elle n'en fut pas moins une décadence qui se traduisit par la suppression lente et successive de milliers de travailleurs, et par l'anéantissement complet de l'industrie du tissage à la main.

Lorsque la fabrication des épingles et des aiguilles devint le monopole de la force mécanique, que devinrent les ouvriers parcellaires qui étaient autrefois affectés à ce genre de fabrication, et dont le travail était devenu dès lors absolument inutile ? Ils purent à peine se compter tant ils étaient nombreux sur le pavé de la rue. Les trois quarts avaient été supprimés. Il est facile du reste de s'en rendre compte au moyen d'un simple calcul de proportion, et avec les chiffres qui nous sont fournis par les fabricants eux-mêmes. Lorsqu'on substitue à dix ouvriers fabriquant ensemble dans leur journée 40,000 épingles par jour, une machine qui, à l'aide d'un seul ouvrier, en fabrique plus de 150,000, il est facile de comprendre que le premier effet de la substitution sera la suppression des neuf ouvriers dont l'occupation devient dès lors une mauvaise spéculation pour le patron. Or, comme d'après les lois de la division du travail, ces ouvriers travaillaient : les uns à la fabrication de la tête, les autres à la préparation de la pointe, etc., il s'ensuit que le jour où ils furent remerciés, il se trouvèrent en même temps, et du même coup, sans travail et sans pain. Aller frapper à la porte de la fabrique voisine. Bêtise ! Du dehors on entend le bruit des machines qui fonctionnent. Il n'y a plus de place pour les ouvriers affileurs de pointes. Maintenant la machine fabrique l'épingle d'un seul coup.

Si le besoin s'en fait sentir, il entrera bien encore à la fabrique comme manœuvre ; mais, au lieu de 4 francs qu'il gagnait à faire des épingles, il ne gagnera plus que 2 fr. 75. Mais le prix des épingles a baissé ; sa femme peut en avoir deux ou trois douzaines pour un sou. De quoi se plaint-il ? C'est ainsi qu'il en fut de toutes les industries. Dans les fabriques, par la porte où la machine fit son entrée, sortirent en même temps des centaines d'ouvriers devenus inutiles. Système nouveau de centralisation du travail !

Ce travail était tellement divisé que, pour le centraliser, on ne trouvait pas d'autres moyens que de chasser la moitié des ouvriers. Si encore on avait chassé en même temps la loi de division ! Mais non, elle resta toujours une des maîtresses souveraines de la fabrique, avec cette différence cependant que, le travail ayant moins de spécialisation, il y eut moins de travailleurs spéciaux. Ce qui n'empêcha que travailleurs, outils et machines, furent parcellés comme dans la manufacture. Toute proportion gardée, il y eut plus de machines et moins d'ouvriers. Tel fut un des côtés de la réforme.

A tous les faits exposés par les économistes révolutionnaires que l'on accuse fort maladroitement de pessimisme, on oppose des statistiques nombreuses démontrant l'accroissement successif des populations ouvrières dans les villes industrielles. Telle ville qui renfermait dix ou quinze mille habitants, avant ou pendant la période manufacturière, a vu presque doubler sa population sous l'influence de l'introduction de la machine dans le travail, et sous celle de la transformation de l'atelier-manufacturier en fabrique. Cet accroissement indiscutable a évidemment sa source, sa cause dans la machine, dans le mécanisme. Donc les théories pessimistes qui répandent partout le scandale par leurs protestations contre les choses du passé et du présent, sont bien mal venues de prêcher le mal, en présence des nombreux faits économiques qui s'affirment comme les lois mêmes de notre organisation du travail.

Effectivement, pour tous ceux qui ne vont pas au fond des choses, la transformation du travail par la machine s'est opérée tout entière à l'avantage des travailleurs. Cet accroissement de la population dans les villes industrielles indique clairement à ces esprits, profondément superficiels, que si la machine fut une cause de déplacement, elle ne fut jamais une cause de suppression. *Oculos habent et non videbunt.* Il est vrai que la population ouvrière a doublé dans les villes depuis l'introduction de la machine dans le travail. Et comme les chiffres sont là, et que personne ne peut les contester, cela leur suffit. Partant de l'absurde, marchant dans l'absurde et concluant par l'absurde, ils renversent par leur logique ridicule et grotesque toutes les théories les plus vraies, depuis celle de la suppression d'une certaine partie des travailleurs par la machine, jusqu'à celle de l'abaissement des salaires, jusqu'à celle de la transformation de l'artisan en manœuvre et en automate. Qu'est-il besoin du reste de persuader ces gens-là ? Est-ce qu'on entreprend de blanchir les nègres et de faire parler les singes?

La question des machines, toute résolue qu'elle paraisse, cherche encore la route de la vérité, et les équations qui doivent établir la balance entre les travailleurs et le machinisme. Nos optimistes sont encore loin de la solution juste, quoiqu'ils prétendent l'avoir trouvée depuis longtemps. Ils ergoteront encore pendant des siècles avant de dégager la suprême solution des nuages économiques qui la cachent à tous les yeux. Pour quant à présent, elle leur échappe, comme la *vraie raison* échappe aux philosophes de l'heure présente.

Ici la question n'est pas de savoir si, sous l'influence du mécanisme, l'agglomération ouvrière dans les villes s'est beaucoup agrandie; si les éléments de la production sont devenus plus nombreux, et si, par suite, le travail de l'industrie actuelle réclame plus de travailleurs qu'autrefois, etc., etc. Il y a longtemps que ces faits sont admis par tous, et marquent, pour ainsi dire, autant de phases nouvelles dans l'histoire du travail. Ce qu'il s'agit de démontrer, c'est que, en dépit de cette sorte de progrès, et malgré l'accroissement de la population ouvrière des villes, d'une manière générale bien entendu, la machine s'est introduite dans le travail comme la concurrente redoutable des travailleurs, et qu'elle a été, dans chaque industrie, prise isolément, une cause de suppression pour une grande partie de ces mêmes travailleurs.

L'histoire de la décadence des tisserands anglais suffirait à faire ressortir, dans toute son intensité, cette cause de suppression. Mais n'avons-nous pas encore une quantité considérable de faits qui, tout en étant des diminutifs de la décadence et de la disparition des ouvriers tisseurs anglais, viennent corroborer nos assertions sur les conséquences de la grande réforme inaugurée dans le travail par *l'ère du machinisme?*

Niera-t-on que, dans les industries manufacturières qui marchaient avec 1,000 ouvriers, l'introduction de la machine dans le travail a forcément amené la diminution d'un tiers, de la moitié même du nombre des ouvriers occupés dans la manufacture? Ces ouvriers, chassés, renvoyés, remerciés, comme vous voudrez, ont-ils été simplement déplacés par la machine, ou bien remplacés par cette sorte de mécanisme centralisateur? Est-ce que l'industriel administrateur ou propriétaire pouvait se débarrasser de trois cents, ou quatre cents ouvriers, sans chercher en même temps, dans une autre combinaison, les moyens de remplacer utilement, ou avec avantage, ces ouvriers qu'il venait de prier de prendre la porte? Cette nouvelle combinaison et ces moyens furent le machinisme et la machine.

Et n'oublions pas que les trois quarts des ouvriers chassés ne rentrèrent dans les fabriques qu'à la condition de changer de métier, et d'accepter de nouvelles attributions se caractérisant surtout par une diminution notable dans les salaires. Rares sont les exemples qui, dans l'histoire des travailleurs, nous montrent des ouvriers chassés d'une fabrique par le machinisme *rentrant avec leur métier dans une fabrique concurrente.*

Maintenant, si les optimistes du monde industriel prétendent après cela que ce changement de métier ou de corvée n'est pas un effet de suppression, mais simplement un effet de déplacement, c'en est fait de la langue française, de la logique et de la raison.

Ah ! je les entends me ressasser encore cette éternelle phrase, sorte d'argument tellement rebattu qu'il en est devenu absurde : « Une preuve que les ouvriers n'ont pas été supprimés par la machine, c'est que leur nombre loin de diminuer a toujours augmenté, et que plus le machinisme se perfectionne, plus la production se multiplie, et plus le nombre des ouvriers augmente. » Il est de mode aujourd'hui, dans l'école, de poser des théorèmes sans les démontrer, d'émettre des idées sans en vérifier l'exactitude, et d'amonceler des théories sans tenir compte de l'application. On parle de choses dont on ne connaît ni le *pourquoi*, ni le *comment;* on ergote sur tout, on confond la cause avec l'effet et réciproquement, et l'on se garde bien de chercher à savoir si des causes multiples ont donné lieu à des effets multiples, et si ces effets sont bien les résultats économiques de causes qu'on leur assigne comme origine.

Certainement la production est immense ; certainement le nombre des ouvriers augmente ; mais est-ce à dire pour cela qu'on doive en inférer que la machine ait eu pour effet l'augmentation du nombre des travailleurs, et que loin d'en supprimer quelques-uns elle ait au contraire serré les rangs et facilité les recrues ?

L'accroissement des débouchés et une surproduction intéressée en sont tout le mystère.

Mais si cet effet d'augmentation pris dans un sens général est vrai, il est absolument faux quant à ce qui concerne le métier de l'ouvrier, et l'industrie prise isolément. Soutenir le contraire, c'est mentir effrontément.

Si l'on cherche à savoir comment s'est opérée la transformation, comment les faits se sont produits, on trouve facilement l'explication de cette contradiction économique qui renferme en elle deux effets: un effet de suppression, un effet d'augmentation.

J'ai déjà dit que les travailleurs chassés par la manufacture qui se transformait successivement en une fabrique dans laquelle le machinisme allait faire la loi, n'avaient pas quitté les rangs de la grande armée des salariés. Est-ce qu'il ne faut pas manger pour vivre?

Et, s'il se trouve dans la société une classe qui peut vivre sans travailler, il en est une autre dont le travail suffit à peine à lui apporter le pain de chaque jour......

Les travailleurs chassés, ne pouvant plus vivre de leur métier, sont entrés dans les fabriques qui inauguraient chaque jour un genre de travail nouveau, une corvée nouvelle, soit comme surveillant d'un mécanisme quelconque, soit comme automate, soit comme manœuvre. C'est ainsi que l'on vit des ouvriers très adroits, très habiles, devenir en quelques années des manœuvres stupides.

Le remède au mal apporté par la division excessive du travail s'appelait le *machinisme*, et il se trouvait que ce remède était pire que le mal. Evidemment, la suppression des ouvriers par la machine ne diminue pas le nombre des travailleurs. Dès l'origine même de l'introduction de la machine dans le travail, les ouvriers se vendaient à *bon marché*, pour faire quoi que ce soit, et à n'importe quel prix. Ceux qui voulurent lutter, comme les tisserands anglais, moururent de faim. En somme, il y eut changement de condition pour les uns, sans amélioration de position; misère pour les autres, de sorte que le nombre des opprimés resta intact.

Si malgré la suppression, *dans le métier*, d'un certain nombre de travailleurs, l'armée des exploités conserva son effectif, il est évident que, dans la suite, cet effectif dut s'augmenter sous la quadruple influence de la multiplication de la production, de la création de nouveaux débouchés, de l'envahissement industriel, et de la concurrence. Le mouvement qui s'opéra des campagnes vers les villes en est une preuve. Et le travail à bon marché, le travail des faibles, des femmes et des enfants, le travail des inintelligents, le travail des brutes, toutes causes enfin qui, en rendant plus facile l'accès des fabriques, masquaient l'effet de suppression, en plaçant à la superficie l'augmentation générale des ouvriers!

Cette contradiction peut se résumer ainsi : suppression des travailleurs par la machine ; retour de ces travailleurs à la machine, mais à d'autres titres, et à d'autres conditions.

D'ailleurs, cette suppression des travailleurs par la machine est encore un des effets du perfectionnement du mécanisme, comme elle a été à l'origine un des effets de sa création.

A chaque perfectionnement du mécanisme, il y a toujours déplacement ou suppression d'une certaine partie des travailleurs. Et, encore une fois, les ouvriers supprimés dans leur métier ne sont pas perdus pour le travail de la fabrique, car ils y rentrent toujours si les besoins de la vie les forcent à accepter un nouveau travail, et de nouvelles conditions ; changement qui s'opère toujours à leurs dépens.

Voilà pourquoi la machine, tout en supprimant des ouvriers, ne diminue pas leur nombre. Voilà pourquoi les économistes classiques ont pu dire que le machinisme s'était introduit dans le travail en opposition à la loi de division, et qu'il n'avait jamais eu pour résultat de diminuer le nombre des travailleurs.

Et ce sont ces mêmes économistes qui voient dans la machine un complément du travailleur quand il s'affirme de jour en jour que le mécanisme, sous quelque forme qu'il soit, est au contraire son ennemi le plus redoutable.

Les chapitres précédents et celui-ci, prouvent surabondamment ce point si peu obscur de notre thèse. Les preuves s'étalent au grand jour, et nous sont fournies par le *déplacement* et la *suppression* d'un certain nombre de travailleurs par la machine; par l'entrée des femmes et des enfants à la fabrique; par l'exploitation du travail des faibles; par la réduction du taux des salaires; par les facilités et l'extension que la machine donne à l'exploitation, et à l'accumulation capitaliste.

D'une manière générale, vous ne pouvez pas dire que quelqu'un qui vous enlève votre place, ou en vous déplaçant, ou en vous supprimant, soit votre complément! il ne peut être que votre concurrent, votre rival, ou votre ennemi. C'est là le rôle de la machine à l'égard du travailleur. D'ailleurs toute la vérité est dans ce fait, que la machine fait en trois heures ce qu'un ouvrier faisait autrefois en dix; que la machine peut, à l'aide d'un seul ouvrier, faire l'ouvrage de cinq, de dix, etc.

Dans l'origine, cette concurrence, sans équilibrer les forces des deux adversaires, permettait encore la lutte à l'artisan. Aujourd'hui celui-ci ne songe plus à lutter parce qu'il est sans force contre sa concurrente devenue son ennemie, et parce que, tout en la détestant, il est obligé de la subir et de la servir. A mesure que nous pénétrerons plus avant dans le progrès, à mesure que le machinisme se répandra, et que la machine se perfectionnera, nous verrons le mécanisme serrer sa concurrence, multiplier ses coups, augmenter le nombre de ses victimes, si nous n'autorisons pas les travailleurs à plonger leur regard dans notre organisation actuelle du travail. Nous ne sommes pas assez simple pour demander l'anéantissement complet du machinisme, et le retour au travail indivisé, comme l'avait demandé le Sismondi aux grandes idées. Nous savons très bien que faire la guerre aux machines, c'est faire preuve d'ignorance, et qu'aujourd'hui le travail sans le mécanisme serait un retour en arrière qui nous tuerait tous. Seulement, nous demandons s'il serait possible que la loi de division et le machinisme ne continuassent pas à régner en maîtres dans l'atelier et dans la fabrique, sans qu'il fût tenu compte de la troisième force représentée par le travailleur; s'il serait possible que la machine fût moins l'ennemie du travailleur, et beaucoup plus son outil; s'il serait possible que dans notre organisation du travail, le capitaliste qui représente à lui seul la loi de division et le machinisme ne fût plus le maître absolu du travail et de la production; s'il serait possible que notre grande industrie pût fonctionner sans que les uns fussent favorisés au détriment des autres.

Les uns disent oui, les autres disent non. Ceux qui disent non trouvent que tout va bien, et qu'il n'y a rien à changer. Ceux qui disent oui veulent des transformations et proposent : l'association entre patrons et ouvriers; la participation aux bénéfices; la fixation des salaires; l'association entre ouvriers, ou coopérations ouvrières; le droit à ces sociétés ouvrières coopératives de prendre part aux adjudications des travaux publics; l'instruction plus répandue, etc., etc. Naïfs qui ne savent rien de la question sociale, et qui ne connaissent point leur siècle!

L'association des ouvriers avec leur patron? Allons donc! les patrons n'en prendront pas l'initiative; il faudrait l'imposer par une loi, et cette loi dans l'état actuel de notre organisation n'est pas possible.

La participation aux bénéfices? Elle est impossible sans la participation aux pertes. Or, il y a des années où le fabricant gagne peu, d'autres où il gagne beaucoup; ces années s'équilibrent toujours, et dans les mauvaises il peut attendre les bonnes, grâce au capital dont il dispose. Dans les mauvaises années, le travailleur mourrait de faim avec ses bénéfices. Il serait peut-être plus logique de lui garantir un salaire, et de le faire participer en même temps aux bénéfices.

En touchant *son salaire, il rentrerait dans son travail comme le capitaliste rentre dans son capital avant d'établir ses bénéfices; en touchant un bénéfice pris sur les bénéfices de l'année, il ne ferait qu'exercer le droit que son travail lui a donné sur une portion du produit.* Encore cela ne nous mènerait-il pas à la solution du grand problème.

La fixation des salaires? Ce remède a été essayé; il a produit des effets désastreux.

Les associations ouvrières? Il y en a beaucoup en essai; quelques-unes marchent. M. Waldeck-Rousseau s'en est fait l'apôtre; mais jamais dans ses théories il n'a été question du nerf principal de l'association : *le crédit*. Des associations ouvrières, sans capital et sans crédit, doivent non pas marcher tout droit à la banqueroute, mais mourir avant d'avoir vu le jour, c'est-à-dire dans l'œuf.

L'instruction plus répandue? On la répand, puisque, dans un pays de liberté, le gouvernement ne voit qu'un seul moyen de la répandre, c'est de l'obliger. Quant à chercher si la fabrique n'absorbe pas plus tard les quelques connaissances que le gamin a apprises à l'école, le gouvernement s'en moque, ce n'est pas son affaire......

En résumé, malgré tous ces palliatifs, la loi de division et le machinisme écrasent encore de leur despotisme l'immensité des travailleurs. Si ces deux forces du capital sont une source d'accumulation pour le patron, elles sont en même temps pour les salariés une cause de dégradation morale, de rétrogradation intellectuelle, de dégénération physique, et une source inépuisable de misère.

Il y a déjà longtemps que P.-J. Proudhon a dit « que les machines, de même que la division du travail, » sont tout à la fois, dans le système actuel de l'écono- » mie sociale, et une source de richesses, et une cause » permanente et fatale de misère. » Les temps n'ont pas changé, ni les hommes non plus. Comme au temps de Proudhon, le travailleur lutte en vain contre « son complément » la machine, et, chose étonnamment contradictoire, il se trouve que ce complément, au lieu de l'aider, le tue.

C'est sans doute la barbarie, représentée par l'homme, qui s'efface devant la civilisation, représentée par la machine. Ce serait faire là une étrange application des lois de Darwin.

Mais pourquoi m'étonnerais-je tant de ces anomalies? Est-ce que la bêtise, l'égoïsme et la méchanceté ne sont pas, pour longtemps encore, les trois grandes forces sur lesquelles le monde a basé son *immuable justice?*

« Lorsque les hommes sortirent, pour la première » fois, comme des champignons, des entrailles de la » terre, ils n'étaient, ni plus ni moins qu'un troupeau » d'animaux muets et immondes : *Cum prorepserunt » primis animalia terris, mutum et turpe pecus.* » Ces hommes aspirent-ils à être aujourd'hui, au moral, ce qu'ils ont été à l'origine au physique?

CHAPITRE XX

MACHINES

IV

Le capital et le travail à la fabrique.

Puisque j'ai terminé mon étude de la division du travail et des machines, du moins quant à ce qui se rattache aux lois principales et aux faits capitaux que tous les travailleurs doivent connaître, qu'il me soit permis maintenant de dire quelques mots de ces grands établissements où le capitaliste, aidé de son capital, centralise et monopolise le travail de plusieurs centaines d'ouvriers. D'ailleurs, puis-je continuer ma route à travers les injustices et les monstruosités de la société sans passer par la fabrique ?

Les définitions de la fabrique, comme celles de la machine, ne manquent pas. L'économie politique, toujours féconde en lois et en définitions, peut nous en mettre sous les yeux des centaines, et des plus variées. Elle a comblé la mesure, et l'on peut dire sans exagération que les définitions de la fabrique sont, comme celles de la machine, en raison directe du nombre de économistes. Je passe sur les excédents afin de ne pa faire la part trop belle aux économistes ingénieux qu ont donné deux définitions de la machine. Il y a tan de manières de définir les choses et les hommes. Aussi ces définitions fantaisistes sont-elles contradictoires, et partant, toutes plus éloignées de la vérité les unes que les autres. Il me semble cependant que les économistes, quelle que soit leur manière de voir en économie, devraient être d'accord sur ces deux points : 1° la transformation automatique de l'ouvrier commencée par la division du travail, et complétée par la machine ; 2° l'organisation despotique de la fabrique, organisation qui en fait une véritable autocratie.

J'ai déjà dit que, dans la fabrique, le principe de la division du travail avait été conservé avec cette différence, cependant, que des spéculations toutes particulières avaient été créées ; que le travailleur parcellaire était devenu partie de la machine, et par conséquent un outil de la fabrique, et la chose du capitaliste.

C'est dans la fabrique et dans l'atelier que l'on fabrique de l'or pour le capitaliste ; c'est dans la fabrique et dans l'atelier que l'on entretient la misère du pauvre ; misère fatalement indispensable, sans doute, car elle est la force du travail, et le pivot sur lequel se meut, parfaitement équilibrée, l'aiguille qui règle les destinées sociales. Bizarrerie de la faiblesse et de l'ignorance des hommes, ici-bas, sur cette terre maudite, nous en sommes encore à nous griser de grandes phrases, — belles dans la forme, insignifiantes dans le fond ; sortes d'antithèses que les hommes admirent parce que, toutes vides qu'elles paraissent, elles le sont encore moins que leurs cerveaux. Quand les économistes ont parlé d'équilibre social, et qu'ils ont ânonné sur ce grand mot, ils croient avoir assez fait. Tout en eux est contradiction : travail, propriété, société même, et ils osent parler d'équilibre. L'équilibre social dont ils parlent, c'est l'oisiveté d'une part, le travail de l'autre ; c'est la misère du pauvre contrebalançant l'opulence du riche ; c'est l'ignorance du petit en lutte avec la science du grand ; c'est la faiblesse courbée sous le despotisme de la force ; c'est en d'autres termes, l'inégalité sociale : l'inégalité dans les moyens et dans les résultats.

En physique, on prétend, et l'on a raison, que lorsque des forces, agissant simultanément sur un corps parfaitement libre, se neutralisent de telle façon que tout se passe comme si ces forces n'existaient pas, on prétend, dis-je, que ces forces se font équilibre. En d'autres termes, chaque fois que des forces se font équilibre sur un corps parfaitement libre, chacune de ces forces est égale et directement opposée à la résultante de toutes les autres. Or, dans l'équilibre social sur le pivot duquel se meuvent toutes les institutions de notre société, les forces qui agissent en sens contraire sont-elles égales? Non, puisque la misère est en lutte constante avec la richesse. Alors que parle-t-on d'équilibre social! Rien n'est équilibré dans notre société. Quant à ce qui concerne la propriété, la police des impôts et les droits de l'homme, cherchez l'équilibre dans nos lois. Quant à ce qui concerne le travail, cherchez-le dans l'atelier et dans la fabrique. Cherchez-le partout, vous ne le trouverez nulle part. Notre société vit parce qu'elle ne peut mourir. Il faut qu'elle vive quand même, dût-elle vivre d'injustices . . . .

Revenons à notre examen de la fabrique. Dans la fabrique, dans l'atelier, dans la manufacture, deux grandes forces concourent à la production : le capital, le travail. Le premier est représenté par les patrons, par les industriels, par les fabricants, c'est-à-dire par es capitalistes. Le second est représenté par la multitude des salariés, des travailleurs parcellaires; multitude qui vit, travaille et souffre. Cette multitude forme la grande armée des créateurs réels du produit, des vrais producteurs de la production.

Si ces deux forces : capital et travail, capital et salaire se faisaient équilibre dans les résultats économiques obtenus, je ne viendrais pas dénoncer ici les moyens employés par l'exploitation capitaliste pour arriver à l'accumulation du capital. La première force, le capital, est la proposition, le théorème; la seconde n'est que le corollaire. C'est le capital qui règle le travail, qui le distribue, qui le paie, ce qui a fait dire à certains économistes qu'il était, par le fait, le nerf principal de la production. Dans la fabrique, le capital règne en souverain maître; c'est lui qui fait la loi, et tous les travailleurs courbent la tête devant son omnipotence. Sa puissance est de la tyrannie ; son autorité du despotisme. Grossir, toujours grossir : tel est son but. Et pour cela il ne recule devant rien. Quoi de plus naturel d'ailleurs? Est-ce que l'or n'est pas le roi du monde? Est-ce que l'exploitation de l'or par l'homme n'entraîne pas l'exploitation de l'homme par l'homme? Tout cela est logique, et peut-on reprocher à ceux qui se servent du capital de mettre de la logique jusque dans les faits et les choses qui touchent à leurs intérêts?

C'est le capital qui fait marcher la fabrique, l'atelier, la manufacture ; qu'est-ce qu'il y a d'étonnant à ce que ce capital soit l'autocrate, le despote absolu de cette fabrique, de cet atelier, de cette manufacture? Ce sont les brouillons, comme moi par exemple, qui protestent. Protestations de malades, ou d'hommes jamais contents.

Qu'importe, le capital fait toujours son chemin, et parcourt toujours son cercle. Si nombre de fabricants arrivent à la ruine, l'argent qu'ils perdent n'entre pas dans les poches des travailleurs, mais dans celles de capitalistes, ou plus heureux, ou plus habiles, pour ne pas dire moins scrupuleux.

Que le fabricant fasse ou non ses affaires, les travailleurs de la fabrique n'en gagnent pas plus pour cela. Quels que soient les bénéfices de la production, le salaire reste toujours le même dans la fabrique ; seul le capital augmente. Il y a même certaines fabriques où ce capital, semblable à une mer qui monte, qui monte toujours, n'ose plus publier ses bénéfices. Il a peur qu'on trouve ces bénéfices scandaleux. Il a honte et craint qu'on ne l'accuse de vol. . . . .

La division du travail et le machinisme perfectionné, qui ont fait de l'ouvrier un automate, ou une portion de la machine automatique, sont les résultats économiques du progrès ; il n'y a donc rien à dire. Qu'importe si, sous l'influence de cette division du travail et de ce machinisme, la journée de travail de l'ouvrier s'est considérablement allongée? Qu'importe si la durée de la période de surtravail l'emporte maintenant sur celle de la période de travail ordinaire? Le travail ordinaire, c'est le salaire de l'ouvrier; le travail extra, c'est le bénéfice du capitaliste. Il est juste peut-être que le premier rapporte moins que le second. . . . .

D'ailleurs, le fabricant paie ses ouvriers, non en raison des produits qu'ils créent; mais en raison de la difficulté qu'ils ont à créer ces produits. Or, comme aujourd'hui le travail ne consiste plus qu'à surveiller, à diriger, à régler des mouvements, ou à tourner des manivelles, le patron et le fabricant paient leurs ouvriers en conséquence. Logiques jusqu'au bout, ils ont soin de placer leur capital, capital constant, capital variable, avant les travailleurs parcellaires. Puisque les métiers et les machines font à eux seuls les 3/4 du produit, c'est donc au capitaliste, propriétaire légitime de ces métiers et de ces machines, que reviennent de droit tous les bénéfices.

Est-ce que des ouvriers sans le sou pourraient, même en s'associant, élever des fabriques, des ateliers; acheter des métiers, des machines et disposer en même temps du capital nécessaire à la production? Où iraient-ils chercher le crédit nécessaire, indispensable à toutes maisons, à toutes fabriques, à toutes manufactures qui veulent acheter, produire et vendre?

S'ils trouvent du travail, grâce aux ateliers, aux fabriques, et aux capitaux des capitalistes, doivent-ils s'étonner de trouver en même temps des maîtres?

Outils de la fabrique au même titre que les métiers et les machines, ils doivent être également exploitables. Aussi la fabrique est-elle devenue une sorte de gouvernement où l'autorité du maître est absolue.

Voici ce qu'écrit Engels à ce sujet, Engels dont la compétence égale celle de son regretté ami Karl Marx: « L'esclavage auquel la bourgeoisie a soumis le prolé-» tariat se présente sous son vrai jour dans le système » de la fabrique. Ici toute liberté cesse de fait et de » droit. L'ouvrier doit être le matin dans la fabrique à » cinq heures et demie; s'il vient deux minutes trop

» tard, il encourt une amende; s'il est en retard de dix » minutes, on ne le laisse entrer qu'après le déjeuner, » et il perd le quart de son salaire journalier. Il lui » faut manger, boire et dormir sur commande... La » cloche despotique lui fait interrompre son sommeil » et ses repas. Et comment se passent les choses à l'in- » térieur de la fabrique? Ici le fabricant est législateur » absolu. Il fait des règlements comme l'idée lui en » vient; modifie et amplifie son code suivant son bon » plaisir, et, s'il y introduit l'arbitraire le plus extrava- » gant, les tribunaux disent aux travailleurs : Puisque » vous avez accepté volontairement ce contrat il faut » vous y soumettre. » — A moins qu'ils ne se démettent!

Dans la fabrique, dans la manufacture et même dans les petits ateliers, le fabricant est « législateur absolu »; ce qui veut dire qu'il peut disposer pour son exploitation des moyens qui font tout simplement de son pouvoir, un pouvoir despotique, tyrannique, homicide. La fabrique est le règne du capitaliste par la souveraineté du capital, et le gouvernement de la force.

Maître absolu chez lui, de par la loi, et doublement fort par le fait de l'acceptation tacite des ouvriers lorsqu'ils entrent à la fabrique, ce despote de la production agit selon son bon plaisir, pour le plus grand bien de ses intérêts. Ses ouvriers sont taillables et corvéables à merci. Tant qu'ils sont à la fabrique, ils sont sa chose. Et cette chose, il l'exploite, il la pressure jusqu'à ce que tout le sang et la vie en soient sortis. Mais quand, sous la triple influence de l'appauvrissement du sang, de l'usure et des années, la machine humaine a perdu ses forces exploitables, le capitaliste fait mine de régler un compte, toujours réglé d'avance, ouvre la porte de sa fabrique, et jette sur le pavé de la rue cette chose qu'il a usée, et qui n'est plus bonne à rien.

Qu'importe encore une fois la fin de l'homme! Malthus n'a-t-il pas dit que les inutiles devraient être assez intelligents pour avoir le bon esprit de débarrasser eux-mêmes la terre de leur présence? D'ailleurs, Dieu dans sa justice n'oserait frapper ceux qui ne croient pas devoir attendre que la misère et la faim les emportent.

Personne n'ignore aujourd'hui comment sont traités les esclaves de la fabrique. Le système des amendes et retenues est en grand honneur dans les fabriques. Engels vient de nous le dire, et les ouvriers peuvent eux-mêmes faire un parallèle entre l'époque où le grand socialiste écrivait les lignes que nous avons reproduites plus haut, et la nôtre qui semble vouloir grandir encore l'ère du machinisme, et tout remplacer par la grande industrie.

Ah! c'est un très beau système que le système des amendes et retenues. Il réussit à merveille, car tous les ouvriers en ont plus peur que du diable. Et comment ne pas le craindre, ne pas le redouter, quand pour le moindre retard, pour la moindre infraction au règlement arbitraire de la fabrique, on punit l'ouvrier par une retenue sur son salaire de la journée ?

Le plus souvent, le salaire est non seulement le pain de l'ouvrier, mais il représente encore celui de toute la famille. Chaque centime pris sur ce salaire est une bouchée de pain que le fabricant enlève à toute la maison. Le système des retenues frappe donc non seulement le coupable, mais encore des innocents. En conséquence, c'est un système homicide, et l'argent qui en résulte est le produit du vol. Que cet argent soit versé dans la caisse des retraites ou ailleurs, il n'en frappe pas moins, sur le moment, des hommes, des travailleurs que personne ici-bas n'a le droit de frapper dans le pain qu'ils mangent. Des hommes qui, comme moi, luttent pour la cause des petits, m'ont souvent demandé pourquoi, dans ce cas-là, les ouvriers ne résistaient pas... Il faudrait d'abord qu'ils s'entendissent. Les grèves nous ont suffisamment renseignés sur leur union et sur les forces dont ils disposent. Quant à résister seul, il ne faut pas que l'ouvrier y songe. La porte est toujours là, grande ouverte, et montrant la rue. Il faut qu'il se soumette, qu'il paie ou qu'il parte. Et le fabricant, qui n'entend pas qu'on lui réponde, se tient toujours prêt à prononcer, d'une voix grotesquement théâtrale, cet éternel refrain : « Veuillez passer au bureau » ; ou encore, « veuillez passer à la caisse ». L'ouvrier sait ce que cela veut dire, et ce n'est que poussé aux dernières extrémités qu'il s'expose à un pareil renvoi, surtout s'il sent, en lui-même, qu'il est le soutien et le gagne-pain de toute une petite famille.

Si les optimistes ont occasion de me lire, je les invite à ne pas me faire un crime de vouloir enlever aux fabricants les seuls moyens qui leur permettent de maintenir l'ordre à la fabrique : les amendes, les menaces, le renvoi.

Que le fabricant soit moins despote ; que les lois et les règlements de la fabrique soient moins arbitraires, moins tyranniques ; que l'exploitation industrielle soit moins un sujet de spéculation qu'une œuvre sociale ; que le travail de l'ouvrier ne soit plus une servitude dégradante ; que la fabrique ne soit plus le réceptacle de la misère, et le milieu où s'engendrent et se reproduisent tous les vices, et tous ces moyens répressifs, dangereux entre les mains de patrons avides, deviendront inutiles. Comment, messieurs les patrons, vous exigez des ouvriers un travail de bête de somme pendant des journées de 10 et de 12 heures ; vous placez ces ouvriers dans des ateliers, dans des fabriques où l'on respire un air empesté et des poussières infectes, où les travailleurs sont sans cesse exposés à des accidents qui peuvent leur coûter la vie, et vous trouvez drôle qu'en présence de cette exploitation homicide, ces ouvriers, en échange du modeste salaire que vous leur donnez, cherchent à prendre quelques minutes sur leur travail ! Et quand ces minutes, prises sur leurs 12 heures, ne seraient employées qu'à respirer l'air de la rue ou de la cour, qui donc ôserait les en blâmer ? Regardez donc la mine qu'ils ont, ces malheureux auxquels vous imposez une amende chaque fois qu'ils se lèvent cinq minutes trop tard. Leurs jambes, leurs bras font pitié. Leur poitrine est si faible qu'on pourrait les croire tous minés par la phtisie. Et les femmes ! A les voir, on les croirait toutes atteintes d'anémie ou de chlorose. Ah ! c'est que les conditions hygiéniques auxquelles ces martyrs du travail sont soumis ne donnent ni la force, ni la santé. Chaque fois que j'entre dans un atelier où sont réunis cinquante ou soixante ouvriers, travaillant dans une atmosphère chaude ou viciée, je me demande si c'est bien là le milieu dans lequel doit vivre l'homme.

Il est vrai qu'à la longue tous finissent par se faire à ces milieux presque inhabitables, car, dans les ateliers où le bruit est permis, il s'en trouve toujours quelques-uns qui chantent. Oiseaux en cage qui cherchent à oublier, dans leurs chants, leur liberté perdue.

L'habitude, dit le proverbe, est une seconde nature. Cela veut-il dire que l'homme puisse modifier son hygiène sans porter de graves atteintes à sa santé ? Il est vrai qu'aujourd'hui toute l'hygiène de l homme est une hygiène contre nature, ce qui n'empêche pas le monde d'exister. Quand le bourgeois passe sa journée dans l'atmosphère enfumée des cafés, l'ouvrier peut bien passer la sienne dans l'atmosphère empestée des fabriques. Le premier abrège sa vie en jouissant; le second l'abrège en travaillant. Ils sont donc égaux, et quiconque proteste mérite le fouet. Aussi, je prépare mes reins.

Certainement, l'ouvrier des fabriques est habitué à l'hygiène que l'industrie lui a imposée; mais cette habitude, il l'a prise aux dépens de ses forces, de sa santé, de sa vie. Toutes les fonctions de son économie animale sont diminuées ou transformées. Avec le temps, la machine s'étiole, s'use; puis il arrive un moment où elle s'en va. Il y a longtemps que des docteurs et des économistes ont démontré, par des statistiques effrayantes, que la moyenne de la vie chez les travailleurs des fabriques est de beaucoup inférieure à la moyenne de la vie de la classe bourgeoise; que la phthisie fait d'épouvantables ravages dans la classe ouvrière; que les produits qui résultent des mariages entre hommes et femmes des fabriques sont des produits atrophiés, avortés, rachitiques, scrofuleux; mais tout cela ne sert à rien; il faut que l'industrie marche et prospère, car les débouchés sont là qui attendent les produits. La production s'entasse, les capitaux s'accumulent, et l'on dit que la France est riche. Erreur fatale, car si l'industrialisme, le mercantilisme et le capitalisme sont en pleine prospérité, le prolétariat végète et meurt de faim.

Partout, dans la petite industrie, comme dans la grande, le capital et le salaire sont en lutte perpétuelle. Ce capital est une pieuvre insatiable que le sang pauvre des prolétaires ne dégoûte pas. Qu'importe ce qu'il suce, pourvu qu'il vive! Et il faut qu'il vive pour que le capitaliste ne meure pas.

Maintenant que je vous ai dit que le travailleur parcellaire de la fabrique est une machine-outil fonctionnant 10 et 12 heures par jour dans un milieu contraire à l'entretien de ses forces; que son travail de manœuvre ou d'automate rémunéré en raison du plus ou moins de difficulté automatique qu'il a à produire ce travail; que la législation à laquelle il est soumis est une législation arbitraire, despotique, homicide; qu'enfin, ne voulant plus supporter la peine du bâton et du fouet, on le fait obéir en lui volant des bouchées de pain, ou en lui faisant entrevoir, par la porte, la misère de la rue, vous pourriez croire que la série des monstruosités de la fabrique est close, surtout si j'ajoute les accidents auxquels les travailleurs sont sans cesse exposés.

Il me reste cependant à vous mettre sous les yeux une dernière monstruosité. Je veux parler du milieu moral dans lequel vivent les travailleurs de la fabrique, des habitudes fâcheuses qu'ils y contractent, des vices qu'ils y apportent, et de ceux qu'ils y trouvent.

En général, et cela est triste à dire, les ouvriers des fabriques et des manufactures comptent parmi les plus ignorants de la société. — Il y a trop peu de temps que l'instruction est obligatoire pour qu'elle ait pu donner des résultats sérieux. — Or, il ne faut pas oublier que dans notre société nous en sommes arrivés, par nos lois et nos institutions, à imposer aux prolétaires le vice comme *compagnon de son ignorance*. C'est ce qui a fait dire à plusieurs écrivains, ennemis des petits, que le milieu dans lequel vivent les prolétaires est un milieu ignorant, grossier, brutal, où chacun se dégrade comme à plaisir. Ils ne savent donc pas, ces lâches, que la société est pour beaucoup dans la dégradation des prolétaires. Si j'ai donné le nom de déclassés à ceux que je défends ici dans mon livre, cette société, à laquelle ils doivent tout, doit savoir pourquoi. Quant à ceux qui ne ressentent que du dégoût pour le prolétariat, qu'ils sachent bien que l'on se dégrade en haut comme en bas, je croyais l'avoir déjà dit. Seulement en haut, où l'homme est instruit, intelligent, quelquefois spirituel, riche, honoré, toute la responsabilité retombe sur le coupable. En bas, au contraire, où l'homme est ignorant, pauvre, délaissé, déshérité, cette responsabilité retombe tout entière sur la société.

En entrant à la fabrique, chacun apporte l'éducation qu'il a reçue dans le milieu où le hasard l'a jeté. L'un arrive avec un bon naturel; l'autre avec un mauvais. Chacun apporte ses penchants, ses habitudes. Tel qui est plus précoce apporte plus; tel qui l'est moins apporte moins. D'ailleurs les fabricants n'exigent pas comme garantie des prix de vertu. Que leur importent les conséquences d'une pareille agglomération, pourvu que leurs affaires marchent! Est-ce qu'ils peuvent répondre de ce qui se passe en dehors du travail de la fabrique? Il est de toute justice que ces hommes, qui sont esclaves à la fabrique, soient au moins libres dans la rue. C'est vrai; mais cette agglomération d'hommes peu instruits, et dont l'intelligence n'a pas acquis tout le développement qu'elle pourrait avoir, n'exerce-t-elle pas une influence fâcheuse sur ces natures, toutes bonnes sans contredit, mais qu'un milieu anormal a déjà trop entamées? Il suffit qu'une brebis galeuse entre à la fabrique, pour que bientôt la gale se propage. On se familiarise vite avec les mauvaises habitudes, surtout lorsque ces habitudes peuvent être cachées, ou lorsqu'elles ne paraissent faire tort à personne. Aussi dans ces milieux industriels, hommes, femmes et enfants marchent presque tous dans la même voie, absolument comme si cette voie était la voie naturelle. On y rencontre un langage spécial, des mœurs spéciales, des habitudes spéciales. On dirait un nouveau monde. C'est là qu'on trouve la solidarité et la réciprocité quant à ce qui touche à la morale. Les uns et les autres s'apprennent réciproquement ce qu'ils savent. Et là il faut vivre de la vie commune sous peine de passer pour un ours ou pour un muscadin. Ceux qui résistent à l'entraînement sont des forts, des natures d'élite.

Le vice, il est vrai, n'y entre pas toujours brutalement; souvent il s'y glisse doucement sous la forme d'un gouailleur qui amuse les autres... La fréquentation se charge du reste. . . . .

Ah! quand je vois la femme dans ce milieu, encore moins fait pour elle que pour l'homme, je frémis dans tout mon être, et j'ai des craintes pour l'avenir. Son organisme, dont le système nerveux est si développé, n'est pas fait pour être soumis à l'action énervante d'une atmosphère chaude, du bruit des machines et du tic-tac monotone des métiers. Et, comme je l'ai dit plus haut, sa place n'est pas à la fabrique au milieu d'hommes dont le contact ne peut que la souiller ou la prostituer. J'ai assisté plusieurs fois à la conversation de quelques filles de fabrique. On ne se gênait pas pour parler haut devant moi, même avec ostentation. Ce que j'ai entendu, moi homme, je n'oserais pas le répéter. C'était un langage de maisons. Et cependant, dans ces moments, je n'ai jamais eu un mouvement de colère contre ces malheureuses. Les larmes me venaient aux yeux, et alors je jurais de les affranchir. Je tiendrai parole et, dussé-je ameuter contre moi toute la horde des industriels, j'essaierai d'arracher la femme à l'exploitation capitaliste. La fabrique est pour la femme un milieu de débauches; nos bourgeois le savent bien. Si ces messieurs voyagent, lorsqu'ils arrivent dans une ville et qu'ils demandent s'il y a des femmes (chez eux c'est une grande préoccupation), on leur répond invariablement, s'ils sont dans une ville de fabriques: « Le » gibier ne manque pas ici; mais, prenez garde, car » vous êtes dans une ville de fabriques. » Ville de fabriques veut donc dire à la fois ville de débauches, et ville dangereuse. O honte!! En effet, de la fabrique à la prostitution il n'y a qu'un pas. Ce pas est si facile à faire, que les malheureuses qui le font ne s'en aperçoivent même pas. La pente du chemin qui mène au vice est si douce que l'on arrive au gouffre avant de s'être rendu compte de l'horreur de la chute.

Mais toutes ne succombent pas, me direz-vous ; beaucoup restent honnêtes. C'est vrai, mais chez les malheureuses qui « ne succombent pas », quel langage, quelles manières, quelles habitudes !

Il semblerait que ces femmes n'ont rien de la femme. Le contact permanent des hommes semble leur avoir donné toutes les allures de l'homme.

Qui donc osera soutenir que la femme qui travaille à la fabrique est dans son rôle?

L'homme qui a inventé le travail des femmes à la fabrique est un monstre, car ce travail est une anomalie sociale.

Souffririez-vous, messieurs les bourgeois, que vos filles allassent prendre à la fabrique des habitudes que vous considérez comme vicieuses, même chez l'homme? Alors, de quel droit imposez-vous à des créatures du même sexe, du même sang que vos filles, un travail, un esclavage et des vices pour lesquels la femme n'est point faite ?

Ah ! c'est que dans la production, il y a des produits que des hommes ne peuvent pas créer, ou du moins dont le prix de revient serait trop coûteux s'ils étaient travaillés par la main des mâles. Il faut des femmes pour ce genre de production. Qu'importe si ces femmes sont sacrifiées d'avance, et appelées à former dans la société les catégories ou des filles communes, ou des filles légères, ou des filles perdues !

Messieurs les riches, que les dentelles et les colifichets que portent vos femmes coûtent donc cher à l'humanité!

Surtout que l'on ne m'accuse pas de baser mes plaintes sur des faits d'exception qui sont les extrêmes de la situation faite aux travailleurs des fabriques par « les exigences de la société ».

Et quand cela serait ! Est-ce que ces victimes « des exigences de la société » n'ont pas le droit de crier justice, et de chercher des défenseurs? Pour répéter un lieu commun, est-ce que les prolétaires que l'on a relégués dant les bas-fonds de la société ne sont pas des hommes comme vous et moi ?

Ces hommes-là sont ordinairement bons, généreux; ils ont du cœur. C'est du reste la caractéristique de la classe ouvrière d'être bonne et généreuse. Malheureusement cela ne suffit pas à l'éducation de l'homme.

Lorsqu'on est appelé à former des générations, et à leur transmettre les vertus que l'on doit posséder soi-même, il faut avoir plus encore. Or, à la fabrique et à la manufacture, ce n'est pas la vertu qui préside; mais la mauvaise éducation et souvent le vice sous toutes ses formes. Dans ces établissements qui sont la richesse du pays, l'homme laisse toujours ce qu'il a de *bon* pour prendre le *mauvais* des autres. C'est une lèpre qui gagne les plus réfractaires, tant elle est contagieuse.

Après cela, qu'y a-t-il de paradoxal à dire que la société marche au pas de charge à sa perte? Cette perte sera-t-elle utile? A cela je répondrai qu'il faut enfin que les hommes établissent la justice, dussent-ils l'établir sur des ruines, et refaire ensuite le monde.

C'est à la porte des fabriques que l'on devrait écrire ce vers de Dante: « *Lasciate ogni speranza* voi che'ntrate! » L'homme et la femme qui entrent dans ces établissements de la production capitaliste laissent à la porte leur intelligence, leur espérance, leur cœur. Ils sont perdus pour le monde moral et la vie intellectuelle. *Ils ne vivent plus que de la vie animale.*

CHAPITRE XXI

TRAVAIL A DOMICILE. — SON MODE D'EXPLOITATION. — SES RÉSULTATS ÉCONOMIQUES ET SES VICTIMES.

Parmi les principales formes de travail que le capitaliste a su rendre sociales, il en est une qui s'offre à notre étude comme le complément du travail de la fabrique : je veux parler du travail à domicile.

Quoique les idées des économistes soient partagées sur la légalité de l'exploitation capitaliste par le travail à domicile, presque tous croient que ce genre de travail est une nécessité économique, favorisant à un suprême degré la production à bon marché. Avant d'entrer en matière, il nous est donc facile de comprendre déjà que: « travail à domicile » veut dire travail à bon marché. De cette signification, qui ne nous permet pas encore sur une donnée aussi étendue de fonder notre jugement, nous déduirons tout à l'heure bien des choses. Mais, avant de passer aux conclusions, examinons ensemble la situation faite aux travailleurs par le travail à domicile.

Au premier abord, ce genre de travail semble présenter des garanties sérieuses contre le despotisme et l'avidité des fabricants. L'ouvrier travaillant chez lui et aux pièces paraît plus libre.

Il n'en est rien cependant, car cette forme de l'exploitation capitaliste est tout aussi monstrueuse, sinon plus, que celle de la fabrique. Entre l'ouvrier de la fabrique et l'ouvrier en chambre, il y a un point de ressemblance frappant : c'est que l'un et l'autre sont les victimes de l'exploitation capitaliste, et forment dans la lutte du travail contre le capital le camp des opprimés et l'armée des vaincus. Je crois avoir assez dit en faveur des ouvriers de la fabrique pour me permettre quelques lignes sur les victimes du travail à domicile. Si, dans ce que j'ai écrit et dans ce qui va suivre, il y a matière à répression, qu'on me poursuive, peu m'importe. Je n'ai pas peur de vos lois, puisque je travaille à leur destruction . . . .

Quant à ceux qui ne seront pas de mon avis, et il y en aura beaucoup, je les invite à me répondre par des faits, et je les dispense, en même temps, de m'assourdir de leurs clameurs. Je n'ai que faire des criailleries et des hurlements de tous ceux que je touche en passant. Mon but est d'établir quand même la justice, dussé-je en jeter les premiers fondements sur des ruines. C'est aux intéressés de se garer de la catastrophe.

Oh ! je sais bien que, pour les défenseurs des inégalités sociales, il n'y a de justice que là où trône la force, que cette force soit du travail volé, de l'or capitalisé, ou de la misère accumulée ! Quiconque dispose du capital est maître du travail. Le capital est une force devant laquelle le travail s'incline, devant laquelle la justice tombe. Ce roi de la société dispose du labeur du travailleur et règle son salaire. Il est le plus fort, il est le maître. C'est en cette qualité d'ailleurs qu'il dispose de toutes les « nécessités économiques » et qu'il en règle « l'harmonie » sans que personne ait le droit de crier à l'injustice et au vol.

Qu'importent l'esclavage de la fabrique et la misère du travail à domicile, si le capital voit chaque jour sa force grandir ! La fin justifie les moyens. C'est le principe fondamental de l'industrialisme, l'axiome favori de l'économie politique. Toutes les misères, toutes les souffrances des travailleurs ne sont rien auprès des bienfaits que les inégalités sociales procurent à la société. D'ailleurs si, en principe, les causes et les moyens s'effacent devant les résultats obtenus, n'est-il pas tout naturel que les monstruosités engendrées par la division excessive du travail, par le machinisme et le travail à domicile, s'effacent aussi devant l'immensité de la production? Produisez beaucoup et à bon marché, et vous serez absous, eussiez-vous exploité et volé vos semblables. C'est aujourd'hui tout le secret et toute la morale de notre sociologie.

Dans la grande industrie, il n'est pas de fabrique sérieuse qui n'occupe au dehors trois ou quatre cents ouvriers formant, dans la grande catégorie des prolétaires salariés, la sous-catégorie des travailleurs en chambre. Je connais plusieurs fabriques d'étoffes de laine et de flanelle, où le nombre des ouvriers en chambre est triple, quadruple de celui des ouvriers de la fabrique proprement dite. En Angleterre, il y a des fabriques qui occupent 1000 ouvriers dans la fabrique proprement dite, et trois à quatre mille au dehors. Il ressort donc de tout cela que, dans chaque genre d'industrie, la production naît du travail à la fabrique et du travail à domicile. Telle industrie, qui occupe dix mille ouvriers en fabrique, en occupe plus de cent mille en chambre. Et ces travailleurs en chambre forment une majorité compacte dont les luttes et les misères cachées surpassent peut-être celles des ouvriers de la fabrique.

C'est surtout dans ce travail à domicile que le travailleur est en lutte permanente contre « son complément économique » la machine.

Pendant que le machinisme entasse à la fabrique produits sur produits, l'ouvrier en chambre essaie, à l'aide d'outils et de métiers à la main, que lui fournit le capitaliste, de produire un équivalent, sans la production duquel il ne pourrait vivre. Il n'a dans sa journée de travail ni maximum, ni minimum. C'est lui-même qui règle son temps; mais s'il veut vivre et lutter contre « son complément », il faut qu'il s'impose un travail au-dessus de ses forces. Il est à ses pièces; mais son salaire est si dérisoire que, lorsqu'il a entassé pièces sur pièces, c'est à peine s'il a pu réunir un total de 2 fr. 50 c. Et cela doit être puisque la fabrique lui fait une concurrence acharnée en produisant beaucoup et à bon marché.

Le travailleur à domicile est placé dans cette alternative, ou de créer des produits dont le prix de revient ne dépasse pas celui des produits créés à la fabrique par le machinisme, ou alors de mourir de faim. Et cette contradiction économique se produit tout entière aux dépens de son salaire.

Le travailleur en chambre subit non seulement les caprices du fabricant, mais encore les influences, bonnes ou mauvaises, des mouvements de la circulation. Il a de longues périodes de chômage, périodes terribles où les drames de la misère se jouent dans l'ombre, sans spectateurs pour applaudir ou pleurer. C'est là que l'homme, tout en souffrant en silence, accumule des colères et charge son cœur de haines impitoyables.

Quand les époques du travail arrivent, le fabricant envoie ses métiers, et pose ses conditions. Les misérables qui viennent de chômer acceptent tout sans rien dire, heureux de trouver enfin, et à n'importe quelle condition, les moyens de vivre. Alors ils travaillent douze heures par jour, quelquefois plus. Ils sont ardents à la tâche parce qu'il y a longtemps qu'ils souffrent. Plus ils travaillent, plus la quantité de travail extra est considérable. C'est du reste ce qu'exige le fabricant, car, quel que soit le mode d'exploitation du capital, il faut que ce capital lui rapporte de quoi augmenter ses revenus.

Mais pour que cela soit, en raison du peu de rapidité de la production à domicile relativement à la rapidité de la production en fabrique, il faut que le taux des salaires soit baissé. Ce qui n'empêche pas la loi de division d'aider de tous ses efforts et de favoriser, au suprême degré, l'exploitation capitaliste.

Même avec les métiers perfectionnés livrés au travail à domicile, comme dans la bonneterie à Troyes, la production se partage entre les rebrousseurs, les rabatteurs, les remmailleurs, etc., etc. C'est toute une spécialisation du travail.

Dans la fabrication des étoffes de laine, de flanelle et dans le filage des laines, même spécialisation. Il y a même dans ce dernier genre d'industrie des spécialisations curieuses pour ne pas dire grotesques. A Suippes, ville située à un kilomètre du camp de Châlons, je connais des femmes qui passent toute leur journée à mettre la laine en pelotes, et cela à l'aide de métiers à la main, et concurremment à la machine, ce qui les oblige à travailler 12 heures pour gagner 1 fr. 75 c. par jour. On peut appeler cela du travail à bon marché.

Il est vrai que grâce à la division du travail, au métier perfectionné et à la machine, le travail de l'ouvrier est payé en raison de sa difficulté. Or, l'ouvrier des fabriques et le travailleur à domicile passent leur temps à surveiller des machines, des métiers, à tourner des manivelles; travail de manœuvres qui n'exige point d'apprentissage, et que le premier venu, s'il n'est pas absolument idiot, peut exécuter comme « un ancien ». Il serait donc illogique, industriellement parlant, de payer ce travail qui demande un peu d'attention, de l'habitude et qui n'exige aucun effort intellectuel, comme un travail de « production réelle. » Le seul salaire que l'on puisse attribuer aux ouvriers actuels, aussi bien à ceux qui travaillent en chambre qu'à ceux qui travaillent à la fabrique, c'est le salaire des manœuvres, des hommes de peine, car ils ne sont pas autre chose.

La catégorie des travailleurs en chambre est formée par des femmes, des enfants, des vieillards ou des ouvriers inhabiles. Le travail de la chambre, c'est le travail des petits, le travail des faibles. Aussi la fabrique ne livre-t-elle à ce genre de travail que des ouvrages faciles et n'exigeant aucune surveillance.

Vous savez bien du reste que, la division du travail, le métier perfectionné et le machinisme aidant, on est arrivé à obtenir autant de la force d'une femme que de celle d'un homme. Cette force utilisée à domicile et payée un prix inférieur, sous prétexte que c'est une femme ou un enfant qui la développe, est habilement exploitée par le capitaliste.

J'ai démontré dans un chapitre sur le machinisme que l'entrée de la femme et de l'enfant à la fabrique avait inauguré, dans la grande industrie, l'ère du travail à bon marché. Or, nous retrouvons à domicile la femme et l'enfant travaillant pour le compte de la fabrique. Ils forment même une immense majorité dans cette grande catégorie des travailleurs en chambre. Par conséquent, si la femme et l'enfant représentent à la fabrique le travail à bon marché, il n'y a pas de raison pour qu'ils ne le représentent pas aussi à domicile. Non seulement ils le représentent, mais ils en sont encore l'élément principal, le moteur indispensable, la vraie force productrice.

En résumé, on peut dire que le travail à domicile est d'autant moins payé qu'il est le produit d'une force développée par des femmes, des enfants, des vieillards, des ouvriers inhabiles, et employée à la production d'ouvrages faciles et accessoires. C'est donc du travail à bon marché, le « cheap labour » des Anglais.

L'exploitation à domicile du travail de l'homme ne trouve sa raison économique que dans le bon marché du travail produit, bon marché qui ne peut être obtenu qu'autant que les frais du capitaliste seront peu élevés, et que le salaire des ouvriers sera inférieur. Quoi qu'en disent les capitalistes, le travail à domicile ne peut être exploité qu'à cette condition. Les manufacturiers, les fabricants qui occupent des ouvriers en chambre, pourraient nous donner à ce sujet de très amples renseignements, car ils savent aussi bien que nous que c'est grâce au salaire dérisoire qu'ils donnent à ces ouvriers qu'ils peuvent équilibrer le prix de revient des produits créés à domicile avec celui des produits créés à la fabrique, ou à la manufacture. C'est ce qui a fait dire à Karl Marx, dans son livre Du Capital, que « c'est » précisément le bon marché de la sueur humaine et » du sang humain transformés en marchandises qui » élargissait le débouché, et l'élargit chaque jour en» core. »

« Le bon marché de la sueur humaine et du sang humain » ; quelle monstrueuse vérité ! Ah ! messieurs les capitalistes, c'est une bien belle exploitation que celle qui consiste à s'enrichir de la sueur et du sang des pauvres. Quelle œuvre de solidarité sociale !!

Et vous, messieurs les indifférents, essayez donc un jour de vous rendre compte de ce qui se passe dans ces galetas où l'ouvrier meurt presque de faim en travaillant, où les luttes contre la misère sont toute la vie. Entrez donc une fois dans ces taudis qui sont pourtant des sanctuaires du travail. Vous y trouverez des femmes, des enfants courbés sur des métiers, sur des manivelles, au milieu de toutes sortes de produits, et de tous les objets et ustensiles d'un ménage que la femme de la maison n'a pas le temps de faire. Ils sont là quatre, cinq, dans une chambre étroite, au plafond bas, où l'air manque, travaillant debout, ou dans des positions encore plus fatigantes. Lorsqu'on entre dans ces mansardes, l'odeur qui s'en dégage vous prend à la gorge. On se demande comment des êtres humains peuvent vivre et travailler, là où des animaux mourraient. Tous les inconvénients de la fabrique existent dans ces domiciles, mais considérablement augmentés: atmosphère empestée, chargée de principes délétères, chaude en été, froide, glacée en hiver ; travail fatigant, énervant, homicide ; salaire dérisoire. Sans être les esclaves de la fabrique, ils sont les esclaves du capital qui les tient à sa merci. Lorsque le capital a du travail à leur donner, ils se tuent pour vivre, lorsqu'il n'en a pas, ils chôment.

Et les exigences du patron ! Lorsque les produits ne sont pas parfaits d'exécution, il les laisse pour compte à ceux qui les ont produits. Le plus souvent, c'est le métier qui est coupable ; mais comme le fabricant ne veut pas perdre sa matière première qui représente une partie de son capital, il rejette toujours la faute sur le salarié, et les retenues sur le salaire commencent. Je connais un ouvrier bonnetier auquel son patron avait laissé pour compte une quantité de jupons et de bonnets de coton. C'est tout simplement grotesque.

Cependant je ne vois rien, dans l'exploitation à domicile, qui puisse légitimer les exigences des patrons.

S'ils fournissent aux ouvriers en chambre les métiers et les matières premières nécessaires à la production, ceux-ci fournissent leur local et leur travail. Le local de l'ouvrier, mais c'est du capital fourni ; c'est du capital prêté, avancé, car je ne sache pas que nulle part l'ouvrier soit logé pour rien. Donc, si le capitaliste est représenté dans le travail à domicile par son capital, l'ouvrier y est représenté par son capital et son travail. Il dispense le capitaliste du local ; il me semble que c'est quelque chose. L'ouvrier en chambre donne plus que l'ouvrier de la fabrique ; mais il gagne moins. Il est vrai qu'il ne travaille pas toute l'année, et produit moins que l'ouvrier de la fabrique. Dans son travail, il économise moins de temps, parce que les outils et les métiers dont il dispose sont moins perfectionnés. Et comme le temps représente de l'argent, il est juste, n'est-ce pas? qu'il fournisse plus et reçoive moins.. C'est du reste le seul moyen qu'il ait de se rendre utile à ses semblables, et d'ajouter à la production, car le travail à domicile n'est logique, demandez-le aux capitalistes, qu'autant qu'il ne mange pas le capital de la fabrique. Pour cela, il faut alors que l'ouvrier se laisse exploiter, et travaille pour rien. Je dis pour rien, car son travail n'est pas payé ce qu'il vaut. S'il est vrai que le travail de l'homme doit être coté, marchandé et acheté comme une marchandise, ce dont je doute, soit dit en passant, je prétends que ce travail, quel qu'il soit, et quel que soit l'homme qui le produit, vaut plus de 2 fr. 50, plus de trois francs, plus de quatre francs par jour. Il suffit d'ailleurs qu'il faille plus de 2 fr. 50 par jour à un homme pour vivre dignement au milieu de ses semblables, pour que son travail de la journée soit coté au-dessus de ce prix qui n'est pas encore le prix minimum des salaires.

Si, parmi les ouvriers à domicile, il s'en trouve quelques-uns, et j'en connais, qui n'ont pas à lutter contre les étreintes de la misère, contre les soucis de la vie au jour le jour, on peut dire que ces favorisés ne vivent pas exclusivement de leur travail, et forment dans l'armée des travailleurs une minorité dont on ne doit pas tenir compte. Ces sortes de travailleurs sont des demi-épiciers, des demi-merciers, car leur femme tient boutique. Ils ont même de petites rentes, ce qui en fait des petits bourgeois.

Les autres, ceux qui ne sont ni épiciers, ni merciers, et qui travaillent lorsque la fabrique et la manufacture leur envoient de l'ouvrage, sont les véritables prolétaires. En les voyant maigres, hâves, pauvrement vêtus, on ne dira jamais : Voilà des ouvriers aisés, des demi-bourgeois. On les reconnaît, de loin, car ils sentent la misère. Ceux qui vendent de la chandelle et du fil à bâtir, tout en faisant des bonnets de coton, les renieraient pour leurs frères. Ah ! ceux-là sont les vrais pauvres, car ils sont chargés de famille, et gagnent à peine de quoi en nourrir la moitié. Oui ! ceux-là sont les vrais exploités, car, ne pouvant revendiquer leur droit au travail, ils sont obligés d'attendre qu'on leur apporte de l'ouvrage, parce qu'ils sont faibles, parce que la fabrique et la manufacture n'ont pas toujours assez de places pour recevoir les femmes, les vieillards, les enfants et les inhabiles. Qu'ils travaillent dans la bonneterie, dans le tissage des draps, de la flanelle ou de la soie ; dans la confection pour hommes ou pour femmes ; dans la dentelle, etc., ils luttent et ils souffrent parce que leur salaire est une insulte. Ils sont les dupes du travail à bon marché, et la société ne trouve pas cela monstrueux, parce que le bon marché a des avantages, et que la collectivité en profite. On croirait vraiment que la base de notre sociologie actuelle est le collectivisme ou la communauté. Je voudrais pouvoir rire ; mais je ne le puis en face de toutes les misères auxquelles je songe. Tel qui peut rire au nez de ceux qui souffrent est un lâche... Ah ! je comprends très bien que les capitalistes ne cherchent pas à supprimer, même progressivement, le travail à domicile. Ce genre de travail est une des forces de la production, et, certainement, c'est encore celui qui coûte le moins aux fabricants. Loin de combattre ce système de production, ils l'encouragent en entretenant, autour de la fabrique et de la manufacture, de petits ateliers qu'ils alimentent toute l'année. Ces ateliers tiennent à la fois de la petite manufacture et du travail à domicile, tout en se rapprochant beaucoup plus de ce dernier. C'est un système mixte très employé dans la soierie et dans la bonneterie. Dans ce système, le petit patron d'atelier fournit le local; achète ses métiers; le fabricant en gros lui fournit les matières premières et lui donne les commandes. Ce petit patron est libre de n'avoir qu'un métier, ou d'en avoir plusieurs; libre de travailler seul, ou d'avoir des ouvriers. C'est à lui de voir ce qu'il peut faire. Dans ces conditions, que l'ouvrier travaille seul, ou prenne avec lui d'autres travailleurs, il n'entre pas moins dans la production pour une certaine part, par son local, ses métiers, ses ouvriers, son travail. Quand il donne tout cela, le fabricant, qui le commandite en quelque sorte, ne donne que ses matières premières et ses commandes, toutes choses, il est vrai, qui représentent le crédit que l'ouvrier patron ne possède pas, et les débouchés qu'il n'a pu se créer. C'est pourquoi ce fabricant se débarrasse de cet ouvrier en lui allouant un salaire fixé à tant par kilogramme de marchandise produite, et reste ainsi le seul maître de la production et de la circulation. La part de capital ou de travail fournie par chacun est à peu près la même, ce qui n'empêche pas que les droits du faible sur la production sont absolument nuls. L'un travaille, l'autre profite, sous prétexte que celui qui travaille n'a ni capital-argent, ni crédit.

Toujours le crédit!!

Cette force économique est le Rubicon que les prolétaires ne peuvent passer. C'est la pierre d'achoppement contre laquelle viennent se heurter la bonne volonté et le travail.

J'ai eu comme voisin, pendant plusieurs années, un petit bonnetier qui faisait de la bonneterie pour le compte d'une fabrique. Ce bonnetier n'occupait que des ouvriers circulaires, avec la spécialisation attachée à ce genre de bonneterie: rabatteur, rebrousseur, repousseur, etc. Le malheureux n'était pas riche, et le local dans lequel travaillaient ses ouvriers mérite d'être décrit.

L'atelier de travail avait une longueur de 7 mètres sur une hauteur de 3 mètres. Deux châssis, ouvrant sur le toit, tenaient lieu de fenêtres, et servaient à l'aération, en même temps qu'ils laissaient pénétrer la lumière. L'aire de l'atelier était en terre battue. Dans cet espace étroit, malsain, humide et froid en hiver, dix métiers s'alignaient de chaque côté des murs de face, et huit à dix ouvriers en tournaient les manivelles pendant 12 heures par jour. Je causais très souvent avec ce petit patron, et j'eus plusieurs fois l'occasion d'entrer dans son atelier. Les figures que j'y rencontrais changeaient souvent, et cependant, à certains points de vue, elles se ressemblaient toutes. La misère s'y reflétait dans son plus pâle éclat. Comme chez les déclassés de la fabrique: mine jaunâtre, tempérament à phthisie... Ces ouvriers travaillaient à leurs pièces, et cependant leur salaire n'était pas en rapport avec leur travail. Cela devait être puisque ces ouvriers travaillaient pour le compte d'un salarié aux pièces, qui travaillait lui-même pour le compte d'une fabrique ou d'une manufacture. Si le patron recevait de la fabrique 0 fr. 50 c. par pièce fabriquée, il est évident qu'il ne donnait pas ces 0 fr. 50 c. à l'ouvrier qui en était le producteur. Il fallait bien que le patron payât son loyer, achetât et entretînt ses métiers, et gagnât sa vie. Et pour cela, il lui fallait un pécule. Encore ce patron ne roulait pas sur l'or. J'ai des ouvriers, me disait-il, qui gagnent 19 francs par semaine, d'autres qui gagnent 21 francs. J'en ai eu plusieurs qui gagnaient plus: mais ces ouvriers-là sont rares. Le salaire de la journée des premiers s'élevait donc à 3 fr. 158 par jour, soit 0 fr. 31 c. par heure, en admettant toutefois que cette journée fût seulement de 10 heures. Le salaire des seconds s'élevait à 3 fr. 50 c., soit 0 fr. 35 c. par heure. Trente et un centimes par heure pour faire de la bonneterie circulaire, travail aussi énervant que fatigant. Et les bourgeois qui passent leur temps au café trouvent étrange que les travailleurs qui leur font des bonnets de coton réclament. . . . .

. . . .

Il existe encore une autre catégorie de travailleurs à domicile: celle qui comprend les ouvriers auxquels la fabrique ne fournit pas de métiers, et qui, ne pouvant en acheter, sont obligés d'en louer. Ceux-là sont soumis aux mêmes exigences que les autres, avec cet inconvénient en plus qu'ils sont obligés de prendre sur leur salaire pour payer la location de leurs métiers. Ils comptent presque toujours parmi les plus pauvres.

Les trois catégories de travailleurs à domicile que je viens de mettre sous ses yeux avec tous les détails que comporte le programme de la défense doivent suffire à fixer le lecteur sur l'utilité et les inconvénients du travail à domicile. Cependant, il faut qu'il sache encore que, en dehors de ces trois groupes, d'autres déclassés essaient de vivre en se livrant à domicile à des travaux aussi grotesques qu'inintelligents: ce sont ordinairement des femmes. Les unes mettent la laine en pelotes; les autres, celles qui sont attachées à la bonneterie, apprêtent les bas, les chaussettes, et les plient afin que ces produits puissent être livrés immédiatement au commerce. D'autres travaillent pour les relieurs ou les librairies religieuses. Alors, au milieu de livres qu'elles n'ont jamais lus, elles passent leur temps à réunir et à attacher des feuillets. Je pourrais multiplier ces exemples à l'infini, et m'éterniser sur toutes ces spéculations. Mais la place me manque, et, partant de l'ouvrier qui travaille au métier, il m'est impossible d'arriver jusqu'à la femme qui fait de la dentelle avec des épingles. Il y a, du reste, dans nos institutions des choses que l'on ne peut cacher. Les contradictions et les injustices du travail à domicile sont celles que les myopes peuvent voir sans lunettes. Il suffit d'ouvrir les yeux pour voir souvent plus qu'on ne voudrait voir.

Que les travailleurs regardent donc, et, si les sceptiques l'osent, qu'ils soutiennent le regard des pauvres !

Est-il donc besoin de tant de faits, de tant de détails pour démontrer toute la contradiction sociale de l'exploitation capitaliste? Cette exploitation n'est-elle pas aujourd'hui la base de notre société, le principe même de son existence?

Nous avons accepté la royauté de l'or, l'utilité, la nécessité du capital, nous devons subir le joug du premier, et compter avec les moyens d'accumulation du second. Si les pauvres n'accumulent pas, c'est parce qu'ils ne savent pas, et ce n'est pas ceux qui accumulent qui leur donneront leur secret. Un jour viendra peut-être où l'on décernera des brevets de civisme à ceux qui arriveront le plus rapidement à la fortune.

Quelle course! Prolétaires, préparez vos jambes, et graissez vos bottes. Surtout n'oubliez pas, pour la circonstance, ce vers du bonhomme La Fontaine : « Rien ne sert de courir, il faut partir à point. »

CHAPITRE XXII

QUE LE TRAVAIL DE L'OUVRIER, AUSSI BIEN DANS LA GRANDE INDUSTRIE QUE DANS LA MANUFACTURE, EST CONSIDÉRÉ COMME UNE FORCE, COMME UNE MARCHANDISE QUE L'OUVRIER PROPOSE, ET QUE LE PATRON ACHÈTE, NON SANS L'AVOIR PRÉALABLEMENT MARCHANDÉE.

Hodgskin a dit : « Le travail, la mesure exclusive de » la valeur, le créateur exclusif de toute richesse, n'est » pas marchandise. » Voilà certes une définition juste, car il est impossible de dire en moins de mots que la valeur, la richesse ont leur source dans le travail, et que celui-ci, par ce fait même qu'il crée la valeur et la richesse, ne peut se vendre un prix déterminé avant d'avoir produit. Mais ce n'est pas ainsi que pensent l'école, et, à sa suite, la majorité des patrons, fabricants et capitalistes. D'après les économistes, l'homme est propriétaire de sa force, et par conséquent libre de la vendre. Cette théorie nous mène droit à ce corollaire obligé, que si l'homme peut vendre sa force, son semblable a le droit de la lui acheter. Et comme cette vente, quoique se faisant toujours sous les auspices de la libre acceptation des parties, ne peut s'achever qu'à de certaines conditions, les hommes ont cru devoir assigner un taux à la force de travail. Voilà pourquoi l'idée saine d'Hodgskin n'a pas prévalu, et pourquoi aussi la production, tout en étant le résultat du travail col-

13.

lectif, a toujours été la propriété de celui qui était assez riche pour acheter la force de celui qui était assez pauvre pour être obligé de la lui vendre. Voilà pourquoi le travailleur n'a aucun droit sur la production qu'il crée, et pourquoi son salaire, au lieu d'être une partie du produit créé, est le résultat quotidien d'une vente passée entre son patron et lui, et dans laquelle il s'engage à donner sa force pendant 10 heures par jour, sans se réserver aucun droit sur la production.

Que l'ouvrier travaille aux pièces ou au temps, sa force est cotée. Lorsqu'il se présente chez un patron, celui-ci commence par poser ses conditions. C'est tant de la pièce, ou tant de l'heure, dit-il, et si l'ouvrier accepte le salaire que le fabricant lui offre en échange de sa force, il devient l'outil vivant de la production, l'esclave de la fabrique, et favorise au plus haut point l'accumulation capitaliste par l'abandon qu'il fait aux patrons de ses moyens matériels et intellectuels. Cette vente passée entre l'ouvrier et le patron, entre l'offre et la demande, et que certains économistes considèrent comme une des grandes forces de notre organisation du travail, laisse, d'après ces optimistes de l'école, toute liberté à l'ouvrier, en même temps qu'elle sauvegarde, bien entendu, celle du fabricant. Tous les deux sont également libres, disent-ils, l'un d'offrir sa force, l'autre de l'acheter. Cependant je vais vous prouver, contrairement à ce que pensent ces messieurs de l'école, que celui qui offre son travail n'est pas aussi libre qu'on le croit, et que, le plus souvent, il est obligé d'accepter des conditions qu'il n'accepterait pas en toute autre circonstance, parce qu'il subit le joug du capital, et que ce capital est une force devant laquelle il faut qu'il s'incline, en vertu de ce principe qui est la plus grande morale du monde : « La force prime le droit. »

Si l'ouvrier vient librement sur le marché offrir son travail à l'industriel ; s'il débat même ses intérêts librement, cela veut-il dire que la liberté préside à la vente, et que les conditions offertes et acceptées idéalisent cette liberté jusque dans les effets économiques qui résultent de cette vente ?

En thèse générale, l'homme qui est obligé de se vendre pour vivre n'est pas libre. Qu'il se vende temporairement, pour un temps plus ou moins déterminé, il n'en est pas moins vendu. Je croyais cependant que l'homme, pas plus que son travail, n'était marchandise.

On me dira bien qu'en vertu de son droit de liberté l'homme peut disposer, comme il l'entend, de sa force et de son intelligence. C'est vrai ; mais il s'agit de savoir si, dans l'état actuel des choses, le travailleur n'est pas obligé de disposer de sa force et de son intelligence autrement qu'il voudrait et devrait en disposer, et si, dans ces sortes de contrats passés entre le fabricant et lui, l'acceptation qui en est toujours le résultat n'est pas une acceptation forcée. Il s'agit de savoir si cette liberté et cette égalité qui paraissent être les deux principes fondamentaux sur lesquels roulent les exemples multiples de l'offre et de la demande ne sont pas en réalité un mensonge, quant à ce qui concerne, du moins, celui qui met en vente son travail et sa personne.

Qu'importe que le travailleur vienne de son propre mouvement offrir sur le marché la force et l'intelligence dont il dispose ! Qu'importe qu'il soit le propriétaire exclusif de cette force et de cette intelligence si, en arrivant sur le marché, il trouve « un homme aux écus », selon l'expression vraie de Karl Marx, qui, possesseur d'un capital immense, peut attendre que la misère et la faim jettent l'ouvrier dans ses bras pour un salaire dérisoire ! Le capital peut toujours attendre, même au risque de s'entamer ; la misère et la faim n'attendent pas.

Oh ! si vous appelez échange cette sorte de vente qui livre les travailleurs aux patrons, il faut convenir que vous n'êtes pas difficiles, et que vous n'avez même pas le respect des maîtres qui ont jeté les premiers fondements de l'économie politique. Si le travailleur arrive sur le marché avec sa force et son intelligence, le capitaliste se présente avec ses écus. C'est une lutte entre le travail et le capital, lutte dans laquelle le capital l'emporte toujours. Cette opération économique qui se passe sur le marché entre l'offre et la demande n'est pas un échange, mais une vente dans laquelle le possesseur du capital achète au rabais la force qui doit faire fructifier son capital. Cette vente ressemble à celle dans laquelle un décavé et un misérable vendent à des juifs ou à des fripiers, l'un ses bijoux pour se remettre à flot, l'autre ses effets, son lit, pour payer son boulanger.

Si la liberté et l'égalité président à cette vente de la force de l'homme, comment se fait-il qu'elles ne puissent empêcher le vol flagrant de la force de travail par le capital ?

Vol flagrant ! Voilà certes un mot bien dur pour notre société industrielle ; aussi vais-je m'empresser de l'expliquer, sans chercher cependant à en atténuer la signification.

J'ai dit, au commencement de ce chapitre, que les hommes avaient assigné une valeur intrinsèque à la force de travail, en se basant sur cette liberté, devenue un principe : que, d'une manière générale, l'homme à le droit de vendre sa force à qui veut bien la lui acheter. Or, c'est précisément sur cette valeur intrinsèque de la force de travail que le capital a posé les principales bases de son exploitation. Tout le secret de son accumulation est dans le taux de cette valeur, dont les oscillations curieuses semblent marcher en raison inverse de celles de la production et de la circulation. Si le capitaliste a toujours repoussé, et repousse encore, l'association du capital avec le travail, c'est parce qu'il préfère pratiquer pour son compte l'exploitation d'une force qu'il paie 4 et qui lui rapporte 8. Cette force qu'il achète sur le marché, au même titre qu'une marchandise mise en circulation, favorise d'autant plus l'accumulation de son capital qu'il la paie moins cher, et qu'il l'engage pour un nombre plus considérable d'heures de travail par jour.

Là encore apparaît le fameux problème de la production capitaliste : produire à bon marché afin d'accumuler. Et c'est pour arriver à la solution de ce problème que le capitaliste marchande et cherche à payer le moins cher possible la puissance, la force de travail, c'est-à-dire l'outil humain. Il est aidé dans cette exploitation par la situation précaire qu'ont faite aux travailleurs les lois, la propriété, l'organisation du travail, la concurrence, etc., etc.

La lutte est courte, et toujours le capitaliste triomphe. Il triomphe parce que le travailleur a tout contre lui, et parce que, dans la guerre des classes, il est plus mal armé.

Sur le marché, le capitaliste a bien à lutter contre ce qu'on appelle dans le monde industriel « les exigences des ouvriers » ; mais ces exigences tombent presque toujours d'elles-mêmes devant les nécessités de la vie qui forcent le travailleur, s'il veut vivre, à mettre de côté sa dignité d'homme. Sur le marché, le capitaliste, « l'homme aux écus », n'a que l'embarras du choix, car si le salaire qu'il offre est refusé par quelques-uns, il est bien rare qu'il ne soit pas accepté par d'autres. Bien mieux encore, on voit chaque jour les travailleurs se faire, sur le marché, une impitoyable concurrence. Cette concurrence, qui a pour but de favoriser l'achat ou la vente à bon marché de la force de travail, est surtout faite par les ouvriers étrangers, belges, allemands, italiens. Ces ouvriers, obligés de quitter leur pays parce qu'ils ne peuvent y vivre, préfèrent à tous égards travailler en France, à n'importe quel prix, que de mourir de faim chez eux. Ces ouvriers, ordinairement vigoureux, sont très appréciés sur le marché pour bien des raisons. Ils sont peu exigeants, se contentent d'un modeste salaire, et engagent moins la responsabilité pécuniaire des patrons, par ce fait qu'ils sont célibataires.

Il y a des maisons françaises, aussi bien en province qu'à Paris, qui, sur les deux cents ouvriers qu'elles occupent, comptent au moins de cent cinquante à cent soixante ouvriers étrangers : italiens, belges, hollandais, anglais, allemands. Ces ouvriers, sans le savoir, par nécessité peut-être, font une guerre homicide au travail, et sont les principaux instruments dont se servent les capitalistes pour maintenir le prolétariat sous le joug écrasant du capital.

Eux aussi sont libres ; libres de se donner ou de se vendre. Et cependant cette liberté dont ils jouissent est la cause que le premier effet qui résulte de son application se traduit d'une part par leur asservissement volontaire ; d'autre part par la vente forcée, et à bon marché de leurs frères du travail. Aussi bien pourraient-ils rester chez eux, s'ils doivent venir chez nous faire la guerre aux travailleurs, et faire le jeu du capital. S'ils meurent de faim dans leur pays, nous sommes prêts à leur ouvrir les portes du nôtre, à la condition qu'ils ne gâteront pas les prix, et qu'ils ne se poseront pas en ennemis des prolétaires français. Je sais bien qu'ils sont encouragés et attirés par les capitalistes qui, dans toutes les circonstances, leur donnent la préférence sur les ouvriers français. Une ligue de prolétaires triompherait peut-être de cet obstacle dressé chaque jour sur la route du progrès social par ceux-là mêmes qui devraient en aplanir les difficultés.

Ah ! messieurs les capitalistes savent bien profiter de cette concurrence inconsciente qui divise les travailleurs. Ils l'entretiennent même avec soin, car ils craignent cette union fatale, de laquelle doivent sortir non « les exigences des ouvriers », mais leurs droits parfaitement définis. Ils savent bien que le jour où cette concurrence disparaîtra du monde travailleur, ils ne trouveront plus sur le marché des ouvriers engagés d'avance, pour n'importe quel prix, parce qu'ils ont besoin de vivre. Si, aujourd'hui encore l'offre s'incline devant la demande, c'est grâce à cette concurrence que les ouvriers se font entre eux, et grâce aussi à la transformation apportée dans la manufacture par l'outil perfectionné et le machinisme. Cela découle, d'ailleurs, de l'enchaînement méthodique des inégalités et des injustices sociales.

Vous n'avez pas encore oublié les effets économiques qui sont résultés de la transformation de la manufacture en fabrique par le machinisme et la grande industrie : travail facile, expéditif ; travail des faibles, des femmes, des enfants, des inhabiles, c'est-à-dire travail à bon marché.

Le machinisme aidant, une femme peut remplacer dans certaines industries un homme robuste et solide. Il est vrai qu'elle ne le remplacera pas sans fatigue ; mais comme la fatigue n'entre pas en ligne de compte sur le marché, et dans les contrats passés entre patrons et ouvriers, il en résulte que, dans le choix de ses ouvriers le capitaliste choisira toujours, à production égale, celui qui lui coûtera le moins cher, c'est-à-dire, l'ouvrier étranger, la femme ou l'enfant.

Il a tout intérêt à choisir les faibles, à moins cependant que l'ouvrier vigoureux n'accepte les conditions qui sont faites à la femme et à l'enfant. C'est ordinairement ce qui arrive dans le genre de travail qui occupe les véritables prolétaires, c'est-à-dire les pauvres. Ces manœuvres du travail, qu'ils soient hommes, femmes ou enfants, gagnent à peu de chose près le même salaire. Dans cette catégorie de déclassés, la force de l'homme n'est guère plus cotée que celle de la femme ou du fils, de sorte que, sur le marché, les membres d'une même famille se font quelquefois une concurrence malheureuse.

Étant donné que la puissance de travail porte en elle une valeur marchande — c'est l'économie politique qui prétend cela, — il est certain que la force de l'homme doit avoir une valeur supérieure à celle de la femme et à celle de l'enfant. Cette prétention de la part de l'homme paraît logique. Or, si l'homme apporte cette prétention sur le marché, il risque fort d'attendre longtemps pendant qu'autour de lui sa femme, ses enfants, et d'autres moins exigeants, seront tour à tour embauchés. Et il attendra jusqu'au jour où la misère lui aura dessillé les yeux et fait comprendre que la femme et l'enfant n'ont pas été créés pour nourrir l'homme. Alors il entrera à la fabrique, tout honteux, par la porte qui a déjà donné passage aux siens, et après avoir accepté, à peu de chose près, les mêmes conditions.

D'après cela il est facile d'établir une comparaison entre les armes dont disposent pour la lutte, d'un côté l'offre ou le travail, de l'autre la demande ou le capital.

Ah! quand j'ai dit que cet achat de la force de l'homme était un vol, qui osera m'imposer une rétractation, en présence des faits monstrueux qui se passent chaque jour sur le marché ? Il y a longtemps que J.-B. Say a formulé la loi de l'échange, et cependant je ne vois pas que dans la pratique on en ait tenu compte. Pour que l'échange soit juste, personne ne l'ignore aujourd'hui, il faut qu'il soit basé sur la liberté et l'égalité des parties. Cherchez donc la liberté et l'égalité dans la vente de la force de travail. Je vous défends de dégager ces deux principes des contrats passés journellement entre l'offre et la demande.

Ah! cette liberté et cette égalité sont faciles à définir. D'un côté, puissance, richesse, crédit, avidité : c'est le côté de la force, c'est le capital ; de l'autre, faiblesse, besoins, misère, soumission, contrainte : c'est le côté du prolétariat, c'est le travail. Or, quand la liberté et l'égalité sont ainsi partagées, il ne faut pas s'étonner qu'aux approches du vingtième siècle, la traite des pauvres se fasse ; que « l'homme aux écus » soit le maître de celui qui ne possède pas, et que la production rapporte au capital en raison de la sueur et du sang qu'elle coûte au travail.

Une comparaison.

J'entends chaque jour nos gros bourgeois — honnêtes dans le sens bourgeois du mot — protester hautement contre les actes de ces usuriers qui prêtent à la petite semaine, et contre les procédés honteux de ces vautours qui sont à la recherche de la gêne et de la misère pour acheter au rabais les hardes de ceux qui souffrent. Ces monstres-là mériteraient d'être fouettés sur la place publique. Cependant ce qu'ils font secrètement, mystérieusement, dans le silence du secret, ou de la nuit, comme les rapaces nocturnes, les capitalistes le font au grand jour, publiquement, à la face de tous.

Alors quelle différence y a-t-il entre les actes de ces vampires, et ces industriels qui marchandent, sans scrupule, la force du prolétaire, et qui arrivent, aidés par la nécessité et la misère du malheureux qu'ils exploitent, à obtenir pour 2 ou pour 3, une force qui leur rapporte 8 ou 10.

Quand les hommes dont j'ai parlé plus haut prêtent de l'argent à un décavé ou à un misérable; quand ils achètent à ce misérable soit un pardessus, soit une montre, soit un pantalon, ils savent d'avance que cette opération leur rapportera un gros bénéfice. Ils savent qu'ils exploitent le malheur ou la misère; c'est pourquoi le peuple les méprise; c'est pourquoi il les place presque au rang des voleurs. Et vous, Messieurs les fabricants, possesseurs « légitimes » du capital, vous savez aussi que la force que vous payez 2 ou 3 vaut souvent le double; vous savez aussi que si vous l'obtenez à ce prix, c'est grâce à la gêne, à la misère des prolétaires qui se laissent exploiter comme le décavé, ou le misérable de tout à l'heure, parce qu'après tout il faut vivre quand même.

Donc, entre vous et ces monstres dont j'ai parlé plus haut, il y a certains points de ressemblance. . . .

Seulement les lois vous protègent les uns et les autres. Prêteurs à la petite semaine; acheteurs au rabais de pardessus, de pantalons; acheteurs de la force de travail, vous êtes tous d'honnêtes gens aux yeux de la loi, quand, par contre, celui qui vole un morceau de pain à la boutique d'un boulanger, parce qu'il a faim, est un voleur.

Quelle législation sacrée!!...

Enfin, quoi qu'il en soit de votre façon d'apprécier, d'estimer, de marchander et d'acheter la force de travail, je proteste hautement contre ce procédé économique qui consiste à assigner une valeur à la puissance de travail et à payer cette puissance un prix toujours inférieur, avant de savoir ce qu'elle peut produire.

Ecoutez ce que dit Turgot dans ses réflexions sur la formation et la distribution des richesses: « Le simple » ouvrier, qui n'a que ses bras et son industrie, n'a » rien qu'autant qu'il parvient à vendre à d'autres sa » peine. Il la vend plus ou moins cher, mais ce prix,

» plus ou moins haut, ne dépend pas de lui seul : il
» résulte de l'accord qu'il fait avec celui qui paye son
» travail. Celui-ci le paye le moins cher qu'il peut;
» comme il a le choix entre un grand nombre d'ou-
» vriers, il préfère celui qui travaille au meilleur mar-
» ché. Les ouvriers sont donc obligés de baisser le
» prix à l'envi les uns des autres. En tout genre de tra-
» vail, il doit arriver et il arrive que le salaire de l'ou-
» vrier se borne à ce qui lui est nécessaire pour lui
» procurer la substance. »

Que les prolétaires le sachent donc bien, la force de travail n'est pas une marchandise. Sa valeur, Marx l'a déjà dit, ne peut être déterminée que par le temps de travail nécessaire à sa production ; c'est-à-dire par la durée de ce travail. Il est admis depuis longtemps que la valeur du produit est déterminée par le quantum de travail renfermé en lui. Auriez-vous déjà oublié que le produit n'est autre chose que du travail réalisé ? Tout cela est obscur pour vous, égoïstes, qui ne voulez pas comprendre. Vous ne voulez pas que le salaire soit, comme le profit, une partie du produit créé, parce qu'on vous a toujours dit que le capital avait plus de droits sur la production que le travail. Quels sont les coupables? Si je m'occupais ici des personnalités, j'accuserais le gouvernement, les industriels, les capitalistes, les législateurs, les économistes ; mais comme, le plus souvent, l'opinion de chacun est basée sur les mœurs, sur les us et coutumes de son temps, je risquerais fort d'attaquer des nullités, des naïfs ou des inconscients qui ne savent pas ce qu'ils font, et qui croient bien faire parce qu'ils font comme les autres.

Toute la responsabilité de ce qui existe retombe sur tous les hommes, que je divise en deux catégories de coupables : *Ceux qui exploitent* ; *ceux qui se laissent exploiter*.

J'accuse donc les hommes !..... « Que ceux qui ont des oreilles pour entendre entendent. »

CHAPITRE XXIII

DE LA PÉRIODE DE TRAVAIL NÉCESSAIRE, ET DE LA PÉRIODE DE SURTRAVAIL DANS LA JOURNÉE DE TRAVAIL DU PROLÉTAIRE, ET DE L'OUVRIER EN GÉNÉRAL.

Entendons-nous d'abord sur ces mots qui ne sont pas nouveaux : Surtravail et travail nécessaire. Quoiqu'ils aient été parfaitement définis par Marx dans son livre : « *Du capital* », je crois qu'il est indispensable de les expliquer de nouveau ici, avec moins de chiffres et d'équations, afin que les prolétaires sachent bien ce qu'ils donnent à la production, et ce qu'ils en reçoivent.

Les prolétaires qui ont lu et compris Marx sont si peu nombreux, qu'il est de toute nécessité que l'on cherche à pénétrer leur esprit de ces grandes vérités économiques que le maître a peut-être trop savamment développées.

Quel que soit le genre de travail de l'ouvrier, sa journée se divise en deux parties : Une première partie pendant laquelle il travaille pour la reproduction de son salaire, c'est-à-dire pour lui ; une seconde pendant laquelle il travaille exclusivement pour le capital, c'est-à-dire pour le capitaliste. Le temps pendant lequel l'ouvrier travaille pour la reproduction de son salaire, ou pour réaliser, en monnaie, la valeur assignée à sa force de travail, a été nommée par Marx « temps de travail nécessaire ». Le « temps extra » comprend, par contre, tout le temps pendant lequel le salarié travaille à donner de la plus-value au capital. Comme corollaire obligé, « le travail nécessaire » est le travail accompli par l'ouvrier pendant le temps de travail nécessaire, et le travail extra ou le surtravail est le travail accompli par l'ouvrier pendant le temps extra. De là deux périodes dans la journée de travail de l'ouvrier : la période du travail nécessaire, et la période du travail extra, ou du surtravail.

La période de travail nécessaire, c'est-à-dire celle pendant laquelle l'ouvrier travaille pour son entretien, est loin d'être invariable. Sur une journée de 12 heures, elle peut atteindre 6 heures, comme elle peut descendre jusqu'à 4 et même jusqu'à 3. Quelquefois elle peut aller jusqu'à 7 heures. Elle varie avec les différentes catégories de travailleurs, non pas qu'elle soit en raison directe de la peine dépensée ; mais simplement parce que plus l'ouvrier se rapproche du petit bourgeois, plus il sait se faire payer son travail, tandis que plus il s'en éloigne plus il est exploité. Or, la catégorie des travailleurs que je défends ici ne comprend que des prolétaires, des déclassés, des pauvres. Ces pauvres, qui en somme ne sont que des manœuvres du travail, s'éloignent tant de la bourgeoisie par leurs mœurs, leur situation sociale, leurs droits, leur genre d'occupation, qu'il ne vient à l'idée de personne de penser que ces automates de la production n'ont pas été créés pour occuper dans la société cette situation tout à fait inférieure. Depuis longtemps déjà on a l'habitude de les considérer comme des outils, des instruments, des machines, des moyens servant à la production et à l'accumulation du capital. Et comme les hommes qui les ont défendus ont toujours été battus, il est passé dans les mœurs de notre société de croire que les déclassés sont indispensables à l'organisation du travail.

En effet, ce sont eux qui exécutent les travaux les plus durs, les plus fatigants, les plus répugnants ; travaux pour lesquels les riches et leurs fils ne sont pas nés, et qu'il convient de laisser aux pauvres.

Et cela à la condition, bien entendu, qu'il y aura

toujours des pauvres. Ces travaux-là sont le monopole de l'ignorance et de la misère, et ne peuvent être exécutés que par des misérables. Et il importe aux intérêts et à l'hygiène de tous qu'il y ait des misérables pour les exécuter c'est social.

Aujourd'hui l'injustice, l'inégalité, le paupérisme, le despotisme sont devenus des raisons sociales.

Subissez-les donc ces raisons sociales, lâches qui n'osez en secouer le joug.

Que les déclassés travaillent dans les fabriques, dans les manufactures, dans les mines, jamais la période de travail nécessaire n'atteint chez eux la moitié du total des heures de leur journée entière. Les preuves de cette anomalie économique sont toutes dans les faits de la production et de la circulation.

En effet, que se passe-t-il habituellement dans les exploitations industrielles, que ces exploitations soient fabriques ou manufactures; qu'elles opèrent sur de grands ou sur de petits capitaux?

Lorsque le fabricant a établi son bilan annuel, c'est-à-dire lorsqu'il a établi la balance de son actif et de son passif, il a toujours soin, avant de compter ses bénéfices, de mettre de côté le capital qui a participé à la production. Ce capital, capital constant, capital variable, est une force productrice, qui dans les calculs du fabricant ne doit jamais faiblir. Dans l'exploitation industrielle, cette force doit toujours se reproduire, sauf à s'augmenter après cette reproduction. C'est seulement lorsque le capital s'est reproduit que les bénéfices commencent. Ces bénéfices, le fabricant en fait deux parts parfaitement distinctes. L'une est destinée à ses dépenses de l'année, nourriture, entretien, superflu, etc.; l'autre est destinée à augmenter le capital : c'est la part accumulable.

En résumé, dans l'exploitation industrielle, comme dans le simple commerce d'ailleurs, le patron rentre d'abord dans son capital, puis l'augmente après s'être défrayé, sur les bénéfices bien entendu, de toutes les dépenses de sa maison.

Nous verrons tout à l'heure dans quel capital rentre le

travailleur qui fournit chaque jour son capital-travail, et quelle part il accumule après s'être défrayé des dépenses de sa maison.

Pour que le capital se reproduise et augmente sous l'influence du travail, il faut que, chaque jour, le travailleur consacre une partie de sa journée à cette reproduction, à cette augmentation. Plus cette partie de la journée du travailleur est longue, plus les bénéfices sont grands, et plus la part accumulable est forte. Les capitalistes le savent bien ; c'est pourquoi, dans le mode d'embauchage qu'ils pratiquent, ils s'attachent toujours à recruter autant que possible des travailleurs à bon marché. Et le nombre en est grand de ces exploités du capital, car depuis l'ouvrier qui gagne 4 francs par jour, jusqu'à celui qui ne gagne que 2 fr. 50 ou 2 fr. 75, que d'intermédiaires, en dehors de ces extrêmes, sont encore les instruments du travail à bon marché !

Quel que soit le travail de l'homme, combien pensez-vous qu'il faille de temps à un travailleur qui gagne 2 fr. 75 ou 3 francs par jour pour reproduire son salaire ? Il me semble qu'il ne faut pas qu'un homme se foule la rate pour arriver à produire 1 franc par heure de travail. Ce qui le prouve, c'est que certaines catégories d'ouvriers sont arrivées à obtenir de leurs patrons 0 fr. 75 et 0 fr. 80 de l'heure.

Il faut donc admettre que l'ouvrier qui gagne 2 fr. 75 par jour met à peu près trois heures pour reproduire son salaire. S'il travaille 12 heures par jour, il lui reste donc 9 heures de travail qu'il emploie exclusivement à la reproduction et à l'accumulation du capital.

Dans la journée de cet ouvrier la partie du travail nécessaire est donc représentée par 3, et celle du surtravail par 9. Tirez-en vous-mêmes la morale économique.

De ces travailleurs-là, vous en rencontrerez partout : dans les manufactures, dans les fabriques, dans les mines, dans les administrations des chemins de fer, dans les ports, partout enfin où on occupe des prolétaires. Dans les fabriques de papier, dans les manufactures de tabac, dans les fabriques et dans les ateliers de bonneterie, dans les métallurgies, dans les fonderies, dans les usines où l'on fabrique les produits chimiques, dans le tissage des étoffes, dans le filage des laines, dans les teintureries, dans tout ce qui est industrie enfin, les ateliers et les fabriques fourmillent de ces salariés à bon marché, travaillant 9 heures sur douze pour le compte du capital. A côté de ces prolétaires, il y en a d'autres dont la période de travail nécessaire est un peu plus longue, tout en restant inférieure à celle du surtravail. Dans la journée des uns elle peut atteindre 4, dans celle des autres elle peut monter jusqu'à 5, ce qui laisse encore au capital 7 ou 8 heures de travail extra. Il n'est pas étonnant qu'avec de semblables combinaisons, le capitaliste fasse ses affaires. Quand l'ouvrier est simplement propriétaire de 3 ou 4 heures de travail par jour, le fabricant est propriétaire de 7 ou 8 heures, multipliées encore par le nombre des ouvriers qu'il occupe. S'il occupe 50 ouvriers, sa journée se chiffre par $8 \times 50 = 400$ heures de travail, ou par $7 \times 50 = 350$ heures de travail dont il est le maître absolu. Or, je ne suppose pas que le capital qu'il apporte dans la production, quel qu'il soit, équivaille à une possession journalière de 400 ou 350 heures de travail, destinées à reproduire et à augmenter ce capital. Et pendant qu'un seul homme, sous prétexte qu'il jouit du crédit, et qu'il possède un certain capital, s'approprie 400 ou 350 heures de travail par jour, les cinquante ouvriers qu'il occupe, et qui aident plus que lui à la production, disposent seulement de 150 ou 200 heures, soit 3 ou 4 heures par homme. Il me semble que l'écart est par trop considérable, si l'on compare ce qu'apportent réciproquement dans la production le fabricant et ses ouvriers. Voyons un peu.

Le fabricant apporte son capital et *surtout son crédit*. Je dis surtout son crédit parce que les 9/10 des industriels, comme les 9/10 des commerçants, spéculent sur des capitaux qu'ils ne possèdent pas, grâce au crédit dont ils jouissent. Les fabricants qui possèdent deux cent mille francs et qui font un million d'affaires ne sont pas rares dans le monde industriel. Le bénéfice qu'ils tirent de cette spéculation ne représente pas seulement l'intérêt des deux cent mille francs dont ils sont les heureux propriétaires, mais l'intérêt du million de leur crédit. Et quand cet intérêt ne s'élève pas à 10 0/0, ces messieurs se plaignent.

Quant aux ouvriers, ils apportent simplement leur travail ; quelques-uns cependant apportent un certain capital dont on ne leur tient pas compte, bien entendu (travailleurs à domicile).

Mais ce travail que les ouvriers apportent est un travail de 12 heures, et sous l'influence duquel le producteur voit ses produits se multiplier sans cesse. Or, si dans l'esprit de notre siècle le travail d'un ouvrier n'équivaut pas à l'apport du fabricant, ce qui peut très bien être, on a le droit de se demander si le travail de 50 ouvriers ne surpasse pas, en valeur productive, la valeur du capital versé par le fabricant dans la production et dans la circulation.

Le crédit n'appartient à personne en particulier; il devrait appartenir à tous. Je n'en tiens donc pas compte dans l'apport réel du capitaliste.

C'est pourquoi je dis que le fabricant qui est possesseur de 200,000 francs ; qui occupe 50 ouvriers, et qui prend à la production collective 400 heures de travail par jour, parce qu'il fait un million d'affaires, vole tout simplement les 50 travailleurs auxquels il ne laisse que 200 heures de travail à se partager.

Il me semble que le travail de 50 ouvriers vaut bien un capital de 200,000 francs. Ce qui le prouve, c'est que neuf capitalistes sur dix rentrent non seulement dans leur capital, mais l'augmentent toujours, après s'être défrayés de toutes leurs dépenses. Il serait plus logique que ces 50 travailleurs eussent *au moins* à se partager la moitié du total des heures de leurs journées réunies, ce qui donnerait encore au capitaliste trois cents heures de travail.

Associés entre eux, ces ouvriers n'auraient pas de peine à produire en bénéfices l'intérêt de 200,000 francs, sinon plus, à la condition cependant qu'ils jouissent aussi du crédit, sans lequel rien n'est possible. Si ces ouvriers travaillaient pour leur compte ; s'ils n'étaient pas obligés de donner les 2/3 de leur journée au capital, ne réservant à leur entretien que le dernier tiers, il n'en faudrait certes pas 50 pour représenter en travail, en production, en circulation, le capital 200,000 francs. Alors eux aussi pourraient faire un million d'affaires, et se rendre compte de la valeur réelle de la force de travail. Mais nous ne sommes pas encore à la veille d'appliquer la théorie du crédit, telle que l'a conçue Proudhon. Aujourd'hui rien n'est gratuit, pas même l'honneur qui quelquefois se paie.

Les lois, les mœurs, les coutumes, les institutions de notre société veulent que le capital soit le maître du travail. Pour que ce capital s'augmente dans des « proportions raisonnables », il est absolument nécessaire que la période du surtravail l'emporte toujours en durée sur celle du travail nécessaire, du moins quant à ce qui touche les déclassés, les parias du travail, qui donnent au capital 7, 8, 9 heures par jour, quand celui-ci ne leur laisse pour leur entretien que 3, 4, 5.

Jusqu'alors, leurs plaintes, leurs protestations, leurs manifestations, leurs grèves, leurs révoltes n'ont pas abouti. Est-ce qu'ils peuvent quelque chose? Il faut qu'ils attendent patiemment que le progrès fasse son œuvre. Qu'ils travaillent sérieusement à leur émancipation, dussent-ils ne jamais voir se réaliser leurs rêves. Je l'ai déjà dit : travailler pour les autres, c'est travailler pour soi ; et je ne vois pas qu'il y ait grand sacrifice à faire à soigner un arbre dont nos fils mangeront les fruits. Qu'ils sachent aussi que mes vœux les accompagneront toujours, et que je mets ma plume au service de leur cause...

J'en ai suffisamment dit sur la journée de travail des prolétaires, de ceux qui occupent les échelons inférieurs de l'échelle sociale. Leur misère du reste est encore plus démonstrative que mes chiffres, et je ne doute pas que ceux qui protesteront contre ce que j'écris soient, ou intéressés, ou de mauvaise foi.

Il faut des pauvres pour qu'on puisse les plaindre. Pascal a dit : « Plaindre les malheureux n'est pas con-

» tre la concupiscence, au contraire; on est bien aise » d'avoir à rendre ce témoignage d'amitié, et à s'atti- » rer la réputation de tendresse sans rien donner. » On sent l'ironie dans cette pensée qui pourrait servir de corollaire à cette autre du même penseur : « Tous les » hommes se haïssent naturellement l'un l'autre. On » s'est servi comme on a pu de la concupiscence pour » la faire servir au bien public. Mais ce n'est que feinte, » et une fausse image de la charité; car au fond ce n'est » que haine. Ce vilain fond de l'homme, *figmentum ma-* » *lum*, n'est que couvert, il n'est pas ôté. »

Il me reste maintenant à examiner le travail des ouvriers dont la journée se partage également entre le capitaliste et le travailleur, ou favorise plus le dernier que le premier. Ces ouvriers appartiennent aux différentes catégories qui sont arrivées, à force de luttes, à obtenir 0 fr. 50, 0 fr. 60, 0 fr. 70 de l'heure. Ce sont eux qu'un général, économiste à ses heures de loisir, appelle les ouvriers d'aujourd'hui, les patrons de demain, ce qui l'autorise en même temps à nier la question sociale.

Eh bien, qu'ils soient des ouvriers appelés à devenir un jour eux-mêmes patrons, ils n'en sont pas moins, pendant tout le temps qu'ils restent ouvriers, des travailleurs aux pièces ou au temps, sur le travail desquels le capital spécule.

Ne sont-ils pas aussi les compagnons de ces prolétaires travailleurs, comme eux, pour le compte du capital, et qui ne seront jamais les patrons du lendemain ; mais qui resteront toujours les instruments, les machines, les moyens de l'accumulation capitaliste ?

Si leur journée de travail peut se diviser en :

Période de travail nécessaire = 6
Période de surtravail = 6

ou

Période de travail nécessaire = 7
Période de surtravail = 5

cela veut-il dire que leurs droits sur la production soient en raison directe de la part de travail qu'ils donnent à cette production?

En supposant qu'un fabricant n'occupe que des ouvriers dont la journée de travail se décompose ainsi :

Période de travail nécessaire = 6
Période de surtravail = 6

ne peut-il se faire que le capital apporté dans la production par le fabricant n'équivaille pas à 6 heures de travail par jour et par ouvrier? C'est habituellement ce qui se présente dans le monde industriel.

Un industriel qui occupe 50 ouvriers, qui fait un million d'affaires, et qui ne possède réellement que 200,000 francs qu'il a mis dans son exploitation, se trouve, d'après la division ci-dessus, propriétaire de 6 heures de travail par jour multipliées par 50, ce qui donne un produit de trois cents heures de travail. Or si chaque ouvrier fait pour 1 franc de travail par heure, ce qui est très commun aujourd'hui, grâce à la division excessive du travail, aux outils perfectionnés et au machinisme, la part du capitaliste qui a mis deux cent mille francs dans la production s'élève à 300 francs par jour, c'est-à-dire à 90,000 francs par an, en ne comptant, bien entendu, l'année industrielle que de 300 jours. Tout cela sans détriment du capital constant, et du capital variable représenté par les outils, les machines, les matières premières qui se conservent, se réparent ou se reproduisent avant qu'il soit question de bénéfices.

Quand je dis que l'ouvrier fait pour 1 franc de travail par heure, je veux dire par là qu'il communique pour 1 franc de valeur à la matière première, en dehors de sa valeur intrinsèque et de sa valeur marchande, produit brut.

Par conséquent il augmente donc cette matière première de 1 franc par heure de travail, en la transformant en nouveau produit, en nouvelle marchandise. En d'autres termes, cette matière première transformée en marchandise nouvelle par le travail de l'ouvrier acquiert donc une valeur représentée par sa valeur première, et par celle que lui communique l'ouvrier, valeur à lequelle on peut donner comme moyenne, 1 franc par heure et par ouvrier.

Lorsque la période de travail nécessaire de l'ouvrier est représentée par 6, si cet ouvrier augmente la valeur de la matière première de 1 franc par heure, il gagne donc 6 francs par jour. Ces 6 francs représentent le travail de l'ouvrier pendant 6 heures, et il ne faut pas oublier que sa journée est de 12 heures. Voilà pourquoi, dans notre organisation du travail, l'ouvrier se trouve toujours dans l'impossibilité de racheter, avec son salaire, son travail de la journée.

Dans cette période de travail nécessaire représentée par 6 heures, le travailleur ne devient propriétaire que de la valeur communiquée; la matière première reste toujours au fabricant. C'est son capital dans lequel il doit toujours rentrer.

Par contre, la période de surtravail appartient tout entière au capitaliste. Déjà propriétaire de la matière fournie, il devient encore propriétaire de la valeur communiquée à cette matière première. Tous les produits créés dans cette période, fût-elle de 5, 6, 7 ou 8 heures, sont la propriété exclusive du fabricant. Il en possède le capital et la valeur communiquée à ce capital par le travail de ses ouvriers. Je l'ai déjà dit plus haut, sa part alors se chiffre par un produit de 300 francs par jour. Ces trois cents francs réalisés ne sont pas tout bénéfice, car il y a des frais et des non-valeurs. Mais, les pertes et les frais défalqués, les bénéfices s'élevent encore à vingt-cinq ou trente mille francs. Il faut avouer que le capital de 200,000 francs qui rapporte 30,000 francs par an n'est pas un capital mal placé, même en dépit des risques qu'il peut courir . . . .

. . . .

J'ignore si les ouvriers dont la journée se partage également entre le travail nécessaire et le surtravail se rendent bien compte de ce qu'ils donnent à la production, et de ce qu'ils en reçoivent.

J'en doute, si j'en juge par la conduite de certains de ces « patrons du lendemain ». Cependant qu'ils sachent bien que les 6 heures de travail qui paient leur salaire ne représentent pas les droits que leur travail leur donne sur la production. En effet, on se demande comment il se fait que, lorsque 50 ouvriers et un capital réunissent leurs forces pour concourir à la production, et arrivent ainsi à produire 600 francs par jour, comment il se fait, dis-je, que deux parts parfaitement égales soient faites; que l'une de ces parts soit partagée entre les 50 ouvriers, que l'autre passe tout entière à l'actif du capitaliste.

Ce capital n'a pas plus de droits sur la production que le travail.

C'est cependant le contraire qui existe, et ce vol semble logique parce que le capital compte avec le travail de chaque ouvrier, et prend sa part sur chacun d'eux. Il oppose son capital à la journée de travail de chaque ouvrier, de sorte que, s'il occupe 50 ouvriers, le cinquantième de son capital équivaut, comme force productrice, aux 300 journées de travail de cet ouvrier. Quelles prétentions !! . . . .

Je ne m'étendrai pas plus longtemps sur la partie mathématique de ce sujet; je craindrais d'en multiplier les difficultés. Je crois avoir suffisamment démontré que, quelle que soit la situation économique de l'ouvrier des fabriques, des manufactures, des mines, etc., la période de surtravail que le fabricant lui impose l'oblige à travailler pour rien, à entasser des produits sur lesquels il n'a aucun droit, etc., le met ainsi dans la complète impossibilité de racheter son travail de la journée avec son salaire.

Dès le commencement de ce chapitre, j'ai dit que le capitaliste rentrait toujours dans son capital avant de calculer ses bénéfices. Le capital apporté dans la production est une force à laquelle on ne touche que pour l'augmenter. Voyons un peu dans *quoi* peut bien rentrer le prolétaire avant de toucher son salaire.

S'il tient un livre de compte, il peut inscrire à l'article pertes, le capital-travail dans lequel il devait d'abord rentrer avant d'être payé de son travail. Nombre de farceurs vous diront que l'ouvrier rentre toujours dans son capital-travail par le salaire qu'il touche; salaire destiné à réparer ses forces et à le mettre en état de recommencer le lendemain. C'est bien cela le salaire de l'ouvrier; c'est l'huile qui sert à graisser et à entretenir la machine animale.

Alors, imbéciles, si c'est cela que vous appelez rentrer dans le capital-travail, je vous accorde que l'ouvrier rentre effectivement dans quelque chose. Et les bénéfices, et les droits sur la production? Est-ce que le capitaliste se contente de rentrer dans son capital? Alors pourquoi l'ouvrier se contenterait-il de rentrer dans son capital-travail sous forme d'un salaire qui doit réparer ses forces brisées par une journée de travail de 12 heures?

Triples buses, soyez donc logiques, si vous ne voulez pas qu'on se moque de vous.

Faites rentrer chacune des parties dans la force qu'elle apporte, capital ou travail, et ensuite répartissez les bénéfices.

Ceux qui prétendent que l'ouvrier rentre toujours dans son capital-travail, l'ont-ils jamais démontré d'une façon absolue? Ce qui peut être vrai pour le capital qui est une force passive, inerte, est faux pour le travail qui est une force active, vivante. S'il est vrai que le capital se reproduit et s'augmente, il est vrai aussi que la force de travail de l'ouvrier, non seulement ne se reproduit pas, mais s'affaiblit. Si cette force reste constante pendant quelques années, elle diminue ensuite en raison du nombre des ans qui s'amassent sur la tête du travailleur, des fatigues qu'il a supportées, des privations qu'il a endurées.

Si le capitaliste reproduit, amasse, accumule, l'ouvrier répare, et répare mal. C'est pourquoi, après vingt ans de travail, le capitaliste a fait fortune, tandis que l'ouvrier est resté pauvre, misérable, et a perdu pardessus le marché son capital, c'est-à-dire sa force.

C'est la richesse pour le représentant du capital, l'usure et la misère pour celui du travail. Voilà comment les parts sont égales dans l'organisation du travail. Voilà comment l'ouvrier prolétaire rentre dans son travail, et comment il arrive à mourir de faim ou de misère sur ses vieux jours, après avoir donné sa force à la société en échange d'un morceau de pain.

C'est alors que, pour ces travailleurs devenus impuissants, inutiles parce qu'ils sont vieux, le principe de Malthus devient une étonnante vérité : « Un homme » qui naît dans un monde déjà occupé, si sa famille n'a » pas le moyen de le nourrir, ou si *la société n'a pas » besoin de son travail*, cet homme, dis-je, n'a pas le » moindre droit à réclamer une portion quelconque de » nourriture ; il est réellement de trop sur la terre. » Au grand banquet de la nature, il n'y a point de couvert mis pour lui. La nature lui commande de s'en » aller, et ne tardera pas à mettre elle-même cet ordre » à exécution. »

Alors que tous les meurt-de-faim s'en aillent. Ils purgeront la société, et de leur présence, et de leurs haillons, et de leurs vices. Et c'est alors que tout ira pour le mieux dans le meilleur des mondes, parce que, à chaque génération, les pauvres auront le bon esprit de se supprimer. *Et l'on dit que les hommes du siècle nient la question sociale. Allons donc !*

CHAPITRE XXIV

SALAIRE

I

Que le salaire des travailleurs prolétaires, tel qu'il est réglé dans notre organisation du travail, est une contradiction de la loi du travail.

« Le travail du pauvre est la mine du riche », a dit John Bellers vers la fin du dix-septième siècle. Bien après lui, Sismondi, dans ses *Nouveaux principes d'économie politique*, 1819, a écrit : « Dans l'ordre social, » la richesse a acquis la propriété de se reproduire par » le travail d'autrui, et sans que son propriétaire y » concoure. » Ces deux vérités exactement semblables quant au fond, quoique différemment énoncées, portent en elles un enseignement dont les sociétés devraient tenir compte. Si le travail du pauvre est la mine du riche, il est évident que la cause de cette anomalie réside dans les vices qui forment la base de notre organisation sociale, à moins cependant que Thiers, Gouraud, Le Play et autres, aient donné le criterium de vérité en sociologie, en développant leur système d'inégalité nécessaire.

La richesse se reproduit par le travail d'autrui, parce que le travail est l'instrument du capital qui absorbe tout, depuis la production, la circulation, et la répartition jusqu'à leur principal moyen, la force de travail.

Je l'ai déjà surabondamment prouvé dans mes chapitres précédents, n'en déplaise à ceux qui, fidèles admirateurs des théories optimistes, prétendent que les inégalités sociales, tant au point de vue des droits de l'homme à la propriété que de ses droits au travail, sont des nécessités indispensables à l'existence de toutes sociétés, et contre lesquelles les protestations surannées des rêveurs et des utopistes sont impuissantes.

Utopistes, ceux qui ont jeté les premières bases de l'économie politique : Bellers, Adam Smith, Beccaria, J.-B. Say, Sismondi, etc. ! ! Utopistes encore ceux qui se sont servis des bases jetées, pour commencer à élever l'édifice : Ricardo, Proudhon, Marx, Engels, etc. ! !

Utopiste aussi, moi qui, sans avoir la valeur scientifique des maîtres, cherche à remuer le redoutable problème, afin d'en faire sortir quelques vérités nouvelles ! !...

Ce que je vais dire ici sur le salaire des prolétaires ajoutera encore aux preuves déjà fournies par mon examen rapide de la propriété et du travail dans sa loi de division et son machinisme. Il serait à souhaiter que nous en vissions sortir le travail agrandi, et le capital amoindri.

Vous n'avez pas encore oublié que, dans l'esprit de notre organisation sociale, la puissance de travail de l'ouvrier n'est qu'une marchandise que le capitaliste cherche à s'approprier au plus bas prix possible. C'est le prix de cette marchandise, qui, dans tous les genres d'industrie, forme le salaire du travailleur.

Le salaire est donc la transformation en monnaie de la valeur de la force de travail, transformation inexacte, faussée, puisque cette valeur est toujours estimée avant l'emploi, dans la production, de la force qu'elle représente.

J'ai démontré que dans les oscillations que subissent les différents taux de la valeur de la force de travail, le salaire de l'ouvrier, intimement lié à la période de travail nécessaire, ne représente que le quart, le tiers ou la moitié de la journée de travail. Que l'ouvrier mette 3, 4, 5 ou 6 heures pour gagner le salaire qui est le prix d'une force que le patron utilise pendant 12 heures, il n'en résulte pas moins que son salaire n'est que la transformation en monnaie d'une partie de la valeur de sa puissance de travail. Si on ne lui paie que 3 heures sur 12, il est évident que le salaire de sa journée représente seulement la valeur de sa force employée à travailler pour lui pendant 3 heures.

Les sept heure qu'il donne ensuite à la production n'entrent pour rien dans la transformation en monnaie de sa puissance de travail, puisqu'elles sont employées à donner de la plus-value au capital.

On peut donc déjà considérer comme fausse cette définition du salaire : « Le salaire est la transformation » en monnaie de la valeur de la force de travail. » Pour que cette définition fût vraie, il faudrait que le salaire de l'ouvrier représentât en monnaie la force de travail employée pendant 10 ou 12 heures à la production. Or, vous savez bien que le salaire, pris même dans un sens général, n'est que la transformation en monnaie d'une partie de la valeur de la puissance du travail de l'ouvrier, partie toujours réglée par l'autorité du capital.

Lorsque le capitaliste achète sur le marché la force de travail de l'ouvrier, sait-il d'avance ce que cette force donnera à la production ? Sur quelles bases se fixe-t-il pour assigner une valeur à cette force ? La pratique qui consiste à acheter la force de travail avant d'avoir vu cette force à l'œuvre repose donc sur un principe faux. Mais qu'importe le principe si la pratique est bonne, bonne pour le capital !

Le capitaliste sait bien qu'il fait toujours une bonne affaire lorsqu'il achète la force de travail de l'ouvrier. Tout en s'inclinant devant les « exigences des travailleurs », il sait qu'il paie encore leur force bien au-dessous de sa valeur. Les bases sur lesquelles il se fixe sont celles-ci : Payer la force de travail le moins cher possible, afin de produire beaucoup à peu de frais ; se servir de la concurrence entre travailleurs afin d'arriver au but désiré sans engager sa responsabilité morale. Quand toutes ces conditions sont remplies, le capitaliste peut-être certain qu'il a fait un bon marché.

La force qu'il a payée 3, 4, 5, 6, lui rapportera 6, 7, 8, 9, selon qu'il aura été plus ou moins habile dans cette opération d'embauchage à bon marché.

Partant de ce point, que la force de travail est marchandée, achetée et payée comme une marchandise, on peut donc dire qu'il n'y a aucune relation entre la production et le prix de cette force. Lorsque le capitaliste embauche des ouvriers, il ignore s'il fera ou s'il ne fera pas ses affaires. Les salaires qu'il offre aux ouvriers sont réglés sur des probabilités qui, à dire vrai, ont beaucoup de chances pour devenir des réalités. S'il ne fait pas ses affaires, il paie ses ouvriers, ferme sa maison, et tout est dit. Si au contraire sa maison prospère et agrandit chaque année le chiffre de ses affaires et de ses bénéfices, le salaire des ouvriers reste le même ; seul le capital profite. Par conséquent, quelle que soit la tournure que prennent les affaires de la fabrique ou de la manufacture, le salaire reste invariable. Il est donc indépendant de la production et de la circulation. Cela peut paraître étrange que le salaire, qui représente la force de travail la plus puissante, ne supporte pas, comme le capital, les changements qu'apportent dans le travail les oscillations de la production et de la circulation. Mais c'est ainsi, l'ouvrier est coté, tarifé à l'avance, la production n'a donc rien à compter avec lui. Voilà déjà une première contradiction de la loi du travail.

Pour celui qui, dans son raisonnement, cherche à ne point s'écarter de la logique, il semblerait que la force de travail, nerf principal de la production, dût subir toutes les oscillations de la production et de la circulation. Si le travail est bien « la mesure exclusive de la valeur, le créateur de toute richesse », il semble tout naturel que la force de travail soit transformée en monnaie d'après la valeur créée par cette force de travail.

Tous les économistes s'accordent à dire que la valeur d'un produit est déterminée par le temps de travail employé à créer ce produit. Alors, pourquoi la force du travail qui donne au produit sa valeur réelle n'est-elle pas déterminée à son tour d'après la simple loi de la réciproque? Qui s'oppose à ce que le capital donne au travail la part de production qui lui revient de droit? Ne serait-ce pas le seul moyen de permettre à l'ouvrier de racheter son travail avec son salaire?

Le travail ne peut être la mesure exclusive de la valeur qu'autant qu'il ne sera pas marchandise. Or, la force de travail achetée sur le marché, au même titre que l'outil et la machine, rentre alors dans le capital comme cette machine et cet outil, et ce n'est plus elle qui règle la mesure de la valeur, mais le capital. Ce qui nous met en face d'une deuxième contradiction de la loi du travail.

Cette deuxième contradiction va nous conduire à une troisième.

J'ai démontré plusieurs fois que dans l'exploitation capitaliste, l'ouvrier n'est qu'une machine, un outil fonctionnant sous l'œil du maître, et sous l'autorité du capital qui, en toutes choses, sur cette terre, fait toujours la loi. La force fait donc partie du capital exploité, et n'entre pour rien dans la mesure de la valeur. Alors, comme corollaire, son salaire n'est qu'une fraction prise sur le capital, fraction qui se reproduit toujours, et n'est pas comme l'écrivait Ramsay, et comme cela devrait être: « *Une portion du produit créé.* »

Seuls, le capital et les profits sont portions du produit créé. Le premier par sa reproduction dans un produit transformé; les seconds par la plus-value donnée au produit transformé par le travail de l'ouvrier, plus-value qui varie avec la durée de la période de surtravail.

Quant au salaire, il n'est autre chose qu'une mise de fonds exactement semblable à celle qui a servi à l'achat des outils et des machines. Ce qui m'oblige à dire que l'ouvrier fait partie du capital constant de l'exploitation capitaliste, quand il devrait au contraire faire partie, ou plutôt être capital variable. Ce qui le prouve, c'est que le capital augmente en raison directe de l'augmentation de la production; tandis que le salaire de l'ouvrier reste toujours invariable. Ce salaire représente le pain qui doit donner la force et la vie à la machine animale, comme le charbon doit donner la chaleur et le mouvement à la machine. D'où cette troisième contradiction de la loi du travail, que le salaire n'est pas une portion du produit créé.

Il est vrai que la question des salaires est encore à l'état d'enfance. A chaque pas fait sur ce terrain brûlant, on se heurte à des anomalies, à des contradictions toutes plus monstrueuses les unes que les autres.

Eh quoi! le travail serait la cheville ouvrière de la production, la mesure exclusive de la valeur, le créateur de toute richesse, et, bizarrerie de notre illogisme, le prix de ce travail, le salaire enfin, ne serait pas intimement lié à cette production, et ne ferait pas corps avec le produit créé! Sommes-nous donc dans une société d imbéciles, de fourbes ou de voleurs??

Quand Ramsay a formulé cet axiome, — je dis axiome, car ces choses-là n'ont pas besoin de preuves: — « Les salaires doivent être, comme les profits, une portion du produit créé », a-t-il donc dit une si grosse bêtise, que l'application de cet axiome se fasse si longtemps attendre? Lorsque l'ouvrier passe 12 heures à travailler à la production d'une marchandise, quoi de plus naturel que le salaire, prix de son travail, soit une partie notable de cette marchandise? N'y a-t-il pas contradiction à chercher le salaire ailleurs que dans le produit créé? Je comprends peut-être les choses autrement que les autres; alors qu'on me démontre que je vois faux, et je renonce à toutes mes théories. Mais, pour cela, il faut qu'il me soit prouvé qu'il est juste que le capitaliste prenne ses profits sur le produit créé, parce qu'il dispose du capital, et qu'il serait injuste que le travailleur prît son salaire sur ce même produit créé, parce qu'il dispose *du travail*. Autant vouloir prendre la lune avec les dents, n'est-ce pas?

Il ressort donc de tout cela que la loi des salaires, telle qu'elle a été imposée aux travailleurs, est pleine de contradictions, et par ce fait s'affirme comme une opposition à la loi du travail. Une dernière contradiction achèvera d'en fournir la preuve.

Lorsqu'un homme travaille 12 heures par jour, la première condition pour qu'il puisse vivre dans la société qui vit de son travail journalier, est qu'il puisse racheter son travail avec son salaire. Or je pose encore une fois, en fait acquis, que l'ouvrier, dont la journée de travail comporte une période de travail nécessaire et une période de travail extra, est dans la complète impossibilité de racheter son travail avec son salaire, quelle que soit la durée de la période de travail nécessaire.

Cette division de la journée de travail de l'ouvrier, en période de travail nécessaire, et période de travail extra, est une des forces de l'accumulation capitaliste. Cette force opère toujours au désavantage de l'ouvrier, qui donne souvent plus à la plus-value qu'au travail nécessaire.

On peut donc dire qu'un ouvrier qui travaille 12 heures par jour, et dont la journée de travail se divise en :

Période de travail nécessaire = 5
Période de travail extra = 7
ou encore
Période de travail nécessaire = 6
Période de travail extra = 6

est non seulement incapable de racheter avec 5 ou 6 son travail de 12 heures ; mais qu'il est tué par son produit, lorsque ce produit est lancé dans la circulation.

Je me résume.

Le salaire de l'ouvrier prolétaire est une contradiction de la loi du travail :

1° Parce que le salaire de cet ouvrier n'est pas une portion du produit créé ;

2° Parce que c'est le capital qui règle la mesure de la valeur, quoique le travail soit le créateur principal du produit ;

3° Parce que le capital et les profits sont seuls représentés dans le produit ;

4° Parce que le prolétaire est dans la complète impossibilité de racheter son travail avec son salaire ;

5° Parce que le produit qu'il crée, et qui n'est que du travail réalisé, le tue lorsqu'il entre dans la circulation.

Maintenant, que ceux qui ont des arguments à m'opposer prennent la plume, et m'apportent surtout des preuves.

En économie politique, n'est vrai que ce qui est prouvé. L'autorité des hommes, ces hommes fussent-ils Cousin, Destutt de Tracy, Thiers, Ch. Comte, Le Play et autres, n'a de valeur qu'autant que cette autorité abrite derrière elle des théories appuyées sur des faits. Les thèses, les systèmes sont absurdes quand les principes sur lesquels ils sont basés sont des contradictions, ou de la justice, ou des lois naturelles.

J'attends donc mes savants contradicteurs, me promettant bien de n'opposer à leurs savantes théories que des faits visibles et palpables qu'ils toucheront des yeux, à moins qu'ils ne ressemblent à ces idoles dont parle l'Évangile qui avaient des yeux pour ne point voir: « Oculos habent et non videbunt. »

Je ne ferai pas ici le procès du salariat, parce qu'il y a longtemps qu'il a été fait pour la première fois par des hommes d'une plus haute science philosophique et économique que moi.

N'est-ce pas Morelly qui, en 1755 écrivait ceci dans son *Code de la nature :* «... Etablir l'usage commun » des instruments de travail et des productions;... Ne » pas admettre les récompenses pécuniaires: 1° parce » que le capital est un instrument de travail qui doit » rester entièrement disponible aux mains de l'admi» nistration; 2° parce que toute rétribution en argent » est ou inutile ou nuisible: inutile dans le cas où le » travail, librement choisi, rendrait la variété et l'abon» dance des produits plus étendues que nos besoins; » nuisible dans le cas où la vocation et le goût ne » feraient pas remplir toutes les fonctions utiles; car » ce serait donner aux individus un moyen de ne pas » payer la dette de travail et de s'exempter des devoirs » de la société sans renoncer aux droits qu'elle as» sure. »

Que nos classiques et nos économistes actuels prennent une leçon et méditent en même temps cette autre phrase du même philosophe : « La paresse vient uniquement des distincts qui, jetant les uns dans l'oisiveté et la mollesse, ont inspiré aux autres du dégoût et de l'aversion poures devoirs forcés... Il est si vrai que l'homme est une créature faite pour agir, et pour agir utilement, que nous voyons cette espèce d'homme, que l'on nomme riches et puissants, chercher le tumulte fatigant des plaisirs pour se délivrer d'une oisiveté importune. »

Cela suffit à réhabiliter les pauvres qui, trop souvent, ont des découragements et du dégoût.

CHAPITRE XXV

SALAIRE

II

Que les différentes formes de salaire favorisent à un suprême degré, et au même titre, l'accumulation capitaliste.

Les principales formes de salaire, du moins celles qui donnent aux travailleurs leur pain de chaque jour, peuvent se rapporter à deux formes principales. Ces deux formes sont celles du salaire au temps, celle du salaire aux pièces.

C'est évidemment le salaire au temps que les économistes ont pris pour type lorsqu'ils ont défini le salaire : « La transformation en monnaie de la valeur de la force de travail. »

En effet, lorsque le travailleur vend sa force de travail au capitaliste à raison de tant de l'heure, tant de la journée ou tant de la semaine, ce qui ne change en rien la forme du salaire, il semblerait que le salaire de l'ouvrier représente, exactement en monnaie, la valeur de sa force de travail. Or, vous savez bien que cela n'est pas, pour plusieurs raisons. D'abord, parce que la force de travail qui n'est pas marchandise ne peut pas être estimée sur le marché avant d'avoir été employée ; ensuite parce que cette estimation faite sur le marché ne représente jamais la valeur de cette force.

Vous vous rappelez encore que, dans cette sorte de contrat passé sur le marché entre le capitaliste et le travailleur, l'ouvrier abandonne sa force au capitaliste pendant tout le temps nécessaire à la production d'une bonne journée d'homme: soit 10 ou 12 heures. C'est en échange de cette force qu'il reçoit un salaire, et c'est ce salaire que les économistes de l'école appellent « la transformation en monnaie de la valeur de la force de travail ».

C'est bien le cas de dire ici que l'école a besoin de maîtres, et que les écoliers qui en sont la plus grande gloire n'en voient pas plus long que le bout de leur nez.

Je voudrais pouvoir faire une comparaison entre la force de travail et une marchandise ; la chose me paraît difficile, quoique cependant la force de travail se vende sur le marché absolument comme cette dernière. L'école le tolère ; première preuve qu'elle ne comprend rien au travail.

Enfin, essayons. Si par une suite de circonstances toutes particulières, et le cas se présente souvent, je parviens à payer 10 une marchandise que j'estime 20, et que je revendrai à ce dernier taux, doit-on en inférer que 10 représente exactement en monnaie la valeur de cette marchandise ?

Vous savez bien que la valeur d'une marchandise doit être déterminée par le temps de travail employé à sa production. Ce n'est donc pas le prix de vente sur le marché qui peut lui donner sa valeur réelle. La valeur marchande, commerciale d'un produit, a des oscillations si curieuses qu'il ne serait pas logique de lui laisser déterminer la valeur réelle du produit. Et la concurrence donc !!

C'est ainsi que le prix de vente peut être supérieur ou inférieur à la valeur réelle du produit. Dans le cas cité plus haut, il est inférieur pour le premier vendeur, supérieur pour le second. Il est donc bien entendu qu'une marchandise qui peut être vendue 20, et qui est payée

10, ne possède pas une valeur réelle représentée par 10; la preuve nous en est fournie par l'acheteur qui, plus heureux que le vendeur, saura bien la revendre 20. C'est une manière comme une autre de faire du commerce, et c'est ainsi que l'on doit s'expliquer les fortunes rapides de certains industriels et commerçants.

Ce qui se passe à l'égard dela marchandise, se passe aussi à l'égard de la force de travail.

Lorsque le capitaliste achète sur le marché la force de travail de l'ouvrier, et que, *par une suite de circonstances toutes particulières*, il parvient à payer 3 ou 4 une force qui vaut 6, 7 ou 8 et qui lui rapportera de gros bénéfices, cela ne veut pas dire que la valeur réelle de cette force de travail soit 3 ou 4. Cette valeur, 3 ou 4, est celle qui est sortie de l'estimation du capitaliste ; pour cette seule raison, elle a beaucoup de chances pour ne pas être juste. Et ce qui le prouvé, c'est que l'ouvrier embauché pour 3 ou 4 produira dans sa première journée 8 ou 9 de surtravail ou de plus-value.

Ici encore, l'acheteur bénéficie sur le vendeur. Dans la vente de la marchandise, l'acheteur achète le produit 10, et le revend 20. Conclusion : bénéfice 10 sans majoration des frais, etc., etc.

Dans la vente de la force de travail, l'acheteur achète la force 3, et lui fait produire 12. Conclusion : bénéfice 9, sans majoration des frais, etc., etc. Il n'est pas difficile de comprendre que, dans ces conditions, et surtout lorsqu'il a été déjà prouvé que l'ouvrier était impuissant à racheter son travail avec son salaire, parce que ce salaire ne représente en monnaie qu'une partie de la valeur de la force de travail, il n'est pas difficile, dis-je, de comprendre que le salaire au temps, tel qu'il est réglé dans le travail des prolétaires, favorise la production capitaliste, et par suite l'accumulation du capital. Et comme les travailleurs n'ont pu obtenir qu'on fixât la limitation légale de la journée de travail de l'ouvrier, il s'ensuit que la production capitaliste est d'autant plus favorisée que la journée de travail est plus longue, et cela sans que le salaire de l'ouvrier change d'une façon appréciable.

Si les ouvriers ont les *ficelles* du métier, les capitalistes ont les *trucs*. Il y a dans l'industrie de ces petits trucs qui prolongent la journée de travail tout au bénéfice du capital. Cinq minutes prises sur le déjeuner; cinq minutes sur le dîner : total dix minutes, quelquefois quinze par ouvrier. Ce qui donne sur 50 ouvriers, 500 minutes, ou 8 heures 33 minutes par jour. Si le patron réussit à prendre 15 minutes par ouvrier sur 12 heures de travail, ce qui peut paraître inaperçu et insignifiant, cela fait sur 50 ouvriers 12 h. 50 m. ou une bonne journée d'homme.

Par contre, lorsque l'ouvrier travaille une heure ou deux heures de plus par jour, il augmente d'autant la production capitaliste. Il est vrai que ce travail que l'on désigne sous le nom de travail supplémentaire lui est un peu plus payé que son travail normal. Mais l'augmentation que ce travail apporte dans le salaire de l'ouvrier n'est pas en raison de la force déployée et de la fatigue ressentie.

D'ailleurs, si l'ouvrier cherche une augmentation de salaire dans un travail supplémentaire, c'est évidemment parce qu'il juge que le salaire de son travail normal lui est insuffisant. Il se tue lentement pour gagner plus, parce que ce qu'il gagne normalement ne suffit pas à le faire vivre. Ceux qui acceptent et encouragent ce sacrifice sont homicides. Homicides, parce qu'ils tuent l'homme et profitent plus que lui de son travail forcé.

Il est donc de toute nécessité de fixer une limite à la journée normale de l'ouvrier, et d'interdire partout le travail supplémentaire.

. . . .

Puisque nous savons maintenant que le salaire au temps favorise plus le capital que le travail, voyons s'il en est de même du salaire aux pièces.

Aux yeux de certains économistes, le salaire aux pièces est plus en rapport avec la loi du travail, et paraît s'être introduit dans le monde travailleur comme un progrès vraiment social. Disons tout de suite que ces économistes ne sont pas difficiles, car le progrès réalisé par cette forme du salaire est un de ceux dont les travailleurs n'ont pas lieu de s'applaudir, du moins quant à ce qui concerne son mode d'application. D'après ce qu'ont écrit ces économistes, on pourrait croire que l'introduction du salaire aux pièces dans le travail s'est accomplie en opposition à la forme du salaire au temps. Et cela, disaient-ils, parce que, si le salaire au temps est la transformation en monnaie de la valeur de la force de travail, le salaire aux pièces est la transformation en monnaie du travail réalisé. Au premier abord tout cela semble spécieux, et cependant rien n'est plus inexact, rien n'est plus faux.

Si le salaire aux pièces s'était introduit dans le travail en opposition au salaire au temps, avec lui aurait dû disparaître la vente de la force de travail, et par conséquent le salaire au temps. Or, il ne manque pas d'industries en France, en Angleterre, en Allemagne, et ailleurs, où le salaire au temps est le mode de rémunération du travail. Mais comme il n'entre pas dans mon programme de traiter à fond la question des salaires, l'essentiel est de prouver que la définition du salaire aux pièces est aussi fausse que celle du salaire au temps.

Après avoir trouvé — et ce n'était pas la mer à boire — que le salaire aux pièces variait avec la quantité de produits achevés, c'est-à-dire avec le quantum de travail renfermé dans le produit, les économistes se sont enthousiasmés de leur découverte, et ont donné le jour à cette définition : « Le salaire aux pièces est la » transformation en monnaie du travail réalisé dans » le produit. »

Or il y là une exagération qui fait de cette définition la plus fausse qu'ait jamais imaginée l'economie politique classique. Le salaire aux pièces est la transformation en monnaie du travail réalisé dans le produit, comme le salaire au temps est la transformation en monnaie de la valeur de la force de travail.

Dans le travail aux pièces, le capitaliste s'empare, et ce doit être son droit, puisque les travailleurs le laissent faire, d'une partie du travail réalisé dans le produit, absolument comme il s'empare, dans le travail au temps, d'une partie de la force de travail.

En effet, l'ouvrier qui travaille à ses pièces communique toujours au produit, en dehors de sa valeur primitive comme matière première, une nouvelle valeur qui n'est autre chose que la valeur de son travail réalisé dans ce produit.

Si, par exemple, il ajoute à la valeur de la matière première une nouvelle valeur de 30 centimes par pièce, il ne faut pas croire pour cela que le salaire qu'il touche à la pièce soit de 30 centimes. Ne faut-il pas que le patron fasse la part du capital?

Supposons que l'ouvrier touche comme salaire la moitié de la valeur communiquée au produit par son travail, c'est-à-dire 15 centimes. S'il fait 24 pièces semblables dans sa journée, son salaire sera de 3 fr. 60; salaire suffisant, n'est-ce pas, pour un homme qui travaille 12 heures par jour? Il est vrai qu'un ouvrier qui gagne 3 fr. 60 par jour n'a pas le droit de se plaindre étant donné les facilités de la vie d'aujourd'hui...

Donc, l'ouvrier qui communiqué une valeur de 30 centimes au produit, et qui touche par pièce un salaire de 15 centimes, ne reçoit en réalité que la moitié de la valeur du travail qu'il a réalisé dans le produit achevé. Les trois francs soixante qui représentent le salaire de sa journée ne sont que la transformation en monnaie de la moitié du travail réalisé dans cette journée, ou le prix intégral d'une demi-journée, comme cela se passe dans le salaire au temps.

Que l'ouvrier soit exploité sur ses heures de travail, et sur sa force, ou sur les pièces qu'il fabrique, et sur le travail réalisé, le résultat est le même. Seuls les moyens diffèrent; l'exploitation est absolument identique quant au fond.

Dans le salaire au temps, le capitaliste prend 6, 7, 8, 9 heures de travail sur 12; dans le salaire aux pièces il prend 12, 14, 16, 18 pièces sur 24, suivant que ces pièces acquièrent plus ou moins de valeur par le travail de l'ouvrier. Le salaire aux pièces n'est donc qu'une simple transformation du salaire au temps, et ce qui le prouve, c'est que la *retransformation* en est des plus faciles.

Si le capitaliste prend à l'ouvrier 12 pièces sur 24, c'est absolument comme s'il lui prenait 6 heures sur 12. Dans ce cas la journée de l'ouvrier se divise donc en :

Travail nécessaire	6
Surtravail, ou travail extra. . .	6

Si le capitaliste prend à l'ouvrier 14 pièces sur 24, c'est comme s'il lui prenait 7 heures sur 12. Alors sa journée de travail se divise en :

Travail nécessaire	5
Surtravail	7

Je pourrais continuer ainsi la comparaison, et j'obtiendrais alors des périodes de travail nécessaire et de surtravail variant avec les genres d'industrie, les ouvriers, et pouvant être représentées, comme dans le travail au temps, par les chiffres suivants :

Travail nécessaire	Surtravail
6	6
5	7
4	8
3	9

En plaçant le travail aux pièces en face du travai au temps, nous avons :

Travail au temps		*Travail aux pièces*	
Travail nécessaire.	Surtravail	Travail nécessaire.	Surtravai
6	6	12	12
5	7	10	14
4	8	8	16
3	9	6	18

Tout cela revient à dire que si l'ouvrier qui travaille au temps ne reçoit que 0 fr. 50, 0 fr. 40, 0 fr. 30, 0 fr. 20

de salaire par heure, quand il communique dans le même temps 1 franc de valeur au produit ; par les mêmes raisons, l'ouvrier qui travaille aux pièces ne reçoit que 0 fr. 25, 0 fr. 20. 0 fr. 15 par pièce quand il communique à chaque pièce une nouvelle valeur de 0 fr. 50.

D'après cela, il est facile de voir tout de suite à quel total doit nous conduire ce prélèvement sur chaque pièce et sur chaque homme. En supposant que le capitaliste prenne seulement à l'ouvrier 25 centimes par pièce, cela fait sur 24 pièces 0 fr. 25×24 = 6 fr. et sur 50 ouvriers 6×50=300 fr. C'est le chiffre que nous avons déjà obtenu en parlant de la division de la journée de l'ouvrier, et en ramenant simplement cette division à ce terme :

Travail nécessaire.	6
Surtravail.	6

Comme je l'ai déjà dit, ces trois cents francs ne forment pas le bénéfice du patron ; mais, majoration faite des frais et des pertes, le bénéfice net s'élève encore à cent francs par jour dans certaines industries, ou dans certains commerces.

Je connais une maison de commerce à Paris dont les trois associés mettent de côté tous les ans, chacun 18,000 francs. C'est donc une maison qui gagne chaque année 18,000×3=54,000 francs, c'est-à-dire près de 150 fr. par jour. Cette maison ne fabrique pas les produits qu'elle vend ; c'est une simple maison de commerce dont les patrons opèrent sur un capital qu'ils ne possèdent pas, parce qu'ils jouissent du crédit.

Il est évident aussi que le chiffre des bénéfices augmente en raison directe des centimes que le patron prend en plus de 25 centimes sur chaque pièce, et par conséquent en raison directe de l'augmentation de la période de surtravail, et en raison inverse de la période de travail nécessaire. Ce chiffre augmente encore en raison du nombre de pièces que le travailleur fabrique, ce qui revient à dire que plus le travailleur fait de pièces dans sa journée, plus la production capitaliste est favorisée. A cela on m'opposera que, en même temps que l'ouvrier favorise la production capitaliste par un plus grand nombre de pièces fabriquées, il augmente son salaire; que le salaire de l'ouvrier qui travaille aux pièces est en raison du nombre des pièces qu'il produit, etc. A tout cela je répondrai que si l'ouvrier est exploité lorsqu'il fabrique 24 pièces en 12 heures, il l'est tout autant lorsqu'il en fabrique 25, 26 ou 27 dans le même laps de temps. La seule différence qui se produira dans les résultats, c'est que si l'ouvrier ajoute quelques centimes à son salaire, il grossira le bénéfice du fabricant de tout ce qu'il ne touchera pas. D'où exploitation et accumulation. Ce qui le prouve, c'est que les industriels recherchent assez les salariés aux pièces, parce qu'ils savent que le salaire, qui est la conséquence de leur travail, est, de tous ceux que les hommes ont imaginé, celui qui, dans la grande industrie, favorise le plus la production et l'exploitation capitalistes.

Si l'ouvrier aux pièces veut prolonger sa journée au delà de 12 heures, il tombe alors dans le travail supplémentaire. Son travail, au lieu de lui être payé à l'heure, lui est payé aux pièces : voila toute la différence; car son salaire augmenté de quelques centimes, comme dans le travail au temps, ne lui fraye pas la route de la fortune. . . . .

En outre, le travail aux pièces est celui qui facilite le plus l'emploi du système répressif des retenues, des amendes, etc., etc. Dans le travail aux pièces, que l'ouvrier travaille à la fabrique, à la manufacture ou à domicile, des retenues lui sont toujours faites sur les pièces qui ne sont pas absolument parfaites. Dans le travail au temps, le fabricant cherche des bénéfices jusque dans les minutes qu'il peut prendre à ses ouvriers; dans le travail aux pièces, il cherche ses bénéfices jusque dans les retenues qu'il peut faire sur chaque pièce. Souvent ce système de retenues frise de près le vol. Et je le prouve. La retenue faite sur une pièce n'empêche pas le fabricant de vendre cette pièce au même prix que les autres, à moins cependant qu'elle ne soit tout à fait manquée

Or, en supposant que le fabricant retienne 2 centimes sur chaque pièce, ce qui paraît insignifiant, si chaque travailleur a mérité cette retenue sur cinq de ses pièces, nous arrivons à ce total de retenues, 10 centimes par ouvrier, soit cinq francs pour cinquante ouvriers. Et, comme ces produits manqués sont vendus au même prix que les autres, la chose m'a été avouée par un industriel, c'est donc 5 francs que le fablicant vole à ses ouvriers. . . . .

Dans le travail à domicile, où tous les travailleurs sont aux pièces, lorsque la pièce faite par l'ouvrier est imparfaite, le fabricant n'hésite pas à lui laisser cette pièce pour compte. L'ouvrier paie les fautes de ses métiers, comme il paie les siennes, car le capitaliste ne compte, avec ce qui est imparfaitement fait, que pour en tirer *des bénéfices*. Il a des principes dont il ne sort pas. Il donne à l'ouvrier tout ce qui lui est nécessaire pour son travail ; mais à la condition qu'il lui apportera de la marchandise plus que parfaite, sinon, il la lui laisse pour compte. Tant pis si cet ouvrier a travaillé pour rien.

C'est un des vices du travail aux pièces, vice que l'on ne trouve pas dans le travail au temps, qui par contre en a bien d'autres à son actif.

Tout cela sans préjudice de la concurrence que se font les travailleurs entre eux, concurrence qui a lieu dans le travail au temps et dans le travail aux pièces, mais qui est portée à son maximum dans ce dernier. En effet, le fabricant choisira toujours sur le marché, parmi les travailleurs aux pièces, celui qui demandera le moins et qui sera le plus expéditif. Tout est là.

Du reste, le capitaliste a bien d'autres raisons pour préférer le travail aux pièces au travail au temps. Une des principales est celle qui lui permet de ne pas embaucher l'ouvrier pour un temps déterminé. Il ne l'embauche, ni à l'heure, ni à la journée, ni à la semaine ; il l'embauche aux pièces, ce qui signifie qu'il ne le gardera chez lui qu'autant qu'il aura des pièces à lui faire fabriquer, et qu'il ne le paiera qu'en raison des pièces fabriquées. Avec ce mode d'embauchage, il reste libre d'occuper l'ouvrier pendant 3, 4, 5, 6 heures, sans qu'il soit obligé de lui payer une journée entière. Si l'ouvrier a travaillé pendant 6 heures, il lui paiera les pièces fabriquées pendant ce temps, les 6 heures de chômage seront exclusivement supportées par le travailleur. Il en est de même de toutes les pertes de temps qui se produisent dans la journée de travail, que ces pertes de temps soient ou non la faute des travailleurs. En somme, lorsque l'ouvrier aux pièces ne travaille pas, il n'est pas payé, et plus il travaille, plus il favorise la production capitaliste. Dès lors, on conçoit que le capitaliste préfère pour son exploitation le travail aux pièces au travail au temps. Avec celui-ci il supporte tous les imprévus; avec celui-là il ne supporte rien.

En outre, le travail aux pièces exige moins de surveillance; il permet le travail au dehors, à domicile, ce qui ne peut pas être avec le travail au temps. Or, il ne faut pas oublier que le travail à domicile compte un nombre considérable de travailleurs. Et ces travailleurs sont les plus pauvres parce qu'ils donnent plus à la production qu'ils ne reçoivent d'elle; parce que, bien que travaillant à leurs pièces, ils ne touchent que des salaires insignifiants ou dérisoires.

Le salaire aux pièces profite à quelques ouvriers habiles, comme le salaire au temps profite à quelques ouvriers privilégiés qui sont parvenus à obtenir 0 fr. 50, 0 fr. 60 de l'heure. Ces derniers, bien entendu, ne réclament pas le travail aux pièces, et je crois même qu'en ce moment il se produit chez les travailleurs un mouvement tendant à imposer à l'industrie le travail au temps avec des chiffres plus élevés comme moyenne de salaire. Dans cette réforme, les ouvriers croient pouvoir obtenir de la production, des salaires variant entre 0 fr. 50 et 0 fr. 80 de l'heure. Illusions qu'ils paieront cher, car ce n'est point dans la transformation du salariat que l'on trouvera la solution du problème social. Que les ouvriers travaillent au temps ou à leurs pièces, ils seront toujours dupes, tant qu'ils ne pourront pas racheter leur travail avec leur salaire.

En effet, que feront les patrons en face des « exigences » des ouvriers ? Vous voulez une augmentation, leur disent-ils, eh bien, soit. Et alors, comme ces capitalistes n'entendent pas que leur or ne rapporte rien, ils augmenteront le prix de leurs produits. Il se produira alors ceci, que si l'ouvrier gagne plus, il lui faudra plus pour acheter le produit qu'il aura fabriqué. Cercle vicieux dans lequel resteront à jamais enfermées les prétentions des prolétaires.

Et cela sera, tant que le capital sera le maître de la production et de la circulation, tant que le capital fera la loi au travail. Quand les ouvriers toucheront moins, la valeur des produits baissera ; quand ils toucheront plus, cette valeur augmentera. Ce sera toujours le producteur réel qui paiera pour les autres, parce qu'il est dit que dans notre société égoïste et imbécile, le travail sera éternellement l'esclave du capital.

On a posé comme principe que le travail ne peut rien sans le capital, et depuis on n'a pas cherché à savoir si l'on ne s'était pas trompé. Retournez donc plutôt le principe.

N'y a-t-il pas de nombreux cas où le travail produit sans l'aide du capital ? Comment ont fait les premiers habitants de la terre ???? Alors, qu'il me soit permis de dire que c'est le travail qui a formé, et qui forme encore le capital, et que celui-ci sans le travail est improductif, impuissant, nul. Mais comme, aujourd'hui, la terre, ce premier outil de l'homme, est devenu un capital, et que, d'une manière générale, le capital se fourre partout, et devient par ce fait indispensable à la production, il serait au moins légal de mettre le travail et le capital sur le même pied, et d'en faire deux forces opérant toujours simultanément avec les mêmes droits sur le produit.

La place du travail n'est plus dans la catégorie des servitudes, et il ne faut plus que le rôle d'ouvrier indique que celui qui le remplit est inférieur.

On a écrit dans quantité de livres de morale quelque chose comme ceci : « L'homme s'élève par le travail » ; « le travail ennoblit l'homme », etc., etc. Raison de plus alors pour qu'on respecte les travailleurs et qu'on ne les dégrade point.

« Le travail ennoblit l'homme ». Tout cela est beau en théorie. Demandez donc aux ouvriers des fabriques, des mines, aux manœuvres, ce qu'ils pensent de ces belles maximes, eux qui passent toute leur vie au milieu de travaux pénibles, sales, répugnants, que l'agglomération, la civilisation, les exigences des sociétés ont imposes, soit par nécessité, soit comme raison d'hygiène sociale. Pensez-vous que le travail ennoblisse ces prolétaires dont la tâche de chaque jour est presque un certificat de roture ?

Les mots sont des mots, et je ne sache pas que le vidangeur, l'égoutier, le casseur de pierres, le mineur, le débardeur aient jamais eu des droits au respect de la bourgeoisie et de l'aristocratie, sous prétexte que leur travail les avait ennoblis.

Ces pauvres moralistes, il ne faut pas leur en vouloir ; ils sont si peu forts en économie sociale. A force de vivre avec l'âme et le cœur, ils se renferment tellement en dedans d'eux-mêmes, qu'ils ne voient pas ce qui se passe autour d'eux. Ils peuvent connaître les besoins de l'âme et du cœur ; pour le reste ils sont nuls.

Allez leur dire que travail veut dire salaire, et que, dans l'ordre social actuel, salaire veut dire servitude, dégradation. Quand ils feraient partie de l'Académie, ils paraîtront étonnés, parce que, dans leur dictionnaire, il y a déjà longtemps que travail et esclavage ne sont plus synonymes. Ce qui n'empêche pas les prolétaires d'être courbés sous le joug du capital, et de s'y croire à leur place. Ils se plaignent bien quelquefois, quand ils souffrent trop ; mais toute leur colère se réduit à quelques protestations, à quelques plaintes. Ce qu'ils veulent, c'est une augmentation de salaire, parce qu'ils croient naïvement que là est la fin de tous leurs maux. Ils croient aux réformes successives, comme ils croient encore à la patrie.

Qu'ils sachent donc que ce n'est point avec le salariat transformé que l'humanité guérira les plaies hideuses qui la rongent. Il faut avant tout que le travail soit à sa place, et sa place n'est pas dans le salariat actuel, qui favorise à tous les degrés la production et l'exploitation capitalistes. Toutes les réformes apportées dans les salaires seront impuissantes et sans but social, si la première conséquence de ces réformes n'est pas l'affranchissement du travail.

Là où le travail porte le joug, les hommes sont esclaves.

CHAPITRE XXVI

SALAIRE

III

Salariat et prolétariat face à face

J'ai démontré précédemment que le salaire, pris dans un sens général, salaire au temps, salaire aux pièces, favorisait la production et l'exploitation capitalistes aux dépens même du salarié. Il me reste maintenant à dire quelques mots sur les salaires des prolétaires, et, de cette façon, j'aurai rempli utilement le programme que je me suis tracé, quant à la question du salariat, et j'aurai suffisamment déroulé sous les yeux des travailleurs, cette tyrannie du capital qui accable tous ceux que les hasards de la naissance ont jetés dans les sphères inférieures.

Il y a bien longtemps déjà que les théories de ceux qui ont prêché l'égalité des salaires ne sont plus écoutées, pas même lues. On ne conçoit pas que le manœuvre de la fabrique gagne en 12 heures de travail autant que le mécanicien habile, et le surveillant improductif. Entre le métallurgiste et l'ouvrier qui tourne la manivelle d'un métier, il y a toute la différence qu'on trouve entre un ouvrier qui pense, qui réfléchit, qui combine, et un automate inconscient, dressé par un apprentissage. C'est pourquoi notre société ne veut pas que ce dernier soit coté au même prix que le premier, dût-il user sa santé en la frottant constamment aux difficultés d'un travail homicide. Prévoyante et intelligente à un suprême degré, la société ne fixe pas ses prix sur la peine mais sur le talent, ce qui lui permet d'entretenir dans la société « une aristocratie de capacités. »

Elle récompense le talent, le génie, parce qu'ils lui rendent de grands services; mais le labeur pénible, le travail répugnant, dégoûtant, le travail qui fait couler la sueur, qui use le sang, qui atrophie tous les organes, trouble toutes les fonctions, elle le dégrade en lui faisant l'aumône. C'est à ce travail-là qu'est attaché un salaire dérisoire, probablement parce qu'il n'est pas utile à la société. C'est cependant lui qui est la force de l'industrie et du commerce; c'est lui qui favorise le plus la production et la circulation; c'est lui qui aide à faire les routes, les canaux, les chemins de fer; qui assainit les villes, et rend ainsi les épidémies moins fréquentes et la mortalité moins effrayante; c'est lui qui va chercher au fond des eaux, et dans les profondeurs de la terre, les richesses que les grands esprits ont entrevues, devinées, sans pouvoir les donner au monde, parce que, seuls, ils sont impuissants; c'est lui qui représente la grande image du vrai peuple, du peuple travailleur. Ce travail-là c'est l'hygiène, la richesse, la prospérité du pays, et malgré cela ceux qui en sont les principaux instruments sont les parias de la société. Chaque jour ils exposent leur vie; chaque jour ils sont courbés pendant 12 heures sur un travail que ne peuvent apprécier ceux qui passent leur temps à ne rien faire, ou à écrire des vers, des romans, à préparer des discours, assis dans un bon fauteuil, les pieds sur un tapis moelleux. C'est à peine si on leur laisse le temps de manger. Et pour prix de leurs peines ils sont oubliés, perdus dans le monde, et forment dans la société la classe la plus ignorante, la plus grossière, la plus misérable.

Pourquoi! Parce que leur salaire, lorsqu'ils ont

mangé et payé leurs dépenses du jour, ne leur permet pas de se policer, de se civiliser et de s'enrichir.

Est-il nécessaire que je vous donne encore des chiffres pour vous convaincre?

Ouvrez les yeux et vous verrez, à moins que vous ne ressembliez à ces idoles de l'Évangile dont j'ai déjà parlé.

Entrez à l'atelier ou à la fabrique; descendez dans les mines; faites une visite aux travailleurs à domicile, vous rencontrerez partout, dans les différents corps de métiers, dans les différentes industries, dans les grandes exploitations, comme dans les petites, des ouvriers dont le travail est une longue peine et le salaire une honte.

On répète à satiété que, depuis le perfectionnement du mécanisme, l'ouvrier n'est plus qu'un accessoire dont le travail ne peut pas être payé le double de sa valeur réelle.

Mais qui donc a jamais déterminé la valeur exacte de la force de travail?

Avouez donc que la machine a remplacé, presque supplanté l'ouvrier. Avouez donc que l'invention et le perfectionnement des machines a été, et sera toujours, pour les travailleurs une cause perpétuelle de misère. Avouez que tout cela est fatal, nécessaire; que le monde est régi par une quantité de biens dont il faut savoir jouir, par une infinité de maux qu'il faut savoir supporter; que tout va bien ici-bas, et qu'il n'y a pas de question sociale.

« Le profit de l'un est dommage de l'autre », a dit Montaigne dans ses *Essais*. S'il vivait aujourd'hui, il en serait plus que jamais convaincu.

Est-ce donc parce que l'on répétera sans cesse que le travail du prolétaire actuel est un travail spécial, qui ne demande aucun effort d'intelligence, aucune capacité, mais simplement du muscle et de la routine; qu'une machine en fait plus à elle seule que 10 ouvriers travaillant ensemble, qu'il faudra que le travailleur-prolétaire subisse éternellement les caprices, les fantaisies du capital, et qu'il se contente pour sa vie entière, sa vie de travailleur bien entendu, d'un salaire impuissant à le faire vivre « convenablement » dans une société « convenable ? »

Il y a un principe social que je considère comme la base de toute société. C'est celui-ci : l'homme est sur terre pour travailler; mais, pour qu'il puisse travailler, il faut qu'il vive.

Entendez bien, il faut qu'il vive. Qu'il vive du produit de son travail, je l'admets; mais encore faut-il que ce travail lui rapporte de quoi nourrir et élever les siens. La société qui ne fait rien pour cela est coupable d'homicide, et je l'appelle non pas au tribunal de la conscience humaine, — cette conscience est trop enfumée pour ne pas être noire et vile, — mais à celui de la raison.

C'est là que les prolétaires protesteront et vous diront : « Nous souffrons parce qu'il vous faut du travail » à bon marché pour faire fructifier votre capital, et » parce que nous sommes les instruments et les dupes » de ce travail à bon marché. Nous souffrons parce que » nous sommes isolés, perdus dans les bas-fonds de la » société; parce que nous sommes pauvres, ignorants, » et par ce fait incapables de nous défendre. Nous ne » sommes pas méchants, et on a peur de nous. Pour- » quoi? Nous demandons à ce qu'on nous élève au ni- » veau des autres, et l'on nous répond que la chose est » impossible parce que le mal ne vient pas des hommes, » mais des choses.

» Ce mal, dites-vous, est tout entier dans les besoins » de l'industrie, du commerce, toutes nécessités qui s'im- » posent et contre lesquelles les hommes ne peuvent » rien. Alors qu'on nous laisse souffrir, mais qu'on ne » nous parle plus de liberté, de justice, d'humanité, de » fraternité. Nous voulons bien rester ce que nous » sommes, déclassés et maudits; mais nous exigeons » que l'on proclame hautement et partout que les » hommes sont pires que les bêtes, et que le seul » avantage qu'ils ont sur les bêtes, c'est de préméditer » et raisonner le mal qu'ils font, leur égoïsme et leurs « crimes ». . . . .

Ce mal qui ronge la société serait-il donc sans remède ?

Était-il donc dans l'ordre des choses, dans l'ordre économique, que l'introduction des machines par exemple dans le travail dût faire baisser sensiblement les salaires ? Je ne vois pas en économie politique de contradiction plus monstrueuse. Que cette introduction des machines dans le travail ait fait baisser le prix des marchandises, soit, je le comprends; mais qu'elle ait en même temps fait baisser les salaires, cela me paraît tout simplement un retour en arrière du progrès. Dans tous les temps on a vu des sociétés rétrograder; cela n'a rien d'étonnant. Descartes se serait-il trompé lorsqu'il a dit « que tout homme a en lui-même les moyens » d'atteindre la vérité de toute certitude et la certitude » de toute vérité? » On pourrait le croire en voyant combien les hommes s'éloignent chaque jour de la vérité et de la justice.

La vérité ! les philosophes l'ont définie, mais ne l'ont jamais trouvée, eux qui font de la philosophie, non pas dans le but d'améliorer l'homme, mais dans le but de satisfaire leurs goûts, et parce qu'ils croient que la philosophie est : « la maîtresse de la vie et la source de » tout bonheur : *magistram vitæ, fontem beatitudi-* » *nis* ».

. . . .

Tous pontifes de la pédantocratie, ils ne savent de la vérité que ce qu'ils ne peuvent pas dire. Ils ont imaginé tant de critériums qu'ils ne savent plus les distinguer. Autant de philosophes, autant de philosophies. C'est un vaste bazar où l'on vend l'article de Paris, sans détriment, bien entendu, de la concurrence.

Aujourd'hui la guerre philosophique ressemble à la guerre commerciale. L'or en est à la fois le nerf principal et le but.

J'ai connu des académiciens, grands philosophes, qui faisaient argent de tout, même de leur philosophie.

Mais laissons la philosophie, et revenons au salariat, sujet moins élevé, peut-être, mais certainement plus utile.

L'état de notre industrie est tel aujourd'hui qu'il

semblerait que c'est précisément le bas prix des salaires qui fait le bon marché des produits.

Nous sommes inondés, en ce moment, de produits étrangers dont le prix est bien inférieur à celui de nos marchandises. Ce sont ces produits-là qui luttent contre les nôtres, et imposent à notre industrie des chômages redoutables. Nos ateliers, nos fabriques ne peuvent pas lutter, parce que leur industrie, toujours routinière, n'est pas encore arrivée à l'idéal de la production à bon marché par un perfectionnement successif et constant du mécanisme, et surtout par l'emploi d'ouvriers à bon marché.

Alors que deviendront les salaires ??

Il est vrai que le perfectionnement des machines entraîne la diminution des salaires, et que, d'une manière générale, le travail à bon marché par le fait des petits salaires est la condition *sine quâ non* de la production à bon marché.

Quand je dis que la production à bon marché de nos voisins a pour causes le perfectionnement de leur outillage et l'infériorité des salaires, je n'exagère pas les procédés économiques employés par les capitalistes étrangers. Nous en avons la preuve dans la concurrence que les ouvriers étrangers, sans travail, font aux nôtres sur notre propre territoire. Ce sont des ouvriers à bon marché, et, comme tels, ils inondent déjà nos fabriques et nos ateliers. Et l'on dit que si notre production ne tient pas le premier rang par le bon marché de ses produits, c'est parce que nos machines sont moins perfectionnées que les machines anglaises, belges, américaines, etc. Alors, pour porter remède au mal, on crie partout : perfectionnons ! perfectionnons !

Ce perfectionnement copié sur le patron étranger, sans réformes, sans statuts, c'est la mise à l'ordre du jour du travail à bon marché, poussé jusqu'à ses dernières limites ; c'est la généralisation des salaires dérisoires ; c'est la perpétration de la misère, et l'infériorité déclarée des prolétaires.

Ah ! il m'est pénible d'avouer qu'il existe une corrélation intime entre le perfectionnement successif du machinisme, et le travail à bon marché par la moins grande rétribution des travailleurs parcellaires. Mais il est un fait que personne ne peut nier. C'est que plus les machines et les outils sont perfectionnés, plus le travail devient facile, et moins il demande d'intelligence et de capacités. Or, il est de tradition, dans l'exploitation capitaliste, que plus le travail est facile, moins il est payé.

Les capitalistes ont donc raison de crier sur les toits, et sur tous les tons : perfectionnons, perfectionnons, puisque le perfectionnement du machinisme et la concurrence des ouvriers étrangers doivent les faire triompher dans un avenir prochain des exigences des ouvriers français.

Sont-ils donc si exigeants, ces ouvriers qui arrivent à totaliser à la fin de la semaine un salaire de 15, 16, 17 et 20 francs au maximum? Vingt francs par semaine, cela fait à peu près 3 fr. 30 par jour. C'est la moyenne de la journée des ouvriers manœuvres des fabriques, des manufactures, des mines, des chemins de fer, des ouvriers terrassiers, etc., etc.

S'il s'en trouve qui gagnent plus, encore une fois, combien s'en trouve-t-il qui gagnent moins ?

J'entends dire souvent : « Il y a des ouvriers qui gagnent 8 francs par jour ; ceux-là ont-ils le droit de se plaindre, qui gagnent presque autant que des notaires. »

Huit francs par jour, c'est un beau salaire, n'est-ce pas? Ce qui n'empêche pas que les ouvriers qui gagnent une aussi forte somme ne sont pas plus riches que ceux qui gagnaient il y a trente ans 3 fr. 50 ou 4 francs par jour. Est-ce que depuis vingt ans tout n'a pas doublé de prix : la vie, les loyers, etc., etc.? Est-ce que les mœurs d'aujourd'hui sont celles d'il y a trente ans? L'ouvrier qui gagne aujourd'hui 7, 6 francs par jour ne vit pas mieux que celui qui en gagnait seulement 3, il y a seulement 20 ans. Il a plus d'obstacles à vaincre, plus de difficultés à surmonter. S'il a des armes de plus, c'est parce que la lutte est plus difficile. On peut poser en principe, que 7 francs d'aujourd'hui ne valent pas 4 francs d'autrefois. A vous maintenant de dire si ceux qui gagnent 7 francs par jour gagnent trop et sont des exigeants. Du moins, ceux-là peuvent élever leur famille dans les idées et dans les mœurs de leur époque. Mais les autres, ceux qui ne gagnent que 2 fr. 75 et 3 francs par jour? Et ils sont nombreux, puisqu'ils forment une grande classe de déclassés : le prolétariat.

Qu'est-ce que le prolétariat? La classe travailleuse, et en même temps la plus indigente. N'y a-t-il pas dans cette définition une contradiction douloureuse? Comment se fait-il que, dans notre siècle, l'indigence soit alliée au travail, et en soit, en quelque sorte, inséparable, du moins quant à ce qui concerne les prolétaires? Demandez cela aux capitalistes, aux propriétaires de toutes sortes, à l'État, à la société.

Salariat et prolétariat! Travail et indigence! Voilà le thème.

Et l'on dit que nous sommes des rêveurs, des utopistes, des frondeurs, des esprits malades et chagrins, nous qui protestons contre toutes ces anomalies sociales.

Trois francs par jour! Voilà un salaire qui, pour une foule d'hommes, est le prix d'une journée de travail de 12 heures.

Eh bien, je défends à l'ouvrier, serait-il garçon et Spartiate, de vivre avec un pareil salaire, comme doit vivre tout homme au XIXe siècle : Vie matérielle et vie intellectuelle.

S'il a une femme et des enfants, c'est autre chose. Le temps qu'il n'emploie pas à travailler, il l'emploie à lutter contre la misère, contre les maladies, contre la faim. D'autres disent — ceux-là sont des aristocrates ou des blasés — qu'il passe ce temps-là au cabaret en compagnie d'ivrognes de son espèce. Imbéciles! Canailles!!

A qui la faute si les ivrognes se rencontrent principalement dans la classe pauvre? Vous le savez bien! mais vous êtes trop lâches pour le dire.

Ah! il vous sied bien de nommer des commissions,

composées de propriétaires et de capitalistes, pour étudier les causes de la misère en France, et en chercher le remède. Ces gens-là sont-ils compétents quand il s'agit des affaires des autres ?

Que savent-ils du salariat et du prolétariat ?

Où peuvent-ils avoir appris que l'ouvrier prolétaire végète, souffre et ne peut pas vivre de son salaire ? C'est pourquoi les réformes qu'ils proposent sont dignes de leur parfaite ignorance et de leur profond égoïsme.

Il faut les voir prendre des airs de philanthrope, et les entendre discourir et argumenter sur les moyens de supprimer progressivement la misère, et de transformer l'ordre social. Tout pour l'avenir, lorsqu'ils n'y seront plus. Après eux qu'importe le monde !

Ils me font pitié avec leurs projéts sur les associations à la Waldeck-Rousseau ; leurs lois protectrices du travail et de l'enfance abandonnée ; l'établissement de leurs caisses de retraites pour les ouvriers infirmes, trop vieux ou nécessiteux, etc.

Est-ce que toutes ces réformes, produits bâtards du génie individualiste, appliquées dans une mesure aussi large que possible, supprimeront le prolétariat ?

Non, puisque dans toute société il faut des parias et des pauvres pour faire la besogne que les élus et les riches ne veulent pas faire.

Sont-ce les riches qui casseront les pierres sur les routes, défricheront les bois, descendront dans la mine ? Encore une fois, il faut des pauvres. Il faut des pauvres pour que les riches puissent les plaindre et exercer leur charité. Jeunes, ils travailleront, vieux, les caisses de retraites pourvoiront à leurs besoins.

Quelle farce encore que ces caisses de retraites !

Voyons ce qui se passe dans les mines.

La vie de la mine, personne ne l'ignore aujourd'hui, n'est pas autre chose qu'une mort lente. C'est la mort par le travail : contradiction monstrueuse, puisque le travail doit avoir pour but d'entretenir la vie. Mais notre monde est un monde de phénomènes, de bizarreries et de curiosités. Pourquoi alors cette contradiction ne figurerait-elle pas parmi les nombreuses énormités de notre économie sociale?

Dans le nombre, autant celle-là qu'une autre, n'est-ce pas? La société veut des parias, des déclassés; l'équilibre social exige des victimes: hommes ou bêtes, qu'importe!!

Or, dans la mine, à trente ans l'homme est déjà un vieillard. Cette vie souterraine, dans une atmosphère humide; ce travail de maudit dans un milieu privé de lumière, lui ont brisé ses forces, et usé le sang. Ceux qui atteignent l'âge extraordinaire de 40 ans, sont incapables de descendre dans la mine, et ne sont plus bons qu'à des travaux extérieurs, travaux rétribués, bien entendu, non pas en raison de la peine dépensée, mais en raison de l'intelligence développée. Ce travail de brute ne rapporte rien à celui qui en est la bête de somme.

Du reste, ils sont rares ces privilégiés, ces hommes que la mort a sans doute oubliés dans un moment de distraction, lorsqu'elle surveille d'un œil jaloux les danses macabres auxquelles se livre, de temps en temps, l'espèce humaine.

Ils sont jaunes, flétris, voûtés, cassés, tordus, usés, et cependant ils ont encore dix années à travailler pour la compagnie avant d'avoir droit à une retraite. Dans les mines, il faut avoir cinquante ans d'âge, ou trente années de travail sur la tête pour avoir droit à une retraite. S'il y en a dix pour cent qui arrivent à ce terme, c'est le maximum, et encore je suis large, trop large. Et cependant des caisses de retraite ont été établies par les compagnies minières. Ces caisses de retraites sont bondées d'argent et d'or; cet argent rapporte même à la compagnie, ou à la caisse elle-même; ces caisses sont riches; mais elles ne fonctionnent pas, où elles fonctionnent mal.

Dans les accidents, trop fréquents malheureusement, les secours accordés aux victimes, aux veuves ou aux orphelins sont dérisoires, presque une honte.

Cela se passe à peu de chose près comme dans les chemins de fer.

On ne compte pas les retraites, puisqu'elles sont une exception. Ce ne sont pas elles qui ruinent la caisse. Du reste, lorsque le mineur arrive à l'âge de sa retraite, c'est son terme. Cette retraite lui est payée un an au plus, car la mort suit de près le travailleur retraité. Cette retraite lui sert à payer quelques médicaments impuissants contre la maladie et à faire honneur à sa fin. Grâce à elle, il peut payer sa bière, son enterrement et quelquefois mourir sans dettes. C'est déjà quelque chose, n'est-ce pas, messieurs les blasés? Et vous qui ne mourez pas toujours dans cet état de grâce envers la société, vous appréciez, en hommes compétents, cette fin du pauvre, cette fin digne de temps moins égoïstes, moins mauvais.

En Russie, le travail de la mine est réservé aux galériens et aux proscrits. Dans le pays des Slaves, ces deux termes sont synonymes. Ils savent donc, ces Russes au sang froid, que le travail de la mine est une marche rapide vers la mort. Leurs mines de mercure en fournissent chaque jour des exemples. Je voudrais bien savoir s'ils ont eu l'audace d'instituer des caisses de retraites.

En France, le travail de la mine est réservé aux fils de mineurs, et à tous ceux que la misère et la faim forcent à descendre jusque dans les entrailles de la terre pour en tirer leur pain quotidien. Les effets homicides de ce travail souterrain sont consignés par les caisses de retraites, et le monde satisfait trouve que tout va bien, et qu'il n'y a plus rien à faire.

Quelle comédie!

Ces caisses de retraites ont les retraites pour exception; ces caisses de retraites refusent des secours aux victimes du travail, ou ne leur donnent qu'une obole outrageante; elles volent le travailleur, et favorisent ainsi l'exploitation et l'accumulation capitalistes; elles respirent le vol et puent l'aumône; leur contrôle est celui de gens intéressés et cupides; leurs statuts, sortis du cerveau de gens qui ne souffrent pas et n'ont besoin de rien, sentent le jésuite à dix lieues de distance. C'est presque de la charité officielle: celle qui coûte à ceux qui la reçoivent, et non à ceux qui la font.

Et cela se passe sous un régime de liberté et d'égalité, dans un siècle qui est, ou doit être, le *siècle des ouvriers;* à une époque où le progrès, ne marchant pas assez vite, est poussé en avant par l'humanité impatiente ; dans une société où chacun se croit meilleur que son semblable. Tout cela sans doute pour faire oublier au prolétariat qu'il existe dans sa constitution économique un système d'exploitation dont il est la dupe : le salariat.

Ceux qui protestent sont des malades ou des mécontents, parce qu'il n'est pas admissible qu'en pleine république, république supérieure en vertus et en liberté à celle de Platon ; république acceptée par tous comme indispensable au bon fonctionnement des lois sociales, chacun ne soit pas content. Je veux bien admettre que nous soyons en république, ne serait-ce que pour le respect du mot ; mais je n'accepterai jamais qu'une république, quelle qu'elle soit, pas plus qu'une monarchie, soit la fin des réformes. Il doit en être du progrès comme de Dieu. N'ayant pas eu de commencement, il ne doit pas avoir de fin. Par conséquent, je n'entrevois pas, même dans un avenir éloigné, une forme de gouvernement qui résume en elle l'égalité et la liberté totales.

L'homme est sur terre pour lutter, lutter sans cesse. C'est la loi de la lutte pour l'existence. Le jour où cette lutte cessera, l'homme n'aura plus sa raison d'être. Alors, à moins que nos gouvernants, nos sociologistes prétendent avoir retrouvé le paradis perdu, il me semble qu'on serait mal venu de reprocher à un homme de croire que, sur cette terre, *on pourrait encore trouver mieux pour la vie et le bien-être des hommes*. On admet le progrès dans les sciences mathématiques, physiques et naturelles, dans les lettres, dans les arts. Ceux-là mêmes qui le favorisent sont bénis à l'égal des dieux. Pourquoi n'en serait-il pas de même en économie sociale ? Je vais vous le dire. Parce que l'économie sociale *est une science brûlante qui effraie les sociétés par ses tendances réformatrices ; parce qu'il n'est guère possible d'être économiste sans être réformateur; parce que les sociétés organisées sont les ennemies des tempêtes et des tourmentes; parce que chacun croit que réforme veut dire révolution; parce que la révolution est la bête noire des paisibles et des satisfaits; parce que tout ce qui est changement affole ceux qui portent des caleçons de tricot, et couchent avec des bonnets de coton, et que ceux-là forment une grande majorité dans le monde.*

Puisque nous sommes dans le siècle des flanelles, il n'y a pas de raison pour que ceux qui en portent et qui sont les maîtres, affranchissent ceux qui obéissent et qui n'en portent pas. Or, je l'ai déjà dit : Là où le travail porte le joug, les hommes sont esclaves. C'est toute la morale du prolétariat et du salariat.

CHAPITRE XXVII

CONCURRENCE

I

Quelques mots sur la concurrence, dans les rapports que les prolétaires ont avec cette force qui favorise la production à bon marché, aux dépens mêmes des travailleurs.

La concurrence, semblent dire les économistes, est aussi nécessaire à la production et à la circulation que l'air et l'eau sont indispensables à l'homme. C'est elle qui détermine la valeur exacte du produit, et maintient l'équilibre dans la production et dans la circulation.

Abolissez la concurrence, et le consommateur se trouvera livré aux caprices du producteur qui déterminera lui-même la valeur de son produit. Ceci posé, ces mêmes économistes s'exaltent, en jérémiades de toutes sortes, sur les funestes effets de la concurrence lorsqu'elle est poussée jusqu'à l'abus.

Ces raisonneurs admettent bien la nécessité de la concurrence, mais ils veulent une concurrence raisonnable, ayant la morale pour guide, la justice pour principe. Certains même distinguent entre l'émulation et la concurrence. Ah ! messieurs les économistes, vous voulez une concurrence raisonnable, juste, respectant la liberté de chacun, écartant l'abus, et restant dans le droit. Savez-vous ce qu'il faudrait faire pour arriver à un pareil idéal, messieurs les ennemis de l'utopie?

Dans l'ordre moral, il faudrait d'abord changer les consciences; chasser du cœur de l'homme l'égoïsme et l'orgueil, et remplacer dans la société la théorie du chacun pour soi, par celle du chacun pour tous, et du tous pour chacun. Il faudrait enfin changer l'homme.

Dans l'ordre matériel, il faudrait tracer des limites à cette concurrence, la rendre profitable à tous, c'est-à-dire l'organiser, ou plutôt la socialiser.

Or, dites-moi quels sont les moyens dont vous disposez pour accomplir un aussi gigantesque travail? Hommes de théories, vous êtes forts lorsqu'il s'agit de coucher sur du papier des problèmes dont vous faussez les solutions, et des principes dont l'application vous paraît impossible. Hors de là vous êtes petits, vous êtes faibles, et vous me paraissez inférieurs à l'ouvrier qui raisonne avec son gros bon sens, et qui tire de ses souffrances et de sa misère l'application de ces principes qui, en réalité, ne vous touchent que parce que vous en avez, ou inventé la théorie, ou dégagé la philosophie.

Vos études sociales sont des études de cabinet, servant à vous créer une situation, à vous donner un nom. Contradiction étrange, ces études sociales n'ont pas un but social, mais un but personnel.

Et voilà pourquoi votre sociologie n'est qu'une longue contradiction dans laquelle, à chaque instant, l'application du principe se pose en opposition de la théorie, le non en opposition du oui, l'empêcher en opposition du laisser-faire, etc., etc.

Il est vrai que vous avez toujours quelques moyens termes, quelques correctifs qui, tout en ne corrigeant rien, vous attirent l'admiration des sots, et stupéfient la masse des intéressés.

C'est ainsi que, tout en admettant la nécessité de la concurrence, vous étalez à côté des bienfaits de « ce mal nécessaire » un nombre infini de maux et de misères contre lesquels la société reste impuissante.

Encore une contradiction économique que cette force

qui porte en elle un bien et un mal, qui favorise les uns au détriment des autres et qui distribue la richesse en haut, quand elle entretient la misère en bas.

A qui la faute ?

Aux hommes, dites-vous, et non à la concurrence. La concurrence actuelle est une concurrence avide, déloyale ; son principe a été faussé, prostitué ; il faudrait le ramener à son type idéal, la justice, et toutes les misères qu'entraîne, non la concurrence, mais l'abus de la concurrence, disparaîtraient comme par enchantement.

Mots que tout cela. Vous n'empêcherez jamais l'homme de tromper son semblable, pas plus que vous ne calmerez sa soif d'honneurs et d'argent.

Du moins, ce n'est pas vous, messieurs les officiels et les classiques, qui ferez ce miracle. Et si c'est avec vos grands mots et vos théories ambiguës, que vous prétendez trouver la solution du problème de la concurrence, je dis que vous êtes ou des fourbes ou des sots.

La réforme de la concurrence comme vous la prêchez est une tâche au-dessus de vos forces. Jamais les pygmées n'enfanteront des colosses. D'ailleurs, en nos temps de mercantilisme, cette concurrence idéale est une absurdité qui n'a même pas le mérite d'être un rêve.

Tant que les intérêts de l'homme seront exclusivement personnels, et que cet homme libre de choisir entre le bien et le mal, trouvera plus d'avantages, plus de plaisirs à faire le mal que le bien, la concurrence restera la force au moyen de laquelle chacun cherchera à remplir ses poches aux dépens de ses voisins.

A vous entendre parler et à lire vos écrits, messieurs les optimistes, il semblerait que vous ne connaissez pas l'homme, ou que vous n'avez pas la moindre idée de ce qui se passe dans l'industrie et le commerce, quant à ce qui concerne la concurrence.

C'est pourquoi la concurrence marchera longtemps encore, escortée d'une part du capital, ce qui est logique, d'autre part de l'égoïsme, de la fraude et du vol, ce qui l'est moins.

La concurrence a du bon et du mauvais, dites-vous. Mais quelle classe profite du bon, et sur quelle autre retombe tout le mauvais?

Je n'aborderai pas ici le problème de la concurrence par tous ses côtés. Je tiens à dire seulement que la concurrence, telle qu'elle s'est introduite dans la production et dans la circulation, est encore une des forces qui favorisent le travail à bon marché.

En effet, quel est le but principal de la concurrence? Triompher du concurrent et le tuer au besoin. Et pour cela il faut que le fabricant mette dans la circulation des produits dont les prix seront toujours inférieurs à ceux de ses concurrents. Si l'un vend 5 ou 10, il faut que l'autre vende 4 ou 9. C'est cela le commerce établi d'après les règles de la concurrence, mot à double entente qui veut dire lutte et liberté.

La conséquence apparaît alors toute démontrée: production à bon marché par tous les moyens; perfectionnement de l'outillage, abaissement des salaires, etc., etc. Cet abaissement des salaires semble être le corollaire obligé de toutes les réformes apportées dans le travail: division du travail, grande industrie et machinisme, monopole, concurrence. C'est une succession curieuse de contradictions économiques que celle que le progrès apporte sans cesse dans le travail. Ce qui fait que la concurrence qui, d'après les économistes, s'introduisit dans le monde travailleur en opposition, ou plutôt en correctif des inconvénients de la loi de division, du machinisme et des monopoles, tue, comme eux, l'ouvrier, en dépit même de son travail, et des produits qu'il crée.

Pour vendre à bon marché, il faut nécessairement produire à bon marché. Grâce à la concurrence malheureuse que les ouvriers se font entre eux, le fabricant a, dans le travailleur même, un élément de cette production facile et à bas prix. C'est pourquoi la concurrence représente dans notre siècle la liberté de la production et de la circulation; donne au produit sa valeur réelle; favorise l'exploitation et l'accumulation capitalistes; développe la grande industrie, le grand commerce, en tuant la petite industrie et le petit commerce; légitime l'autorité du capital, l'asservissement du travail, et passe pour un bien, en dépit même des vices qui en sont le mobile et en forment la base et le but : *l'orgueil*, *l'amour du gain*, *l'égoïsme*.

Je ne ferai pas ici une étude économique et approfondie de la concurrence dans le bien et le mal qu'elle engendre sur terre. Je défends les prolétaires et, comme la concurrence opère à leurs dépens, j'en parle pour montrer que ce « *mal nécessaire* » qui semble être une affirmation de la liberté, devient une affirmation du despotisme lorsqu'il agit dans un certain milieu. Et ce despotisme sera longtemps encore, parce que vous ne pouvez, dans l'état actuel des choses, ni supprimer la concurrence, ni lui tracer des limites sans porter atteinte à la liberté individuelle. Les grandes ombres des conventionnels, qui vous ont donné cette liberté, vous enverraient leur malédiction. Les protectionnistes et les libres-échangistes vous tomberaient dessus, les uns au nom de la protection, les autres au nom de la liberté de l'échange.

Depuis que j'étudie le monde par l'observation, je ne doute plus de rien, et plus rien ne m'étonne. On me dirait que l'homme vient d'inventer un nouveau vice, un nouveau mal, que je croirais volontiers la chose, tant j'estime que l'espèce humaine est sale et vile.

Alors, que le libre-échange ou la protection m'anathématise, je n'en serai point étonné; je pourrai même dire que je m'y attendais. Il y a tant de gens qui ont la spécialité de donner le coup de pied de l'âne.

En résumé, je vois la concurrence, telle qu'elle se pratique aujourd'hui dans ses différentes sphères d'action, entraver l'émancipation, même progressive, des travailleurs, et subordonner le travail au capital.

Quoi qu'en disent nos grands politiques, vous ne ferez jamais rien avec vos réformes partielles : syndicats, caisses de retraites, améliorations de toutes sortes, si vous laissez dans le troupeau la brebis galeuse de l'Évangile.

Et comme vous ne pouvez toucher à la concurrence,

incapables que vous êtes de la transformer, le mal fera toujours ses ravages, accréditant de plus en plus dans le vulgaire, que le paupérisme est une nécessité sociale, et l'égalité totale un mythe.

Mon avis est qu'il faut toucher à la concurrence. A ceux qui prétendent qu'il faut la réglementer, je réponds qu'il faut la socialiser.

CHAPITRE XXVIII

CONCLUSION

Si les pauvres connaissaient leur histoire, s'ils savaient ce que certains grands politiques ont écrit sur la propriété et le travail, ils rappelleraient à la société étonnée ces paroles de Necker : « Eh quoi ! les repré-
» sentants de l'ordre public pourraient me contraindre
» à éteindre un incendie, à mourir dans une bataille,
» et ils ne veilleraient pas à ma subsistance ! Ils n'éta-
» bliraient pas les lois qui peuvent la garantir ! Ils ne
» modéreraient pas l'abus possible de la richesse en-
» vers l'indigence, de le force envers la faiblesse. »

. . . .

« On dirait qu'un petit nombre d'hommes, après
» s'être partagé la terre, ont fait des lois d'union et de
» garantie contre la multitude, comme ils auraient mis
» des abris dans les bois pour se défendre contre les
» bêtes sauvages. Cependant, on ose le dire, après
» avoir établi les lois de propriété, de justice et de li-
» berté, on n'a presque rien fait encore pour la classe
» la plus nombreuse des citoyens. Que nous importent
» vos lois de propriété? pourraient-ils dire : nous ne
» possédons rien ; vos lois de justice? nous n'avons
» rien à défendre ; vos lois de liberté? si nous ne tra-
» vaillons pas demain, nous mourrons. »

Il y a longtemps que le premier défenseur des pauvres, le Christ, a dit : « *Petite et accipietis, quærite et*

» *invenietis, pulsate et aperietur vobis : Demandez et » vous recevrez, cherchez et vous trouverez, frappez et » l'on vous ouvrira.* » Il y a là tout un programme. C'est celui des pauvres, las de souffrir, et demandant à ce qu'on apporte des changements à leur situation sociale.

Si le problème est insoluble, que l'humanité décrète demain que l'homme a le droit de tuer son semblable !

TABLE DES MATIÈRES

LA PROPRIÉTÉ

LE TRAVAIL

III

IV

I

II

FIN DE LA TABLE DES MATIÈRES

Documents manquants (pages, cahiers...)

NF Z 43-120-13

www.ingramcontent.com/pod-product-compliance
Ingram Content Group UK Ltd.
Pitfield, Milton Keynes, MK11 3LW, UK
UKHW020106200726
13856UKWH00002B/412

9 782013 603980